プロ野球の誕生 II

リーグ元年の万華鏡

中西満貴典

彩流社

目次

【凡例】

一、引用部の文字遣いについては、基本的に原文通り——句読点の有無もふくめて——であるが、一部の旧字、旧仮名遣いは現代表記に改める。

一、登場する人物名の表記は、野球殿堂入り該当者の場合、『野球殿堂　２０１８』中の記載にならう（たとえば、澤村栄治〔榮治〕は「沢村栄治」とする）。

一、文中の「殿堂」の表記は、「野球殿堂」を指す。

一、「六大学」は、本書では「東京六大学」を示す。

一、書名、雑誌名は二重鍵括弧で記す（新聞紙名の本文中での表記は括弧を付さない）。

一、引用文中の［　］のなかの文言は筆者注を示し、（　）は原文のままを示す。

一、その他括弧の使用について、「　」は文中の文言の引用あるいは固有名等に用いる。なお、〈　〉は強調の意。

一、出身地を表わす際、東京府東京市である場合も「東京都」の表記とする。

一、数字表記は、基本的に、漢数字を用いるがアラビア数字を使用する場合もある（生没年は横向きに表示：例 1901-1978）。試合スコアの表記は、「5—3」のように表わす。

一、対戦組合せ表記は、たとえば「東京巨人軍対大阪タイガース」などにおいて、とくにホーム・ビジターに留意せず任意に書き表わす。

一、チーム名は、日本職業野球連盟登録名に基本的にしたがう。東京巨人軍（巨人軍とも表記）、大阪タイガース（タイガースとも表記）、名古屋軍、東京セネタース（セネタースとも表記）、阪急軍（阪急とも表記）、大東京軍（大東京とも表記）、名古屋金鯱軍（金鯱軍とも表記）。

一、新聞資料の所蔵元については、國民新聞（「国民新聞」と表記する）と大阪毎日新聞は「国立国会図書館所蔵」、東京朝日新聞、新愛知新聞、および名古屋新聞は「名古屋市鶴舞中央図書館所蔵」（「鶴舞中央図書館所蔵」と略記）と付記して示す。なお、讀賣新聞（「読売新聞」と表記する）については、当新聞社より直接収集したので所蔵館は記さない。

一、本文中および注における人名の敬称は原則的に省略する。

はしがき

現在のプロ野球リーグの出発点は昭和初期の日米野球にさかのぼる。読売新聞社は、ベーブ・ルースらを招聘した日米野球（昭和九年）を終えるとただちに、大日本東京野球倶楽部を創立（昭和九年十二月二十六日）。同倶楽部は、その後まもなく東京巨人軍《ジャイアンツ》へと名を変え、わが国唯一の職《プ》業《ロ》野球チームとしての活動をはじめた。そこに今日《こんにち》にいたるプロ野球の始原を見出すことができる。しかし野球史の観点からみれば、最初の職業《プロ》野球団は大正九年（一九二〇）設立の「日本運動協会」であることにも注意をむけたい。今年（二〇二〇年）は職業《プロ》野球誕生一〇〇周年に当たるといえよう。

東京巨人軍の結成から十四ヶ月後の昭和十一年二月までには、新たに六球団が職業《プロ》野球チームとしての産声をあげた。東京のほかに大阪や名古屋でプロの野球団が続々と誕生したのだ。順々に列挙すればつぎのようになる。すなわち、昭和十年（一九三五）十二月には大阪野球倶楽部（大阪タイガース　現・阪神タイガース）が結成され、一ヶ月後の昭和十一年（一九三六）一月には名古屋軍（現・中日ドラゴンズ）と東京セネタースと阪急軍が創立、翌二月には大東京軍と名古屋金鯱軍が結成された——その間には、七球団を統括する日本職業野球連盟が結成され、連盟主催のリーグ戦（公式戦）の計画が出来つつあった。

小著は、基本的に二つの視点に立って野球本を著すことをもくろんでいる。ひとつは、プロ野球リーグ元年とでもいうべき昭和十一年の職業野球戦《プロ》について、大まかではあるがひと通りたどってみることである。発足当時の職業野球《プロ》は、プレーの舞台となるスタジアムが十分に用意されていなかった。プロ専用球場の建設が喫緊の課題としてのこされながらシーズンに突入した。球場に関する話題も積極的に取りあげていく。

もうひとつの観点は、職業野球の記述と並行して昭和十一年当時の社会の諸相を描くことである。その年はじつにエネルギーに満ち溢れていた。厳寒の帝都の早暁に勃発した二・二六事件はこの年のはじめの出来事であった。また八月にはヒトラー政権下でのベルリン五輪が開催され、前畑秀子選手が二百《メートル》平泳ぎで宿願の金メダルの栄冠に輝いた（ベルリン五輪開幕直前には、次期オリンピック開催地が東京に決まり帝都は興奮の坩堝と化した）。また、その年は満州事変勃発後五年を経て日中間の緊張が極度に高まっていた。国内では、「女性や子供」にも国防意識を徐々に身体化していくような集団行事（防空演習など）がしばしば行われていた。一方、人びとの日常の暮らしは今と変わらぬいとなみが展開されていた。また、その時代ならではの日々の情景も見出すことができる。

このように、野球以外の話題をモザイク状に配置してみた。たとえば、「季節の風景」（春、夏、秋、冬の順）、「時代の情景」、そして「戦時体制への道」といった項目を織り交ぜて、プロ野球リーグ元年の諸相を〈万華鏡〉のごとく提示しようと思っている。プロ野球の黎明期を描くことと、当時の社会を記述することは同じ次元に属するいとなみであると考える。

さて、本書は四つの章によって構成される。話は、昭和十一年四月下旬からはじまり昭和十二年一月でもって終わる。

第一章（待望の職業《プロ》野球公式戦はじまる）は、昭和十一年四月末から六月までの話が展開される。米国遠征中の東京巨人軍をのぞく六球団が甲子園に参集し、日本職業野球連盟主催の初のリーグ戦が行われた。プロ野球公式戦のはじまりである。甲子園大会のあと、鳴海《なるみ》球場（名古屋）と宝塚球場でトーナメント大会が開催された。また、職業《プロ》野球が最初の一歩を踏み出したころの時代の情景――大相撲夏場所での双葉山の快進撃や阿部定事件など――もあわせて取りあげてみた。

第二章（日本職業野球連盟結成記念大会）があつかう時期は昭和十一年七月と八月である。帰国した巨人軍をふくめた全七球団がはじめて参加した大会（日本職業野球連盟結成記念大会）が開かれた。最初の舞台は早大の戸塚球場（東京大会）。そのあとは、甲子園球場（大阪大会）と山本球場（名古屋大会）において開催された。また、二・二六事件以降に敷かれていた戒厳令が解かれたその日の夜、隅田川の空には大輪の花火が咲いた。ようやく東京の風景には明るい兆しが見えはじめた。それに呼応するように、次期オリンピック（昭和十五年）開催都市が東京に決まり（実際は幻の五輪となった）、街角には歓喜の嵐が渦巻いていた。

第三章（秋季リーグ戦はじまる）は、おもに昭和十一年九月と十月の話。連盟主催の春季と夏季の大会のあとをうけて、三回目の大会（秋季リーグ戦）が開催された。それは長期間の争覇戦であり、初のペナントレースといえるものであった。一方、満州に目をむければ、日中間の緊張は極度に高まっていた。全面的な軍事衝突の高まりを予見する新聞紙面が暗い影を落としつつあった。

第四章（職業《プロ》野球初年度の王座決まる）は、昭和十一年十一月から翌十二年一月までの話である。秋季リーグの後半戦は、おもに東京の新球場（上井草・洲崎）が舞台となった。その年の最後を締めくくる試合会場は「洲崎球場」。大盛況であった。秋季リーグは東京巨人軍と大阪タイガースの両チームの勝ち点が同点。そこで王座決定戦を行うことになり、巨人軍の沢村栄治やタイガースの景浦将の大活躍などで洲崎は大いに盛り上がった。

　秋季リーグ戦の最中に、もうひとつのプロ専用球場を設置する話が着々とすすんでいた。東京のど真ん中に新たに建てる球場、すなわち「後楽園スタヂアム」の建設だ。次年度（昭和十二年度）シーズンはプロ野球リーグ二年目、さらなる発展への期待がふくらんでくる。

　おおむね以上のような内容である。方法上の特徴としては、当時の新聞記事紙面を多く示したことである。読み手の視覚にうったえようとした。ざっと本書をめくって記事資料を一瞥するだけで、筆者の意図が十分に伝わるだろうと信じている――願わくは、記述にも付き合ってもらえたら幸いである。

　本書執筆にあたり、できるだけ多くの野球人について触れるように努めた。しかしながら、野球史の観点からみれば当然取りあげるべき人物に言及していなかったということは大いにありうる。また、思い違いが露呈される場面が多々存在するのではないかと懸念している。事実関係については正確を期すことを心がけたが、なにしろ粗忽者ゆえ遺漏の生ずることを危惧している。読者にはご寛容のほどお願い申し上げたい。また、ご批判など率直に承りたいと思っている。

【球春到来】

第一章　待望の職業《プロ》野球公式戦はじまる

季節の風景（1）五月のこよみ

昭和十一年一月から二月にかけて、五つの職業野球団――名古屋軍、東京セネタース、阪急軍、大東京軍、名古屋金鯱軍――が産声をあげた。ひと足早く設立された、東京巨人軍（昭和九年十二月）と大阪タイガース（昭和十年十二月）をくわえた七つの職業野球チームが日本の野球界に名乗りをあげた。二月五日には日本職業野球連盟（現・NPB＝日本野球機構）が結成され、本格的な職業《プロ》野球リーグ戦にむけてうごきだした。

すでに各職業団は、それぞれの地元（名古屋や関西）において結成披露試合を開催したり、各地で社会人チームを含めた対戦をかさねてきた。いよいよ球春の幕開けである。天長節(1)の四月二十九

（1）天皇の誕生日を祝った祝日。明治六年国の祝日とされ、昭和二十三年に天皇誕生日と改称（現在は、昭和の日）。

日、日本職業野球連盟による〈公式戦〉が甲子園球場において開始されることになっていた――東京巨人軍は前年の昭和十年につづき二度目の米国遠征のため欠場し、のこりの六チームが甲子園に参集した。

春爛漫の桜の時季は過ぎて、初夏の陽光がまぶしくなってきた。薫風さわやかな季節をむかえ、端午の節句がやってくる。昭和十一年五月一日付の新聞記事（資料1―1）を示す。「五月のこよみ」の見出しにみちびかれる記事本文をのぞいてみよう。鯉のぼりが気持ちよさそうに泳ぐ風景が想起されるなか、「非常時男子の…」語句が緊張感を呼びおこす（傍点中西）。

【五月のこよみ】

碧空の下、青葉若葉の風薫って、まっ白なジャージ・スエーターをきた娘さんが、軽やかなステップをふんでいく――爽やかな五月、月はじめからお節句の旗ノボリが林立して、矢車が風にカラカラと音をたてます、なにはともあれ五月五日は非常時男子の尚武(1)のお節句(2)、男子の生れた家へは知人から鯉の吹流し、あるいは武者人形をおくり返礼としては柏餅をおくります、この日、酒に菖蒲をひたしてのめば邪気をはらい、長命するといい、菖蒲湯はむかし志那で蘭を入れて入浴したのを日本では菖蒲で代用したのです

これより二ヶ月まえ、職業野球チームが続々と誕生する真っ只中、世を震撼させる大事件〈二・

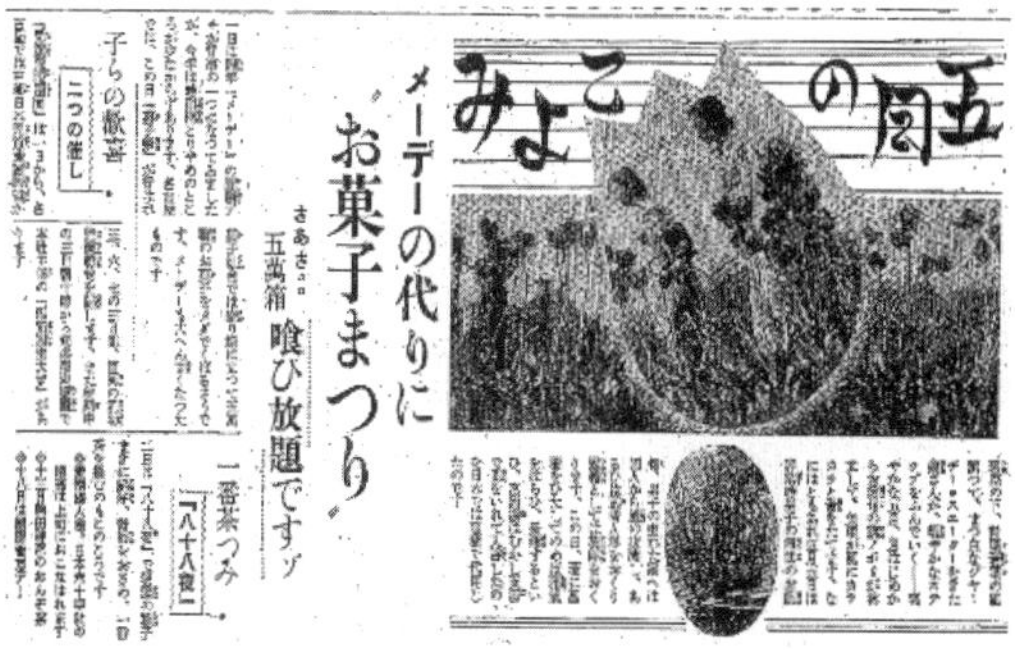
五月の節句 こよみ
メーデーの代りに〝お菓子まつり〟
五萬箱 喰ひ放題です
二つの催し
子らの歓喜
一番茶つみ
「八十八夜に」

[資料1-1] 昭和11年5月1日 名古屋新聞（鶴舞中央図書館所蔵）

二六事件〉が勃発した。ただちに帝都には戒厳令が敷かれ、(3)野球に興じるどころではない陰鬱な空気が日本全体をおおっていた。国内各地では自粛ムードが蔓延していた。五月一日に開かれる予定だった第十七回メーデーは、当局により中止させられていた(4)。その代わりとなる名古屋での行事を伝える記事を示す（見出し「メーデーの代りに〝お菓子まつり〟」、資料1―1、傍点中西）。「非常時」や「時節柄」などの文言が日常生活のなかに浸透していく。

「メーデーの代りに〝お菓子まつり〟」
一日は例年「メーデー」の街頭デモが行事の一つになっていましたが、今年は時節柄とりやめのところが少なからずあります、名古屋では、この日「菓子祭」が行われ菓子組合で

（1）武道・武勇を重んじること。
（2）お節句＝尚武《しょうぶ》のお節句。菖蒲《しょうぶ》の節句、端午の節句（五月五日の節句、男子の節句）。
（3）二・二六事件の善後処理のため戒厳令は二月二十七日未明実施された（同年七月十八日に解かれる）。
（4）日本におけるメーデーは、大正九年（一九二〇）の第一回から昭和十年まで続いたが、十一年の二・二六事件により戒厳令が敷かれたのを機に禁止（昭和二十一年に復活）。

は盛り場に立って五万箱のお菓子をタダでくばるそうです、メーデーも大へん甘くなったものです……〈後略〉

初の日本職業野球連盟主催大会（甲子園球場）

いよいよ待ちに待った、日本職業野球連盟による試合が行われる（資料1―2）。第二次米国遠征中の東京巨人軍をのぞく六チーム――大阪タイガース・名古屋軍・東京セネタース・阪急軍・大東京軍・名古屋金鯱軍――による大会であった(1)。大会は三つに分けられ、甲子園大会、鳴海《なるみ》大会（名古屋）、宝塚大会といったように関西と中京地区の三つの球場で順次開催されることになっていた。最初の大会は甲子園球場において四月二十九日から五月五日までの七日間、各対戦一試合の総当たり、計五試合のリーグ戦が行われた。

甲子園大会を終えると、約十日間あけたのち会場を名古屋市郊外の鳴海球場に移して、満鮮遠征(2)の名古屋金鯱軍をのぞく五チームによるトーナメントが開催された（五月十六、十七日）。そして、名古屋での二日間の大会を終えたのち、場所を宝塚球場に変えてのトーナメント大会が開かれた（五月二十二日〜二十四日）。

まとめてみるとつぎのようになる。

日本最初の職業野球リーグ戦
けふ甲子園球場に開幕
参加六チーム・七日間に各五試合
榮冠何れへ
分岐點は投手力
タ軍、セ軍、阪急が優勢

六チームの主將

試合日割
◇4月29日（天長節）
大東京―名古屋軍（11時）
タイガース―金鯱軍（1時）
セネタース―阪急軍（3時）
◇30日（木）
タイガース―名古屋軍（1時）
阪急軍―大東京軍（3時）
◇5月1日（金）
金鯱軍―セネタース（1時）
阪急軍―タイガース（3時）
◇2日（土）
金鯱軍―名古屋軍（1時）
セネタース―大東京軍（3時）
◇3日（日）
名古屋軍―阪急軍（1時）
タイガース―大東京軍（3時）
◇4日（月）
タイガース―セネタース（1時）
金鯱軍―阪急軍（3時）
◇5日（火）
大東京軍―金鯱軍（1時）
名古屋軍―セネタース（3時）

［資料1-2］昭和11年4月29日 読売新聞

四月二十九日～五月五日
甲子園大会　巨人軍をのぞく六チーム（リーグ戦）
五月十六、十七日
鳴海大会　巨人軍・金鯱軍をのぞく五チーム（トーナメント）
五月二十二日～二十四日
宝塚大会　巨人軍・金鯱軍をのぞく五チーム（トーナメント）

これら三つの大会は、いずれも日本職業野球連盟の主催によるもので公式戦[3]あつかいになるが、東京巨人軍が参加していないこと、名古屋金鯱軍は甲子園大会のみの参加などから、特段、優勝

（1）名称は「第一回日本職業野球リーグ戦」。リーグ戦の形式は甲子園大会のみ。
（2）二月二十二日付名古屋新聞によれば、名古屋金鯱軍の朝鮮・満州への遠征は、五月十一日名古屋発～六月十六日帰名（満鮮での転戦後、門司港にもどり九州で門司鉄道局と八幡製鉄とも対戦）の日程であることが発表されている。金鯱軍にとって、地元の名古屋の鳴海球場での初公式戦に参加することなく、長途の遠征を優先したことは、最初の連盟主催試合がそれほど重んじられていなかったことの一端を示す。
（3）プロ野球公式戦の起点は、昭和十一年四月二十九日から開催された第一回日本職業野球リーグ戦とされる（昭和四十七年三月十一日大浜信泉コミッショナー決定）。

チームは定めない大会であった――選手権大会（争覇戦）になるのは、巨人軍帰国後の七球団がそろうことになる七月の大会（連盟結成記念全日本野球選手権）からである。(1)

記事（資料1―2）内容を以下示す。東京巨人軍の背後にいる読売新聞社による記事であるが、巨人軍が不在であるにもかかわらず当大会についての大きな記事（資料1―3〔二七頁〕も同様）を掲載しているのは、読売の職業野球全般にたいする力の入れ方がそれだけ大きいゆえであるからであろう。

愈《いよい》よ今二十九日から甲子園で全日本職業野球連盟の第一回リーグ戦が開始される、日本の球界に大きな爆弾を投じて生れ出た職業野球団が春早々から各地に展開した前哨戦に一まずきまりをつけ、心を新にして臨むリーグ戦である、この記念すべきリーグ戦に米国遠征のため東京巨人軍の留守なのは淋しいがリーグ戦の歴史的意義と、その意義を十分に心してコンディションを整えてきた各チームの意気込みを考えてみればたとい巨人軍がいなくともリーグ戦が日本球界に投げかける影響は甚だ大きいのだ、従ってまたリーグ戦にかける期待と〝どこが優勝するか〟は非常に深い興味の対象となる訳である

◇参加六チーム、スケジュールは別表の通りで一回宛の総当り戦によって優勝チームを決するのである、六大学リーグ戦とは異り七日の間に五回のゲームを設けるようなスケジュールであるから勢い豊富な投手力を擁しているチームが最も有力な優勝候補となるのは已《や》むを得ない

記念すべき日本職業野球連盟主催の初のリーグ戦初日を終えた翌日（四月三十日付）の読売新聞の記事――見出し「職業野球リーグ戦開く」「球界〝新時代を呼ぶ〟」「六チーム初の争覇　藤村、野口活躍」（資料1―3）――の冒頭部分をみてみる。

日本の野球界に記念すべき第一回全日本職業野球連盟リーグ戦は二十九日天長の佳節を卜《ぼく》して甲子園球場にその幕を開いた、(2) 前夜来の雨未だ霽《は》れやらず朝来の小雨であったが試合に差支える事なく定刻を過ぐる十分松方連盟副総裁(3)の始球式によって晴れの第一戦を承わる名古屋軍

(1) 東京巨人軍も加わる七月一日からの日本職業野球連盟結成記念大会は、選手権争奪試合の起点とされるが、優勝決定戦は行われなかった。いわゆるペナントレースは秋季リーグ戦（九月十八日～十二月七日）で実施される。それにしても、四月二十九日からの大会名には「日本職業野球連盟結成記念大会」がついていないことに多少の違和感がある。巨人軍が加わる七月になってようやく大会名には「…結成記念大会」の名が付せられる――日本職業野球連盟の結成が二月五日であることを考慮すると、約五ヶ月後の大会名に「結成記念」が掲げられるのは、職業野球界が東京巨人軍を中心に回っていることを示す証左であろう。

(2) 「…二十九日天長の佳節〔めでたい日〕を卜《ぼく》して〔占って定めて〕甲子園球場にその幕を開いた」の記述は、第一回全日本職業野球連盟リーグ戦の開幕日と場所はなんらかの神意によってさだめられたことを暗示する（職業野球にかかわる先人たちの切なる願いがこめられているようだ）。

(3) 松方正雄（1868-1942）。ペンシルバニア大学時代、野球とフットボールのレギュラー選手。大阪野球倶楽部（大阪タイガース）結成にともない初代会長に就任したとき、すべての役職から退き、タイガースを巨人軍を越えるチームにすることに情熱を注いだ。日本職業野球連盟（総裁は大隈信常）の創立時、安藤信昭とともに副総裁に就任。草創期のプロ野球発展に貢献（野球殿堂入り〔以後「殿堂入り」と略記〕、一九八六年）。鹿児島県出身。

本書では、野球殿堂入りの人物情報については、基本的に『野球殿堂　２０１８』に依拠し、また、その他の野球人や関係者については『プロ野球人名辞典』『昭和人物事典　戦前期』『２０世紀日本人名事典』などに依っている。

対大東京軍の火蓋を切った

日本プロ野球にとって記念すべき初の公式リーグ戦、第一日目の試合結果を示す。

昭和十一年四月二十九日（於甲子園球場）

第一試合（午前十一時十分～午後一時二十分）　名古屋軍　8―5　大東京軍

第二試合（午後一時五十五分～三時二十五分）　大阪タイガース　3―0　名古屋金鯱軍

第三試合（午後三時五十分～五時二十五分）　東京セネタース　9―2　阪急軍

日本プロ野球最初の公式戦の両軍先発選手（打順と選手情報）と各試合の戦評を順々に記す。

第一試合両軍先発メンバーを紹介する。まずは名古屋軍から（総監督は河野安通志、[1]監督は池田豊[2]）。総監督、監督ともに早大ＯＢである。

【名古屋軍】1野村（二）2鈴木（左）3ハリス（捕）4高橋（遊）5岩田（三）6前田（中）7浅原（一）8服部（右）9牧野（投）

1野村実（1911-不詳）。広陵中（現・広陵高）、横浜高専（現・神奈川大）を経て名古屋軍へ。昭和十二、十三年イーグルス（実働三年）。広島県出身。

2鈴木実（1919-不詳）。中京商（現・中京大中京）を経て名古屋軍へ（実働二年）。愛知県出身。

3ハリス、バッキー（1908-1978）。南カリフォルニア大、米マイナーを経て日系チームLA日本でプレー。名古屋軍総監督の河野安通志が戦力底上げのため、鈴木惣太郎氏(3)を通じて獲得（ノース投手、日系二世の高橋遊撃手も同様）。翌年（昭和十二年）河野が結成した後楽園イーグルスに移籍、同年秋最高殊勲選手（実働三年）。米国出身。

4高橋吉雄《よしお》（「サム高橋」、1908-1976）。ワシントン大を経てハワイ朝日でプレー。名古屋軍参加の翌年イーグルスに移籍。秋季リーグで本塁打王（実働五年）。ハワイ準州生まれの日系二世。

5岩田次男（1915-不詳）。名古屋三商（現・桜台高）、早大を経て名古屋軍へ（実働四年）。愛知県出身。

6前田喜代士《きよし》（1912-1938）。武生中（現・武生高）、慶大、日本レイヨンを経て名古屋軍へ（実働

（1）河野安通志《あつし》（1884-1946）。早大の初渡米遠征（明治三十八年）で二十六試合すべてを一人で投げ抜いて「鉄腕投手」の異名をとった。ワインドアップ投法を習得し日本球界に紹介。大正九年、押川清らと「日本運動協会」を結成。昭和十一年名古屋軍創設時に総監督として指導。翌年イーグルスの総監督（殿堂入り、一九六〇年）。石川県出身。

（2）池田豊（1893-1952）。早稲田中から早大へ。名三塁手として知られた。卒業後、東京六大学野球連盟審判員に。昭和十一年名古屋軍創設時の監督、翌年日本職業野球連盟審判員に転ずる。「スピードをモットーとしたプロ野球最高の司会者」と言われた（殿堂入り、一九六二年）。東京都出身。

（3）鈴木惣太郎（1890-1982）。前橋中、大倉高商卒。大正九年、貿易関係の仕事を勉強するため渡米中、大リーグ観戦を続け、帰国後、読売新聞紙上で米国野球を紹介。日米野球（昭和六年、九年）で米大リーグ選抜チーム招聘に尽力（とくに、ベーブ・ルースを招くことに貢献）。大日本東京野球倶楽部（東京巨人軍）の創立に尽力。戦後の二十一年に日本野球連盟副会長、GHQとの折衝に骨を折った（殿堂入り、一九六八年）。群馬県出身。

二年）。戦没。福井県出身。
7浅原直人（1916-1987）。愛知一中（現・旭丘高）卒。大連実業を経て名古屋軍へ。初年度途中より大東京軍へ。戦後は熊谷組を経て東急でプレー（実働九年）。愛知県出身。
8服部一男（1918-2000）。惟信中（現・惟信高）を経て名古屋軍へ（実働三年）。愛知県出身。
9牧野潔[1]（1917-1977）。名古屋二商（現・西陵高）を経て名古屋軍へ（実働一年）。愛知県出身。

名古屋軍の先発メンバーの出身地は予想どおり愛知県が抜きんでて多い（九人中五人）。出身学校別にみると、大学野球経験者[2]はハリスを入れて二人のみで中等学校出身者が多い。また、名古屋軍の他球団にない特徴としては助っ人外国人選手が二名主軸に名を連ねていることである（三番ハリス、四番は日系二世の高橋）。実働年数の平均は3・5年（最長の浅原選手でも9年）。職業野球の黎明期、それも戦前の不安定な世情のなかでのこと、選手寿命がいかにも短い（くわえて戦死も伴い実質的な寿命も短い）。なお、戦没者は一名（前田喜代士選手）。前田選手は翌昭和十二年春季リーグ終了後に応召、翌十三年一月、中国で戦死。職業野球現役選手初の戦死者とされる[3]。

つづいて名古屋軍と対戦した大東京軍の先発メンバーを示す（監督は慶大ＯＢの伊藤勝三[4]）。

【大東京軍】1池田（遊）2木全（左）3水谷（右）4鬼頭（中）5大友（二）6漆原（一）7筒井（三）8村川（捕）9近藤（投）

1池田潤三（1915-不詳）。愛知商、立命館大を経て大東京軍へ（実働一年）。愛知県出身。

2木全《きまた》竹雄（1910-不詳）。享栄商、立命館大を経て大東京軍へ（実働一年）。愛知県出身。

3水谷則一《のりかず》（1910-1984）。愛知商、慶大、満州鉄道倶楽部を経て大東京軍へ。プロ野球史上初めて左打席に立った打者（実働六年）。愛知県出身。

4鬼頭数雄《かずお》（1917-1944）。中京商（夏の甲子園三連覇したときのメンバー）、日大を経て大東京軍へ（実働六年）。昭和十五年首位打者。十七年応召、十九年七月戦没。愛知県出身。

（1）牧野潔投手（資料によっては生存の可能性を示唆）の現況については、昭和五十二年（一九七七）九月に逝去の事実を得ている。牧野投手の没年の確定はつぎのプロセスを経た結果である。すなわち、照会の経路は、筆者→佐藤啓《はじめ》さん（筆者の友人・中京テレビアナウンサー）→大藤晋司《だいとうしんじ》さん（元・中京テレビアナウンサー、現・テレビ北海道アナウンサー、佐藤さんの知人）→伊藤栄祐《えいすけ》さん（牧野投手のお孫さん、北海道日本ハムファイターズチームスタッフ）→伊藤さんの実父（牧野投手は義父）の順序で没年確定にたどり着いた。ちなみに、伊藤栄祐さんは、愛工大名電高時代にはイチローさんの一年先輩、一九九〇年ドラフト5位で近鉄バッファローズに入団したプロ野球人である。牧野潔投手の消息に至るに当たり、佐藤さんをはじめ仲介の労をとっていただいた関係者の皆さまにこの場を借りて御礼申し上げます。

（2）卒業、中退を含めて経験者とする。

（3）前田選手の名は東京ドーム敷地内の「鎮魂の碑」に刻まれている。ここで、丸山守次郎投手（元宝塚運動協会）についても触れておきたい。丸山投手は昭和三年五月二十日、済南事件で戦死しているが鎮魂の碑に彼の名を見出すことができない（『もうひとつのプロ野球』一二七—一二八）。「宝塚運動協会」は、河野安通志らの興したわが国初の職業野球団「日本運動協会」の後継球団である。職業野球の起点を日本運動協会におくならば、当該碑が「戦没された選手の霊を慰めるために建立されたもの」（『野球殿堂２０１８』二六四頁）という趣旨にしたがって丸山投手の名は刻まれるべきであろう。

（4）伊藤勝三《かつぞう》（1907-1982）。秋田中（全国中等学校優勝野球大会に捕手として二度出場）を経て慶大へ。東京倶楽部でプレー（昭和六年都市対抗野球大会で優勝）。大東京軍結成時に入団、永井武雄監督のあとをうけて監督就任（選手兼任）。一年限りで引退。戦後は、地元秋田の実業団野球連盟初代支部長に就任、母校・秋田高校野球部の指導に努めた。秋田県出身。

5大友一明（1916-不詳）。島田商を経て大東京軍へ（実働八年）。静岡県出身。

6漆原進《うるしはら》（1916-不詳）。台北工を経て大東京軍へ。後楽園イーグルス、金鯱軍でもプレー（実働五年）。台湾出身。

7筒井良武（1916-不詳）。松山商を経て大東京軍へ。十二年イーグルスへ（実働三年）。愛媛県出身。

8村川幸信（1911-不詳）大谷中、立命館大を経て大東京軍へ（実働一年）。京都府出身。

9近藤久（1918-1975）。名古屋商を経て大東京軍へ。プロ野球公式戦初の先発（大東京軍は後攻ゆえ最初の一球を投げた投手）・完投、敗戦投手。翌年の春季リーグでは十一勝をあげる（実働五年）。引退後、中山製鋼に入社し傘下の尼崎製缶取締役。愛知県出身。


大東京軍は東京の球団であるにもかかわらず、名古屋軍と同様に愛知県出身者が半分以上を占める（九人中五人）。事実、名古屋軍と大東京軍はたがいに〈友軍〉のような存在である。両球団は田中斉《ひとし》(1)の野球構想によって設立され、田中自身二つのチームの経営上の面倒をみていた。今では考えられないことだが、ひとりのオーナーが二つのプロ野球団を持っていたのだ。大東京軍の大学野球経験者は五名で名古屋軍（二名）よりも多い（立命館大三名、慶大一名、日大一名）。なお、実働平均年数は4年である。

職業野球リーグ戦開く
球界に"新時代"を呼ぶ
六チーム初の争覇　藤村、野口活躍
小島六郎
名古屋軍　8―5　大東京軍
タイガース　3―0　金鯱軍
セネタース　9―2　阪急軍

［資料 1-3］昭和 11 年 4 月 30 日　読売新聞

読売新聞の小島六郎記者による報告（資料1―3）を引いて試合の様子をみてみよう。〈友軍〉どうしの対戦ゆえか、口調は手厳しい。

第一試合戦評〈名古屋軍　8―5　大東京軍〉

◇劈頭の試合としては甚だ著しく香《かんば》しくない内容であった、それは大東京名古屋ともいわゞ内輪同士とて笑いながら試合を進ませるような有様で勝負に対する迫力もなかった、又選手交代等の動作極めて緩慢で試合をスピーディに運ぶ職業団の特質について考慮を煩わしたい

◇試合は名古屋軍のスタート投手牧野の不調から一回早くもノースの救援を求め、大東京近藤またコントロールなく二回連続四球と遊撃の失策を交えて三点を与えるようなスタートで、早くも乱戦を予想させた

（1）田中斉（1897-1966）。明大を経て（大正九年卒）ジョンズ・ホプキンズ大学大学院修了（大正十二年）。大正十四年新愛知新聞社に入り経済部長、昭和五年主幹兼編集長に就任。新愛知が国民新聞を買収した後は、その経営にたずさわる。十七年の新聞統合で両社を退社。この間、職業野球の名古屋軍代表、大東京軍オーナーも務めた。戦後、衆議院議員となるが公職追放。戦前から明大講師を務め、昭和三十一年教授、四十一年商学部長。愛知県出身。

◇その後ノースはコントロールに悩みつゝ、四球10を出しながらもバックの好守とリードの得点に救われて漸く完投したが大東京は五回ハリス、高橋、前田、浅原と安打を被り七回には岩田の安打に三塁手の失策で乱れる等最後まで圧迫を被って敗退した

つづいて第二試合に移る。大阪タイガースの先発メンバーを紹介する（監督は早大ＯＢの森茂雄[1]）。

【大阪タイガース】1平桝（中）2藤井（左）3御園生（右）4松木（一）5景浦（三）6藤村（投）7小川（捕）8伊賀上（二）9岡田（遊）

1平桝敏雄（1911-1971）。広陵中、慶大を経てタイガースへ（実働二年）。広島県出身。

2藤井勇（1916- 1986）。鳥取一中（現・鳥取西高）を経てタイガースへ。大洋ホエールズ創立時にプレー。プロ野球公式戦初本塁打を記録（昭和十一年五月四日対セネタース戦、相手投手は野口明）。実働十七年。鳥取県出身。

3御園生《みそのお》崇男《たかお》（1916-1965）。山口中（現・山口高）、関西大（一年間在籍）を経てタイガースへ。翌十二年秋のシーズンには十一勝無敗の大活躍でタイガースの初優勝に大きく貢献。通算一二七勝七〇敗（実働十四年）。山口県出身。

4松木謙治郎（1909-1986）。敦賀商、明大、名古屋鉄道局、大連実業団でプレー。大阪タイガース結成時主将で入団（実働八年）。またタイガース、大映、東映で指揮をとる（通算十一年）。殿堂

入り、一九七八年。福井県出身。

5景浦将（1915-1945）。松山商、立教大を経てタイガースへ。投打両方で好成績をおさめた。プロ野球草創期最大のロングヒッター（実働四年）。二十年五月二十日、フィリピンで戦没（殿堂入り、一九六五年）。愛媛県出身。

6藤村富美男（1916-1992）。呉港中を経てタイガースへ（投手）。十三年からは打者に専念。戦後、長打力が開花、「物干しザオ」と呼ばれる長いバットで本塁打を量産（実働十七年）。殿堂入り、一九七四年。広島県出身。

7小川年安（1911-1944）。広陵中を経て慶大へ（宮武、水原とならぶ神宮の大スター）。タイガース結成時に活躍するが（実働一年）初年度シーズン暮れに応召、戦没。広島県出身。

8伊賀上良平（1917-2000　のちに「潤伍」に改名）。松山商を経てタイガースへ（実働十一年）。愛媛県出身。

9岡田宗芳（1917-1942）。広陵中を経てタイガースへ（実働五年）。十五年末応召し十七年戦没。広島県出身。

（1）森茂雄（1906-1977）。松山商を経て早大へ。卒業後の昭和十年、松山商のベンチコーチ（監督）として夏の甲子園を制覇。その力量を買われて十一年大阪タイガースの初代監督となったが夏には辞任。翌十二年新設のイーグルス監督（十四年まで）。戦後、二十二年早大監督に就任（三十三年までの在任中に9度の優勝）。石井藤吉郎（殿堂入り、一九九五年）、廣岡達郎（殿堂入り、一九九二年）らを育てた。大洋では監督のほかに球団代表、社長も務めた（殿堂入り、一九七七年）。愛媛県出身。

大阪タイガースの先発メンバーは全員西日本出身者で固められている。また、大学野球経験者は五名（慶大二名、明大一名、立教大一名、関西大一名）。先発メンバーの実働平均年数は8・7年。名古屋軍（3・5年）や大東京軍（4年）とくらべると二倍以上である。それだけ大阪タイガースには、職業野球界で長く活躍し歴史に残る選手が球団結成当時に在籍していたということだ。くわえて、野球殿堂入り選手は三名も輩出（松木謙治郎、景浦将、藤村富美男）。なお戦没者は三名（景浦将、小川年安、岡田宗芳）を数える。

つづいてタイガースと対戦した名古屋金鯱軍の先発メンバーを示す（監督は明大OBの岡田源三郎[1]）。

【名古屋金鯱軍】1島（中）2濃人（遊）3黒澤（左）4広田（捕）5三上（右）6黒田（三）7古谷（投）8高谷（一）9江口（二）

1島秀之助（1908-1995）。第一神港商、法政大を経て逓信省[2]で勤務。昭和十年暮れ、第一神港商の先輩二出川延明に誘われて金鯱軍に主将として入団。監督になるはずの二出川が審判員に転じたため、監督の岡田源三郎を補佐する助監督兼選手に（実働二年）。十三年審判に転向。セ・リーグ審判部長（殿堂入り、一九八九年）。兵庫県出身。

2濃人渉《のうにんわたる》（1915-1990）。広陵中を経て広島専売局へ。岡田監督から誘われ金鯱軍へ（実働八年）。

戦後、中日などの監督を務める（通算七年）。また、被爆者手帳を持っていた唯一のプロ野球監督でもある。広島県出身。

3黒沢俊夫（1914-1947）。八尾中、関西大を経て金鯱軍へ（大洋軍、巨人軍にも在籍、実働八年）。戦後、体調不良をかくしてプレーをつづけ、昭和二十二年病没。巨人時代の背番号4は巨人の永久欠番。大阪府出身。

4広田修三（1914-不詳）。広島松本商（現・瀬戸内高）、広島専売局を経て金鯱軍へ（タイガース等でもプレー。実働九年）。広島県出身。

5三上良夫（1916-不詳）。青森商、全青森を経て金鯱軍へ（実働二年）。青森県出身。

6黒田健吾（1907-不詳）。関西中、台湾専売局、平壌鉄道管理局を経て金鯱軍へ（初年度途中阪急軍へ、実働七年）。岡山県出身。

7古谷倉之助《ふるやくらのすけ》（1911-1961）。八王子中、八王子実業団を経て金鯱軍へ（投手、内野手、外野手）。初年度秋季リーグで山下実、藤村富美男と並んで本塁打王を獲得（実働七年）。東京都出身。

8高谷昌二《たかたにまさじ》（1913-不詳）。青森商、全青森を経て金鯱軍へ（実働一年）。青森県出身。

（1）岡田源三郎（1896-1977）。第一回全国中等学校優勝野球大会に早実の捕手として出場。卒業後明大へ、全ポジションに就く器用さを発揮。大正十二年明大野球部監督に就任、早慶を苦しめた。名古屋金鯱軍結成時に監督に就任（殿堂入り、一九七八年）。東京都出身。
（2）交通・通信行政を管掌した中央官庁（明治十八年＝一八八五年創設）。昭和二十四年（一九四九）郵政省（平成十三年中央省庁再編にともない総務省に移行）と電気通信省（昭和二十七年廃止。現在の総務省、ＮＴＴグループ、ＫＤＤＩの前身）に分離。

9江口行雄（1915-不詳）。享栄商、立命館大を経て東京巨人軍へ。名古屋金鯱軍結成時、巨人軍の二出川延明とともに金鯱軍へ移籍（実働五年）。二度の応召で戦時中に病死。愛知県出身。

名古屋金鯱軍の先発メンバーは、名古屋の球団であるにもかかわらず愛知県出身者が一人しかいない（江口選手のみ）。名古屋軍やその〈友軍〉である大東京軍には愛知県出身者が半数以上いる状況とは対照的である。大学野球経験者は三名である（法政大、関西大、立命館大）。実働平均年数は5・4年で、これまでみた球団——名古屋軍、大東京軍、大阪タイガース——の真ん中あたりである。野球殿堂入りは一名（島秀之助選手）、戦病没者は一名（江口行雄）を数える。

第一試合と同様に、読売新聞の小島六郎記者による試合報告（資料1—3）を引いてみよう。

第二試合戦評〈タイガース　3—0　金鯱軍〉

◇前の試合とは打って変った慎重振りを見せ、藤村の直球、古谷のカーブ何れも会心の急所を衝き、二回タイガース岡田の難直飛を黒澤スライディングキャッチして掴むの美技を織込みつゝ三回まで両軍見事な好守を見せて進んだが、四回に入って古谷が藤井に四球を許し御園生にバントされるに及んで均衡を破り、松木の投手強襲安打で一点、影浦［原文ママ］を故意の四球に出して藤村以下を抑えんとした策も藤村に遊撃右を強く抜かれて合計二点を許し金鯱は

完全な圧迫を受けた
◇五回から金鯱は内藤[1]を投手に出して見たがさらにコントロールなく四球連発で一回をも持越すこと出来ず再び古谷と交替する有様で……〈後略〉
◇タイガースは噂に違わず打力のチームたることを実証したが、投手藤村が守っては三振十一、安打一、四球四の好投をなしボックスに起っては安打三本を放ってタイガースの勝利を一人で背負っていたのは何としても目覚ましい

つづいて第三試合に出場した東京セネタースの先発メンバーを示す（監督は慶大ＯＢの横沢三郎[2]）。

【東京セネタース】1中村（遊）2北浦（捕）3苅田（二）4山崎（右）5綿貫（一）6高橋（三）7佐藤（左）8青木（中）9野口（投）

1中村信一（1913-不詳）。北予中（現・松山北高）を経て法政大へ。東京セネタース発足時入団。二塁手の苅田久徳に遊撃守備を鍛えられ、三塁手の高橋輝彦とともに「百万ドルの内野陣」を形

（1）内藤幸三《こうぞう》（1916-2002）。小樽商業などを経て、「東京リーガル倶楽部」（軟式社会人クラブ）でプレー。名古屋金鯱軍設立にも関わる。日本プロ野球最初の本格派左腕投手。戦後はセ・リーグで審判員も務めた。宇治山田市立明倫小学校では沢村栄治と同級生。三重県出身。

（2）横沢三郎（1904-1995）。荏原中（現・日体荏原高）を経て明大へ（二塁手）。昭和四年東京倶楽部入り、都市対抗大会で四度の優勝を経験。十一年東京セネタース発足とともに監督、十三年から審判部。戦後（二十一年）、新生セネタース（現・日本ハム）の監督を務める。二十三年より日本野球連盟審判に復帰し、二十六年から九年間パ・リーグの審判部長を務めた（殿堂入り、一九八八年）。台湾出身。

成（実働八年）。愛媛県出身。

2北浦三男（1914-不詳）。浪華商、関西大を経てセネタースへ（実働五年）。大阪府出身。

3苅田久徳（1910-2001）。本牧中（現・横浜高）を経て、法政大へ、遊撃手として活躍。東京巨人軍に入団したが故あってセネタース結成時に移る。遊撃のポジションを法大の後輩中村信一にゆずり自らは二塁にまわった（実働十二年）。近代野球の二塁守備は苅田にはじまるといわれる（殿堂入り、一九六九年）。神奈川県出身。

4山崎文一《ぶんいち》（1916-不詳）。浦和中（現・浦和高）、日大を経てセネタースへ（実働二年）。埼玉県出身。

5綿貫惣司《わたぬきそうじ》（1915-不詳）。川越中（現・川越高）、立教大を経てセネタースへ（実働三年）。埼玉県出身。

6高橋輝彦（1914-不詳）。神奈川商工、専修大を経てセネタースへ（実働三年）。昭和四十年、横浜高等学校野球部監督に就任。コーチの渡辺元智氏を指導、高校野球の強豪校となる指導者の基盤を作った。神奈川県出身。

7佐藤喜久雄（1917-1936）。慶応商工、川崎コロムビアを経てセネタースへ。職業野球初年度の連盟結成記念全日本野球選手権名古屋大会の試合中（大阪タイガース戦・七月十八日・山本球場）に日射病で倒れ肺炎と脳病を併発し、十一日後の七月二十九日逝去、満十八歳の若さ）。東京都出身。

8青木幸造《こうぞう》（1910-不詳）。東京商工、全横浜を経てセネタースへ（実働四年）。神奈川県出身。

9野口明（1917-1996）。中京商業（夏の甲子園制覇）を経て明大へ。セネタース結成時入団（明大中退）。投手兼捕手として活躍（一塁手としてもプレー）。昭和二十六年・二十七年にはベストナイン（捕手）。二十九年には中日球団初の日本一に貢献（昭和三十年中日の選手兼任監督）。明、二郎（殿堂入り、一九八九年）、昇、渉とプロ野球選手を輩出した野口四兄弟の長兄。実働、投手五年・野手十五年。監督二年。愛知県出身。

東京セネタースの先発メンバーの出身地は六名が関東である。東京の球団であるゆえ容易に理解できる。名古屋や大阪の球団は基本的に地域あるいはそれに準じる地域から選手を集めている（大東京軍は例外）。ところで、セネタースの顕著な点は大学野球経験者が他球団とくらべてきわめて多いことである（先発メンバー九名中七名もいる）。大学別では法政大二名、明大一名、立教大一名、日大一名、専修大一名、関西大一名といったぐあいである。なお。先発メンバーの実働平均年数は5・8年である。野球殿堂入りは一名（苅田久徳）を輩出。

最後にセネタースと対戦した阪急軍の先発メンバーを示す（監督は慶大ＯＢの三宅大輔[1]）。

（1）三宅大輔（1893-1978）。慶大、三田倶楽部、東京倶楽部でプレー。大正十四年慶大監督。昭和九年の第二回日米野球の全日本の監督。十年、東京巨人軍初代監督として第一次米国遠征。帰国後の国内巡業中にかつての同志の市岡忠男氏により解任（対東京鉄道局戦での連敗の責めを受け）。十一年の職業野球リーグ戦スタート時は阪急軍の監督として宮武三郎、山下実ら慶大の後輩たちの指揮をとる。終戦間際の十九年には産業軍（前身は名古屋軍）の監督。「打球を遠くに飛ばせ。ゴロを打つな」が持論。これは慶大野球部の伝統となっている（殿堂入り、一九六九年）。東京都出身。

【阪急軍】1西村（中）2中村（三）3宮武（投）4山下（右）5宇野（一）6石田（二）7川村（遊）8倉本（捕）9日高（左）

1西村正夫（1912-2002）。高松商、関西大を経て阪急軍へ（実働十三年、監督は通算八年）。香川県出身。

2中村一雄（1917-不詳）。中外商を経て阪急軍へ（実働一年）。兵庫県出身。

3宮武三郎（1907-1956）。高松商卒（投打の二刀流）。慶大時代は、同郷の後輩水原茂らとともに黄金時代を築く。阪急軍創立時主将（実働三年）。殿堂入り、一九六五年。香川県出身。

4山下実（1907-1995）。第一神港商時代、甲子園で三本の本塁打を記録。慶大では「和製ベーブ」のあだ名。卒業後、大連満州倶楽部へ。二度の日米野球に出場。阪急軍創立時、宮武とともに入団。十三年から十五年は監督兼任（実働六年、監督三年）。殿堂入り、一九八七年。兵庫県出身。

5宇野錦次（1917-1997）。平安中を経て阪急軍へ（実働五年）。京都府出身。

6石田光彦（1915-1980）。豊浦中、前橋・山藤クラブを経て阪急軍へ（投手、外野手、二塁手）。ノーヒットノーラン二回達成（九一勝九三敗、実働九年）。山口県出身。

7川村徳久《のりひさ》（1911-不詳）。甲陽中、立命館大、森下商店を経て阪急軍へ（実働二年）。戦没。兵庫県出身。

8倉本信護《のぶもり》（1913-1983）。広陵中、呉工廠を経て阪急軍へ（名古屋軍や金鯱軍でもプレー、実働四年）。広島県出身。

9日高得之《とくゆき》（1916-不詳）。平安中を経て阪急軍へ（実働二年）。京都府出身。

阪急軍の先発メンバーは、大阪タイガースと同様に全員が西日本出身者で構成されている。大学野球経験者は四名（慶大二名、関西大一名、立命館大一名）。先発メンバーの実働平均年数は5年である。野球殿堂入り選手は二名（宮武三郎、山下実）輩出している。

これで六チームの選手（先発メンバー）紹介をしてきたのであるが、明治以来日本野球界を牽引してきた早大野球部出身者が見当たらない。どこに消えたのであろうか。偶然、名を連ねなかっただけだろうか。まだ紹介してない米国遠征中の東京巨人軍にいるのであろうか…。

六球団の先発メンバーの大学野球経験者数（全二十六名）のなかで人数でのベスト3は、一位慶大（六名）、二位立命館大（五名）、三位関西大（四名）である。関西地区の大学が多い印象をうける。なお東京六大学関係では十三名で全体の半数を占めている。なお、監督の出身大学は慶大が三名、早大が二名、明大が一名である。職業野球の誕生時の指導者は東京六大学出身、それも早慶明で固められていた（野球殿堂入りは六名中五名）。

六球団の先発メンバーのなかで後年、野球殿堂入りになる選手は七名を数える（大阪タイガースが三名輩出で最多）。また、戦没者は六名におよぶ。

第一、二試合と同様に、第三試合についても読売新聞の小島六郎記者による試合報告（資料1—

3）を引いてみる。

第三試合戦評〈セネタース　9―2　阪急軍〉

◇宮武はカーブの制球に苦しみつつも老巧なピッチングで凡打せしめ三回一死後青木に右中間二塁打され野口に四球を許した後中村に右翼二塁打を浴せられて一点を先取されたが五回までともかくも持ち堪えた、併し今好調の波に乗りつゝあるセ軍の攻撃は六回に至って爆発し苅田の四球をキッカケに山崎の右翼安打、綿貫の投手バント内野安打から高橋の左翼安打と後逸についに宮武をノックアウトし代った山田を攻めて佐藤の中飛青木の四球に野口の二塁手右の安打、中村の中堅右安打と集中して一挙五点を挙げ三度び石田をプレートに抑えたがこれをも攻めて八回野口の右翼安打、中村の四球に北浦の遊銜[1]トンネル、苅田の右翼安打と続けて計九点を物にした

◇これに反して阪急は野口投手のチェンジ・オブ・ペース[2]に攻撃の意気揚らず五回まで凡退を繰り返し六回漸く西村の遊撃不規則バウンド安打から宮武の右翼安打と野手トンネルしている間に一点を挙げ九回には倉本の中堅安打と西村の遊銜失、中村の中堅安打で満塁の後宮武の中飛で一点を加えたのみで期待に反した敗戦を喫した、……〈後略〉

職業野球聯盟リーグ戦
3A―2
連勝のタイガース
阪急軍に敗る
戦評 河野安通志

［資料1-4］昭和11年5月2日　国民新聞
（国立国会図書館所蔵）

連盟主催の初のリーグ戦は甲子園球場における大会であるゆえ、、地元関西球団どうしのライバル意識がおのずと昂じてくる。大阪タイガースと阪急軍は、阪神電鉄と阪急電鉄を背負って熾烈な戦いをしていくことになる。いまでは、「伝統の一戦」として、巨人対阪神（東京ドーム）――あるいは、阪神対巨人（甲子園球場）――がクローズアップされるが、当時は〈東京vs大阪〉という図式よりもむしろ、在阪球団同士の対戦のほうが関心は高かったようだ。それは、野球ファン同士の競争意識をうわまわる、バックにいる親会社の面子をかけた戦いの激しさがあった。火花の散る初対戦が、五月一日、関西のファンや関係者が見守るなかで行われたが、果たして、阪急軍が3A―2[3]で勝利をおさめた（資料1―4）。

ところで、試合内容からはなれて興味を引くことがある。名古屋軍の総監督の河野安通志が、当

（1）ショートゴロを指す。
（2）チェンジアップを指す。
（3）対戦スコア「3A―2」のAは、「アルファ」を意味し、現在での表記になおせば「3X―2」となる。

記事（国民新聞、五月二日付）の「戦評」の筆をとっていることである。チームの現場のことは、池田豊監督に任されているようだ。また、名古屋軍の親会社の新愛知新聞傘下にある国民新聞紙上で記事が書かれ、河野氏の健筆は国民新聞紙上においても発揮される。

日本プロ野球初の公式戦がはじまり選手たちは意気揚々として試合に臨んでいたが、陸軍の命令は容赦ない。名古屋金鯱軍の濃人選手は泣く泣く戦列から離れ応召した。関係する記事内容を示す（五月四日付名古屋新聞「濃人君入営」、資料1―5）。

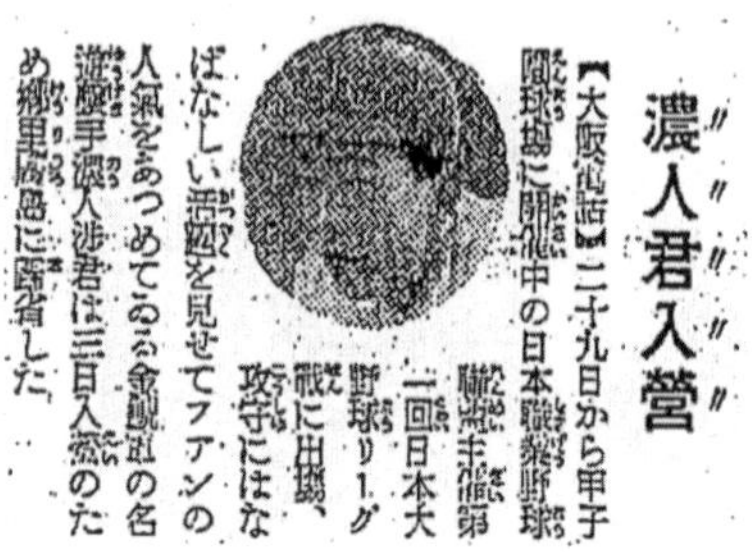

濃人君入営

【大阪電話】二十九日から甲子園球場に開催中の日本職業野球連盟主催第一回日本大野球リーグ戦に出場、攻守にはなばなしい活躍を見せてファンの人気をあつめてゐる金鯱軍の名遊撃手濃人渉君は三日入営のため郷里広島に帰省した

[資料 1-5] 昭和 11 年 5 月 4 日 名古屋新聞（鶴舞中央図書館所蔵）

［大阪電話］二十九日から甲子園球場に開催中の日本職業野球連盟主催第一回日本大野球リーグ戦に出場、攻守にはなばなしい活躍を見せてファンの人気をあつめている金鯱軍の名遊撃手濃人渉君は三日入営のため郷里広島に帰省した

記念すべきわが国初の日本職業野球連盟主催の甲子園での大会は無事終了した。東京セネタースはチーム状態が充実していて四勝一敗で栄冠を勝ちとった（資料1―6）。晴れの首位打者は、大阪タイガースの藤井勇選手が、五割二分六厘の成績で獲得した。

職業野球リーグ戦

【最終日】

セ軍、覇権を握る

金鯱軍、大東京と引分

甲子園特派員　小島六郎

金鯱軍7―7大東京軍

［資料 1-6］ 昭和 11 年 5 月 6 日　読売新聞

記事（資料1―6）内容を以下記す。

去る二十九日から甲子園に連日熱戦を繰広げた職業野球リーグ戦は快晴の五日最終日を迎えた、金鯱軍は意外の拙戦(1)で十一回の延長戦に大東京と引分け、セネタースは名古屋の奮戦をよく押し切って快勝し、結局セネタース四勝一敗をもって優勝、争覇一週間の幕を下ろした、なおリーディング・ヒッターの栄誉は試合数五、打数十九、安打十、塁打数十五、打率五割二分六厘でタ軍「大阪タイガース」の藤井選手が獲得した（甲子園特派員　小島六郎）

さて、名古屋金鯱軍はこの時期特異なうごきをする。日本職業野球連盟主催の初のリーグ戦は米国遠征中の東京巨人軍をのぞいた六球団によって甲子園で行われた。甲子園球場でのリーグ戦のあ

（1）名古屋金鯱軍の対戦相手は戦力が十分ととのっていない大東京軍であった。金鯱軍が勝って当然とみられているゆえ、「接戦」ではなく「拙戦」の表現が選ばれたと思われる。

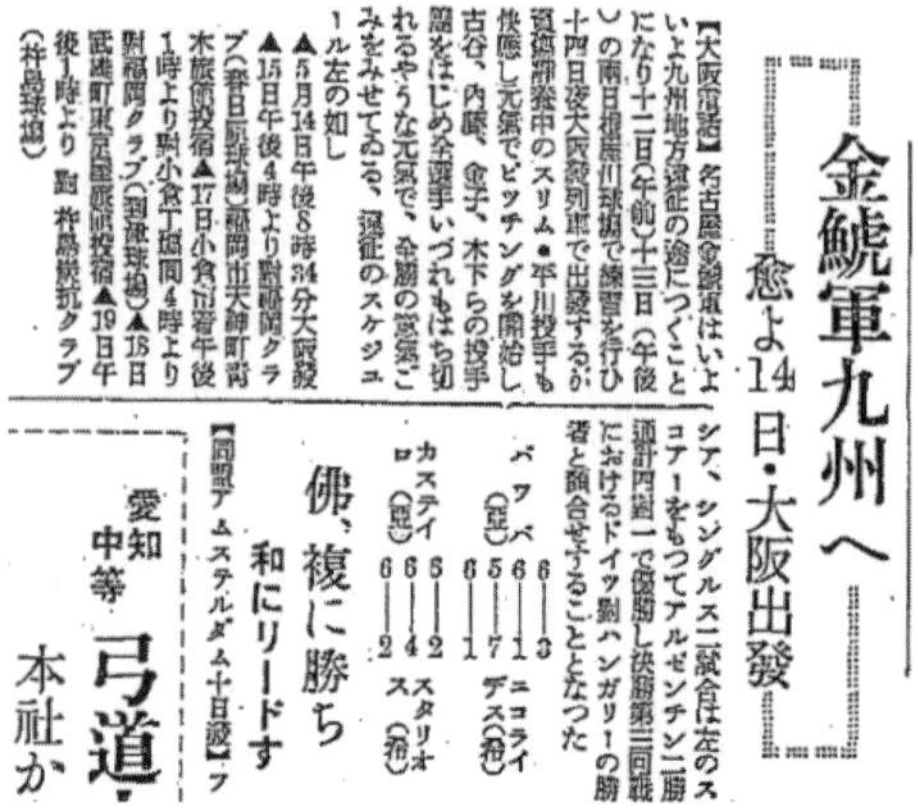

金鯱軍九州へ
愈よ14日・大阪出發

【大阪電話】名古屋金鯱軍はいよいよ九州地方遠征の途につくことになり十二日（午前）十三日（午後）の兩日根屋川球場で練習を行ひ十四日夜大阪發列車で出發するが負傷靜養中のスリム・平川投手も快癒し元氣でピッチングを開始し古谷、內藤、金子、木下らの投手團をはじめ全選手いづれもはち切れるやうな元氣で、全勝の意氣ごみをみせてゐる、遠征のスケジュール左の如し
▲5月14日午後8時34分大阪發
▲15日午後4時より對福岡クラブ（春日原球場）福岡市天神町青木旅館投宿▲17日小倉市着午後1時より對小倉工場同4時より對福岡クラブ（到津球場）▲18日武雄町東京屋旅館投宿▲19日午後1時より對杵島炭坑クラブ（杵島球場）

シア、シングルス二試合は左のスコアーをもつてアルゼンチン二勝一敗計四對一で優勝し決勝第三回戰におけるドイツ對ハンガリーの勝者と顏合せすることとなつた

バワベ（豪）6―3 6―1 5―7 6―1 ニコライデス（希）
カステイロ（豪）6―2 6―4 6―2 スタリオス（希）

佛、複に勝ち
和にリードす
【同盟アムステルダム十日發】フ

愛知中等 弓道 本社か

［資料 1-7］昭和 11 年５月 12 日 名古屋新聞（鶴舞中央図書館所蔵）

と、場所を変えてのトーナメント戦が名古屋と宝塚で開催されることになっていた（連盟主催の公式戦）。ところが、名古屋金鯱軍は別行動をとる。先に触れたように、九州および朝鮮への遠征試合に行ってしまうのだ（資料1―7、五月十二日付名古屋新聞記事見出し「金鯱軍九州へ　愈よ14日・大阪出発」）。記事内容を示す。

［大阪電話］名古屋金鯱軍はいよいよ九州地方遠征の途につくことになり十二日（午前）十三日（午後）の両日根屋川球場［原文ママ］で練習を行い十四日夜大阪発列車で出発するが負傷静養中のスリム・平川投手[1]も快癒し元気でピッチングを開始し古谷、内藤[2]、金子[3]、木下[4]らの投手団をはじめ全選手いずれもはち切れるような元気で、全勝の意気ごみをみせている、遠征のスケジュール左の如し
▲5月14日午後8時34分大阪発▲15日午後4時より対福岡クラブ（春日原球場）福岡市天神町青木旅館投宿▲17日小倉市着午後1時より対小倉工場同4時より対福岡クラブ（到津球場[5]）▲18日武雄町東京屋旅館投宿▲19日午後1時より対杵島炭坑クラブ（杵島球場[6]）

戦時体制への道（1）輝く出征・われらの部隊

日中戦争は、昭和十二年七月七日の盧溝橋事件が発端とされる。それより六年まえの昭和六年九月の柳条湖事件勃発を起点としたいわゆる「十五年戦争」において、昭和十二年からの戦争は一般に、第二段階の区分に入れられる――第一段階（昭和六年九月十八日以降の満州事変）、第二段階（昭和十二年七月七日以降の日中全面衝突）、第三段階（昭和十六年十二月八日以降のアジア・太平洋戦争）。

わが国において、職業《プロ》野球が誕生したのは、まさに、第一段階の戦争状態の最中であったという

（1）スリム・平川（本名は平川喜代美《きよみ》、1912-没年不詳）。アイエア高を経て「ハワイ朝日」でプレー。ナックルボールが武器（実働二年）。ハワイ出身。

（2）内藤幸三《こうぞう》＝既出（三三頁の注）。

（3）金子裕《ひろし》（「ゆたか」の読みも存在。1914-没年不詳）。鎌倉中、鎌倉老童軍を経て名古屋金鯱軍へ。二年目の昭和十二年に東京セネタースへ移籍、十六年には黒鷲軍へ（実働、投手野手とも八年）。神奈川県出身。

（4）木下博喜《ひろよし》（1907-不詳）。大連一中、大連実業団、台北交通団を経て名古屋金鯱軍へ。昭和十二年名古屋軍へ移籍（実働三年）。満州出身。

（5）到津《いとうづ》球場＝小倉到津球場。大正十二年に完成、翌十三年に開場。門司鉄道局の所有施設。昭和九年十一月二十六日、日米野球第十五戦が行われ、全米チームが8―1で勝利した（ベーブ・ルースが右翼席を越える特大ホームランを放つ）。試合の詳細は『追憶の日米野球Ⅱ』一九七―二〇〇頁参照。

（6）杵島《きしま》球場＝杵島炭鉱グラウンド（佐賀県杵島郡大町町）。昭和五年開場。プロ野球公式戦試合数は三試合（昭和二十七年七月二十日の西鉄対東急九回戦など）。昭和四十四年杵島炭鉱が閉山したのち改修され、大町町民グラウンドとして残っている。

[資料 1-8] 昭和 11 年 5 月 9 日夕刊　国民新聞（国立国会図書館所蔵）

ことになる（ちなみに、昭和六年の日米野球は、柳条湖事件勃発から二ヶ月後に開催）。

当時日本は、いわゆる「満洲国」の治安維持のため多くの兵士を動員していた。満州の地の警備のための出征が、新聞紙上で大きく報じられている（資料1—8）。しかしながら、従軍は多くの若者の犠牲が強いられるものであった。しかし、それを難じることなく、むしろその死を美化するような言葉——「倅《せがれ》ぞ・よくぞ死んでくれた！　天晴れ親たちの言葉」「名誉の戦死者土産話の代りに壮烈・死の便り」——が紙面をにぎわしている（資料1—9）。

【写真】（右上）輝く軍旗を先頭に営門出発（中央上）お見送りの朝香宮殿下、同若宮殿下（左上）品川駅到着の牛島[1]部隊主力（中央）河村師団長[2]と牛塚市長[3]の握手（右中央）駅頭の幹部

倖ぞよく死んでくれた！
天晴れ親たちの言葉
果然！名譽回復の日來て
河村本部隊最初の犠牲者
家庭訪問記
名譽の戦死者
土産話の代りに
壮烈・死の便り
最後の便りを前に
描く・我子の姿

［資料1-9］昭和11年6月9日　国民新聞（国立国会図書館所蔵）

（右下）軍用列車歓迎の市民（左下）赤羽橋済生会病院(4)看護婦さんの歓送

記事（資料1―9）内容を以下記す（傍点中西）。

満州警備の大役を帯びるわれ等の河村本部隊が衛戍《えいじゅ》地(5)を歓呼の声に送られて出発してから今日でまる一ヶ月、早くも跳梁《ちょうりょう》(6)する匪賊《ひぞく》討伐は開始され牛島本部隊下の渡邊枝隊は去る七日東辺道○○［判読不可］県下に於いて六百余の大匪賊団と遭遇東健児の精鋭は好機来れりとば

（1）牛島満《みつる》（1887-1945）。二・二六事件後の昭和十一年三月、歩兵第一連隊長。同年五月八日から第一連隊は北部満州に派遣され、治安維持任務に就く。沖縄戦において第三二軍を指揮し自決（最終階級は陸軍大将）。鹿児島県出身。

（2）河村恭輔《きょうすけ》（1883-1950）。昭和十一年三月、第一師団長。同年五月より満州へ駐留。最終階級は陸軍中将。山口県出身。

（3）牛塚《うしづか》虎《とら》太郎《たろう》（1879-1966）。東京帝大卒。群馬県知事時代県都を前橋に定める（前橋市対高崎市）。東京市長および衆議院議員を歴任した官僚、政治家。富山県出身。なお、現在の「東京都」の呼称は、昭和十一年当時、「東京府」（明治六年より）。麹町区など三十五区からなる東部は「東京市」（昭和十八年七月一日廃止）と呼ばれていた。

（4）済生会芝病院。現・東京都済生会中央病院（都営大江戸線赤羽橋駅より徒歩3分の位置）。近くに芝公園（部隊は公園敷地に集合して品川駅までむかったのではないかと思われる）。

（5）軍隊が長く駐屯して防衛する重要地域。

（6）はねまわること。反徒悪人などが勢力を伸ばし、好き放題なふるまいをすること。

かり直ちにこれが殲滅戦を行って敵団に大打撃を与えたが、この討伐に当って我等の勇士七名の悲壮なる戦死傷が夕刊既報の如く八日入電してきた、これは河村本部隊最初の尊き犠牲であったが、この名誉ある戦死傷者の家庭にそれぐ〜悲報をもたらすと各遺家族とも悲しみの涙をおし隠し、君国のお役に立てば一死も本望——と健気な言葉を真先に語っている、……〈後略〉

時代の情景（1）人生はまず朗らかに（ダンス場の盛況）

一方では、人の死が報じられ、他方では、ひとびとが享楽に酔う現実を写しだすのは世の常である。大正期から昭和初期において、カフェー[1]——今日でいうところの喫茶店でもカフェでもない——の隆盛が長くつづいていたが、昭和十一年当時ダンスホール[2]がにぎわっていたようだ。記事の写真では、男女がステップを踏んでいる光景をみることができる（資料1—10）。その姿は、同じ時期に、

［資料 1-10］昭和 11 年 6 月 2 日　国民新聞（国立国会図書館所蔵）

満洲での戦闘行為によって、多数の死傷者が出ている現実とはアイロニカルな対比をなしている。

記事（資料1—10）内容を以下記す（傍点中西）。

最近モスコー［モスクワ］やベルリンの街を見て帰った人の話を聞くと「街が一二年前とは見違えるように明るくなった、沈み切った人々の顔が目立って生々としている——」と、申し合せたように云う、「市民の服装も際立ってよくなったが、第一［次］大戦後の息づまるような厭迫《えんはく》感がよほど薄れた、そして忘れられていた笑いが人々の頬に取戻されている、盛り場では昼となく、夜となく、ジャズが間断なしに響いてくるし、久しく娯楽や慰安から遠ざけされていた大衆は、軽快なミュージックに合せて足どりもかるく、貪《むさぼ》るように踊っている」と、いつぞや前の小栗総監(3)が九州から晴の帝都入りをしたときにも、群がりよせる新聞記者を前に、同じようなことを云っていた

（1）カフェーの名を冠する最初の店は、銀座のカフェー・プランタン（明治四十四年）といわれている。当時のカフェーはインテリ向けであった。関東大震災以後、女給によるサービスのウェイトが大きくなっていく。昭和八年、風俗営業として警察の管轄下におかれた。

（2）大正七年、横浜市鶴見の花月園に最初のダンスホールが開設。昭和十年前後に隆盛をきわめたが、十五年にダンス禁止令、戦時中ダンスホールは閉鎖された。

（3）小栗一雄（1886-1973）。東京帝大卒。福岡県知事などを経て昭和九年警視総監。二・二六事件後辞任。その後陸軍司政長官、南方総軍軍政顧問。静岡県出身。

今夏殿方の流行帽は
断然カンカン帽
パナマは中折の新型が出現

［資料 1-11］昭和 11 年 5 月 12 日　新愛知新聞（鶴舞中央図書館所蔵）

「街を歩いても、電車に乗っても胡椒でも嘗めたように人間が、しかめっ面をしていることはどうだ、いや人間は朗かでなくてはいけない、もっと快活にならなくちゃ駄目だ、僕は、だから第一人間をもっと朗かなものに鋳《い》直《なお》すことに努めようよ」とそのせいだろうか、最近大衆猫も杓子もダンスホールにゆくことはどうだ、浮き立つジャズと、軽快なステップと、眼も眩む電飾と等々……とにかくカフェー文化が社交上にも、文学上にも華やかな一つのテーマとして近代的役割をつとめたのは、すでに大正時代のこと、昭和に入ってからはダンスホールが之に代っている

〈後略〉

当時のファッションアイテム（男性用）のひとつである帽子[1]に着目してみよう。資料1―11は今夏流行る帽子を示している。その年の夏は暑くなる。陽射し除けとしての実用性も兼ねている。

連盟主催大会（名古屋・鳴海球場）

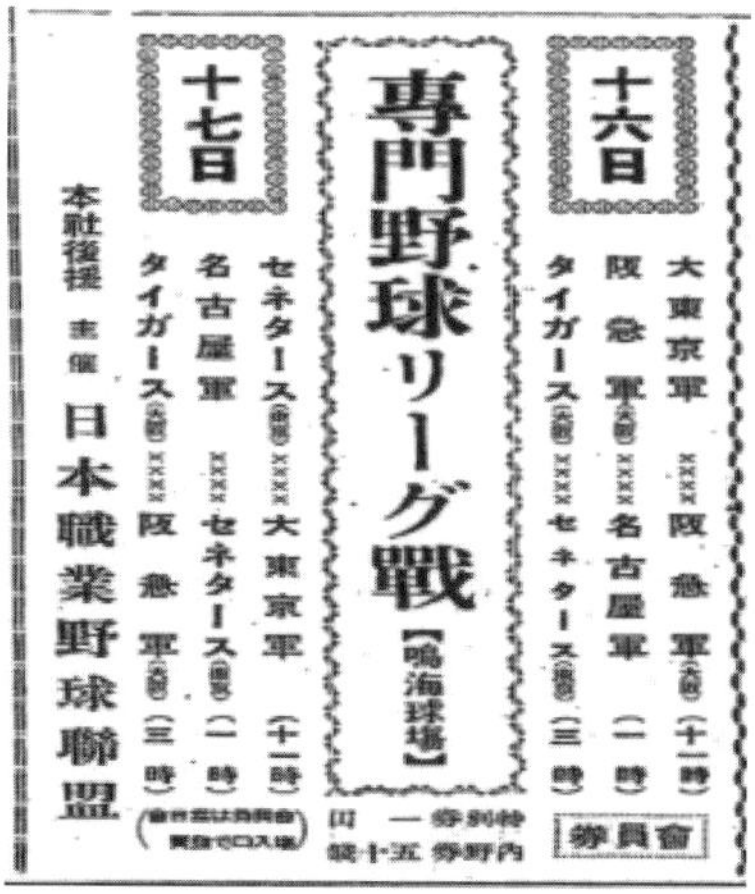
十六日
大東京軍　××××阪急軍（大阪）（十一時）
阪急軍（大阪）××××名古屋軍（一時）
タイガース（大阪）××××セネタース（東京）（三時）

專門野球リーグ戰【鳴海球場】

十七日
セネタース（東京）××××大東京軍（十一時）
名古屋軍　××××セネタース（東京）（一時）
タイガース（大阪）××××阪急軍（大阪）（三時）

本社後援　主催　日本職業野球聯盟

會員券
特別券　一円
内野券　五十錢

［資料1-12］昭和11年5月13日 新愛知新聞（鶴舞中央図書館所蔵）

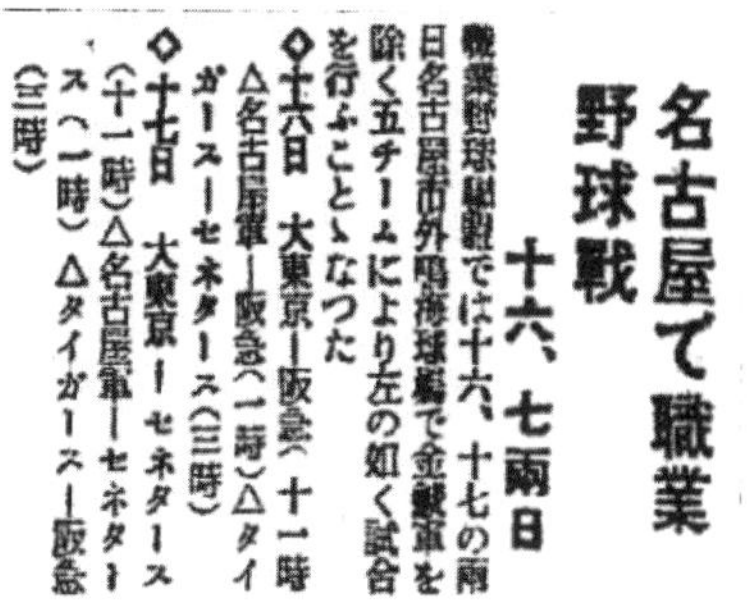
名古屋て職業野球戰
十六、七兩日

職業野球聯盟では十六、十七の兩日名古屋市外鳴海球場で金鯱軍を除く五チームにより左の如く試合を行ふことゝなつた
◇十六日　大東京―阪急（十一時）△名古屋軍―阪急（一時）△タイガース―セネタース（三時）
◇十七日　大東京―セネタース（十一時）△名古屋軍―セネタース（一時）△タイガース―阪急（三時）

［資料1-13］昭和11年5月16日 読売新聞

野球の話にもどろう。先にみたように、日本職業野球連盟による初の主催ゲームが、まず、甲子園球場において行われた。つづいて、名古屋へ場所を変えて、連盟主催の試合が行われることになった（名古屋金鯱軍は先述のように満鮮・九州遠征のため不参加、よって、五チームの参加）。試合の開催を伝える地元紙の新愛知新聞（資料1―12）と読売新聞（資料1―13）の記事を示す。二つの新聞を見比べてみると、読売では「職業野球戦」と書かれているのにたいして、新愛知では、「専

（1）かつて、ノンプロの東京鉄道局は東京巨人軍との対戦（昭和十年十一月）をまえに、ナインを奮い立たせた藤本定義監督のマジックは「中折れ帽子」のご褒美だった。それが功を奏してかアマチュアチームがプロ球団（巨人軍）を打ち破った（連勝）。巨人軍に勝利し、つづく対戦をまえに沸き立つ選手たちの声を聞いた藤本監督は、「こんどは中折れだ。きょう勝ったらハクライの上等の帽子を買ってやるぞ」と鼓舞すると、「おい、みんなやろうぜ。頑張ろう」と選手たちは応えた。詳細は『プロ野球風雪三十年の夢』（三一―二頁）を参照。

門野球リーグ戦」という表現を使っていることが興味をひく。(1)

記事（資料1―13）内容を以下記す。

職業野球連盟では十六、十七の両日名古屋市外鳴海《なるみ》球場で金鯱軍を除く五チームにより左の如く試合を行うこと丶なった

十六日　大東京―阪急（十一時）△名古屋軍―阪急（一時）△タイガース―セネタース（三時）

十七日　大東京―セネタース（十一時）△名古屋軍―セネタース（一時）△タイガース―阪急（三時）

名古屋の職業野球戦　特派員　宇野庄治

タ軍、阪急熱火の激闘

セ軍三連勝・强味増す大東京

セネタース6A―5大東京

セネタース5A―2名古屋

タイガース3A―2阪急

［資料1-14］昭和11年5月18日　読売新聞

大阪タイガースと阪急軍のライバルどうしの対戦の第二ラウンドが名古屋において行われた（資料1―14）。試合は、八回まで阪急が有利に進めていたが、タイガースの主砲景浦将の活躍により同点に追いつき、延長十二回、タイガースが3A―2でサヨナラ勝ちをおさめた。そ

の勝利は甲子園の雪辱を果たしたかたちとなった。しかし、タイガースにとって残念なことは、その劇的勝利の瞬間を、関西のファンや阪神電鉄のお偉方の面々に、直接、見せることができなかったことだ——このめぐり合わせの悪さはこれで終わらない。

連盟主催大会（宝塚球場）

日本職業野球連盟主催の試合は、さらに、宝塚に場所を移して行われることになった（資料1—15）。タイガースと阪急は一勝一敗の対戦成績でもって、宝塚にて第三ラウンドをむかえることになった。またしてもタイガースにとって皮肉なことに、名古屋大会とは反対に地元では「10—2」で阪急軍に大敗してしまう（資料1—16）。阪神電鉄の幹部はさぞ怒り心頭であろう。こういうことが積み重なって、のちの監督交代劇へと発展していくことになる（後述）。

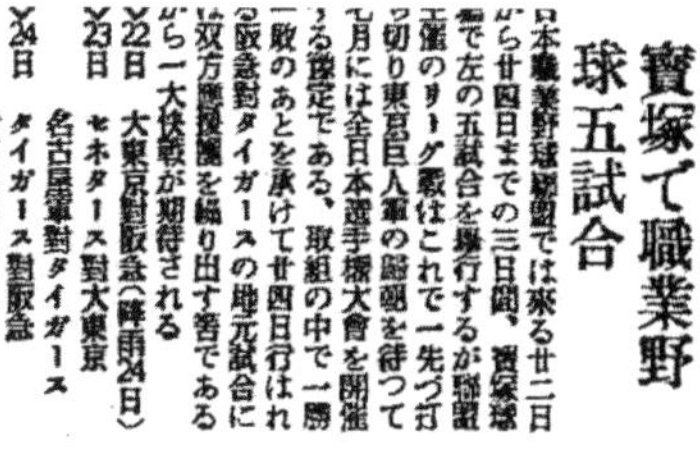
寶塚で職業野球五試合

日本職業野球聯盟では來る廿二日から廿四日までの三日間、寶塚球場で左の五試合を擧行するが聯盟主催のリーグ戰はこれで一先づ打ち切り東京巨人軍の歸朝を待つて七月には全日本選手權大會を開催する豫定である、取組の中で一勝一敗のあとを承けて廿四日行はれる阪急對タイガースの地元試合には双方應援團を繰り出す筈であるから一大快戰が期待される

▽22日 大東京對阪急（降雨24日）
▽23日 セネタース對大東京
名古屋軍對タイガース
▽24日 タイガース對阪急
名古屋軍對セネタース

[資料1-15] 昭和11年5月20日 読売新聞

（1）新愛知新聞主幹の田中斉や名古屋軍総監督の河野安通志らの意思が反映されたものなのだろうか。つまり、読売新聞の正力が主導する「職業野球」にたいして、田中・河野は「専門野球」というかたちで文言上対抗している、と解することもできる。ちなみに、同年七月一日付新愛知新聞には「専門野球団連盟第一回選手権試合実況　戸塚球場より中継」、秋季リーグ戦まえの九月十六日付には「専門七球団検討」、さらに、十一月二十日付では「専門野球第二次甲子園リーグ戦」といったように、ことごとく新愛知新聞は、「職業（野球）」の代りに「専門（野球）」を使用している。

記事（資料1―15）内容を以下記す。大阪タイガースと阪急軍との熱い決戦が予告される。

日本職業野球連盟では来る二十二日から二十四日までの三日間、宝塚球場で左の五試合を挙行するが連盟主催のリーグ戦はこれで一先ず打ち切り東京巨人軍の帰朝を待って七月には全日本選手権大会を開催する予定である、取組の中で一勝一敗のあとを承けて二十四日行われる阪急対タイガースの地元試合には双方応援団を繰り出す筈であるから一大決戦が期待される

◇22日　大東京対阪急（降雨24日）
◇23日　セネタース対大東京
　　　　名古屋軍対タイガース
◇24日　タイガース対阪急
　　　　名古屋軍対セネタース

記事（資料1―16）内容の一部を以下記す。

試合毎に闘志を増し打撃に力を奮《ふる》い、守備に技を競うた此《この》組合せは応援団の応援と相俟って近来にない熱を伴う大戦となった、而もスコアの開きが意外にも大きかったにも拘らず最後まで緊張味を欠かさなかったところはさすがに好取組の名に背《そむ》かぬものであった、タ軍［大阪タ

宝塚の職業野球戦　第三日

特派員　宇野庄治

阪急、タ軍を粉砕

セ軍も名古屋に大勝

セネタース　13—2　名古屋

阪急　10—2　タイガース

［資料 1-16］昭和 11 年 5 月 25 日 読売新聞

イガース」は名古屋において好投した御園生をマウンドに送ったが豊かなスピードこそあれ、コントロールに苦しんで早くも一回中村、西村の両者をば無造作に四球で出塁せしめ宮武を迎えるや一、二塁間を抜かれて中村を、続く山下実に中堅越快打されて西村を還される極めて不調なスタートを切った、ここにおいてタ軍は急遽若林(1)に救援させた、若林は山下好(2)を三甫に打ち取って安

（1）若林忠志（1908-1965）。ハワイで育った日系二世。法大に入学するため昭和三年来日、横浜の本牧中への編入学を経て昭和四年法大へ。あらゆる種類のボールを投げ、チェンジアップ、ナックル、シンカーを初めて日本にもたらした。「川崎コロムビア」を経て大阪タイガース入団。十七年からは監督兼任となり十九年に優勝MVP。戦後の二十二年もチームを優勝に導き26勝をあげてふたたびMVP。二十五年の2リーグ分立で毎日に。その年の松竹との第一回日本シリーズで第一戦に完投勝利。四十五歳まで現役（実働十六年、監督七年。殿堂入り、一九六四年）。

（2）山下好一（1912-1997）。和歌山中（現・桐蔭高）、慶大、日本精糖を経て阪急軍へ（実働八年）。和歌山県出身。

堵したのも束の間、宇野に右中間を越され……〈後略〉

時代の情景（2）双葉山関の快進撃

大相撲夏場所 千秋樂

東西の巨豪を撫斬り
双葉全勝の覇成る
清水を打棄りに斥く

清水川引退か
「來春場所後に」と語る

陸上代表選手
けふ發表

[資料 1-17] 昭和 11 年 5 月 25 日 読売新聞

日本一の人氣男
双葉見事全勝の金的
千秋樂を飾る錦繪美の大相撲
賞品に埋って夢心地

清水川遂に引退を決意

[資料 1-18] 昭和 11 年 5 月 25 日 新愛知新聞（鶴舞中央図書館所蔵）

当時の大相撲は年二場所制であった。春場所（一月開催・十一日間）と夏場所（五月開催・十一日間）で行われていた。双葉山(1)は、この年（昭和十一年）の春場所七日目の取組みで、瓊《たま》ノ浦を下してから連勝をつづけており、飛ぶ鳥を落とす勢いであった(2)。五月半ばに行われた、夏場所の双葉山——東前頭三枚目から東関脇に昇進していた——は、まさに絶好調であった。果たして、東西の両横綱を下して全勝優勝を飾った（資料1―17、1―18）。これを機に、出世街道をまっしぐらにすすむことになる[3]。

記事（資料1―17）内容の一部を以下記す。

玉錦[4]か、双葉山かと満天下相撲ファンの胸を躍らせた優勝の栄冠は、双葉の堅腰微動だにせず清水[5]の強烈な寄身を土俵際に打棄《うっちゃ》り、輝く十一日間全勝をもって遂に双葉山の獲得するところとなった、玉錦、男女《みな》の川[6]両横綱以下東西の大剛を一人も余さずなで斬りにした当年二十五歳の青年力士双葉山の覇業は正に今場所切っての圧巻である、斯《か》くて午後六時半両横綱の対戦

（1）双葉山定次《ふたばやまさだじ》（本名穐吉《あきよし》定次、1912-1968）。第三十五代横綱。昭和二年立浪部屋へ入門、七年二十歳で入幕。十一年に関脇へ、十二年春大関，同年夏横綱。二十年三十三歳で引退、年寄時津風を襲名。二十三年大日本大相撲協会（現日本相撲協会）理事、三十二年理事長。優勝十二回（全勝八回）。連勝数六十九。大分県出身。

（2）双葉山の連勝は、昭和十三年春場所四日目の取組み、安藝ノ海戦で敗れる（外掛け）までつづく――六十九連勝を記録。

（3）翌場所（昭和十二年春場所）では東大関の番付けに昇進。

（4）玉錦《たまにしき》三右エ門《さんうえもん》（1903-1938）。第三十二代横綱。双葉山にとって、玉錦は上位陣のなかで最後まで越えられなかった壁だったが、この場所で初めて敗れた。三十四歳病没。高知県出身。

（5）清水川元吉《しみずがわもときち》（1900-1967）。西大関（当場所）。大関昇進後は、のちに横綱へ昇進する玉錦とほぼ互角に渡り合っており、清水川の横綱昇進も間近と大いに期待されたが、地方巡業中に右の大腿骨を脱臼。翌昭和十二年五月場所を最後に引退。資料1―17の左下に「清水川引退か」の見出しがあるのは6勝5敗で不振だったゆえであろう。青森県出身。

（6）男女ノ川登三《みなのがわとうぞう》（1903-1971）。第三十四代横綱（この夏場所＝五月場所から横綱）。愛称「動く仁王」。茨城県出身。

に玉錦が凱歌をあげるや新谷（出羽ノ海部屋）[1]の弓取式後、全勝双葉山は広瀬理事長より光栄ある賜杯賜盃を授与され、次いで優勝旗、拓相盃はじめ数々の賞品を山の如くうけ、こゝに目出度く昭和十一年夏場所を打出した

［写真は双葉弓なりになって清水を打棄《うっちゃ》る刹那《せつな》］

時代の情景（3）阿部定事件

グロ殺人の愛慾地獄
東京品川の旅館で
變化の妖婦 遂に捕はる
眼鏡をかけ變裝して投宿中
三日間・獵奇の足どり
護送される妖婦阿部定
肉片の風呂敷包み
頑として手離さず
遺書や兇行の刄物發見
旅館で縊死を圖る
兇行から捕はれるまで

［資料 1-19］昭和 11 年 5 月 21 日 新愛知新聞（鶴舞中央図書館所蔵

さて、この時期、世にいう〈阿部定事件〉が世間を震撼させた。[2] 猟奇的事件を伝える記事（資料1―19）の見出しには、おどろおどろしい表現がみられる――「グロ殺人の愛欲地獄」「東京品川の旅館で変化《へんげ》の妖婦遂に捕わる」「肉片の風呂敷包み頑として手離さず」。

季節の風景（2）初繭行進曲

季節はすすみ五月の下旬、二十四節気の小満の時季、蚕が桑の葉を盛んに食べだす頃だ（七十二候の「蚕起食桑《かいこおきてくわをはむ》」）。当時、伊豆地方は養蚕が盛んであった（群馬、長野、山梨、埼玉、千葉などとともに）。東京朝日新聞の日曜日版をめくってみる（五月三十一日付【日曜セクション】「初繭行進曲」、資料1―20）。記事内容をのぞいてよう。

〈中略〉

伊豆半島の気候は日本一の優良種繭(3)を生産する、一年一回しか取れない種繭がいまこの半島一帯に出来上りつゝある、桑摘む女の手は感覚がなくなり、繭を掴む指先は荒れ切っている、一年間でいちばん張り切らなければならぬ時だ、山間に点々と広がる農家から農家へ畦道を進軍する異様な女群がある、上蔟《じょうぞく》(4)直前に蚕の雌雄を見分ける選別隊である、やわらかい若い指

（1）拓相＝拓務大臣。拓務省は昭和四年から十七年にかけて存在した官庁（植民地の統治事務・監督等を担当）。
（2）阿部定事件は、「二・二六事件」と「上野動物園クロヒョウ脱走事件」とともに、昭和十一年の三大事件のひとつと呼ばれる。
（3）種繭《たねまゆ》＝蚕種製造を目的として飼育した蚕《かいこ》のつくった繭。中の蚕を殺さず、採卵用とする繭。
（4）上蔟《じょうぞく》は養蚕用語。成熟した蚕が繭を作ろうとする状態になった時、繭をつくらせるために蔟《まぶし》（蚕が繭をつくるとき、糸をかけやすいようにした仕掛け）に入れること。かつては指で拾い取って入れていたが，現在では労力節約のため回転蔟を用いた自然上蔟が普及。

[資料 1-20] 昭和 11 年 5 月 31 日　東京朝日新聞（鶴舞中央図書館所蔵）

先でなければこの雌雄は選別出来ない、約三千人の女群が山村を縫うている、……〈後略〉

〈中略〉

三十日――愈《いよいよ》初繭取引の日だ、一ヶ月の間の丹誠がきょうこそ金に換えられるのだ、朝まだき[1]戸田[2]の浜辺から景気のよい音をたてて沼津指して発動機船が出て行った、歓喜にはためく夢と希望に輝く眼とそして五百貫[3]の新繭を満載した船が…… [酒井特派員記、小川写真部員撮影]

写真 [上右] 新繭の目方[4]をかける喜び＝戸田村＝ [上左] 沼津繭市場の雑踏 [中右] 繭値を気遣って扉に噛りつく市場内の群衆「中左」忙しい取引「下」沼津へ向けて初繭を積込む戸田港

プロ専用球場へのうごき(1)新球場、小石川砲兵工廠跡に設置へ

職業野球団の結成とリーグ戦の実施は、ともかく実現するようになった。一方で、職業野球界の大きな課題のひとつとして、職業《プロ》野球専用球場を作ることがのこされていた。昭和十一年五月の時点で、プロの試合を展開できる程度の施設をそなえた球場は、関西の甲子園球場と宝塚球場、(5) そして、名古屋の鳴海球場ぐらいであった。しかし、それらの球場は、職業《プロ》野球団専用のスタジアムではなく、元々、学生野球や実業団野球に供されていて、アマチュア野球の試合日程の合間をぬってプロ球団の対戦スケジュールを組んでいるのが実情であった。

とくに問題なのは東京の状況であった。東京巨人軍は昭和十年秋の国内転戦において、関東地区の試合では、大宮球場（埼玉県）、谷津球場（千葉県）、横浜公園球場（神奈川県）を使用し、それ

---

(1) 朝まだき＝夜の明けきらないころ。早朝。

(2) 戸田《へだ》（村）は、かつて静岡県田方郡にあった村。平成十七年に沼津市に編入合併し戸田村は廃止された。戸田港は遠洋漁業の基地になっている。

(3) 貫は尺貫法の重さの単位。一貫＝3.75kg で、昭和三十三年まで商取引で用いられた。五百貫は約一八七五キログラム。

(4) 目方＝はかりで量った重さ。

(5) 阪急電鉄は、かねてから宝塚球場に代わる球場として西宮に新球場建設構想を有しており、その実現にむけてうごき出していた（起工は昭和十一年冬、翌年五月に「阪急西宮球場」として開場）。

なりの観客動員[1]がみられた。しかし、それらの球場（東京以外の県に位置）を、リーグ戦でコンスタントに観客が入ることを見越してのプロ野球専用球場として使用することには無理があった。また、東京での試合では、早稲田大学の戸塚球場をかろうじて借りることができた。しかし、当球場は早大野球部の球場である。当時、職業野球界は、一般に、〈見世物〉や〈商売人〉と揶揄されていたので、学生野球の球場を職業団が使用することは容易なことではなかった。きわめつけは、職業野球そのものが神宮球場から排除されていたことだ。昭和七年のいわゆる野球統制令——職業野

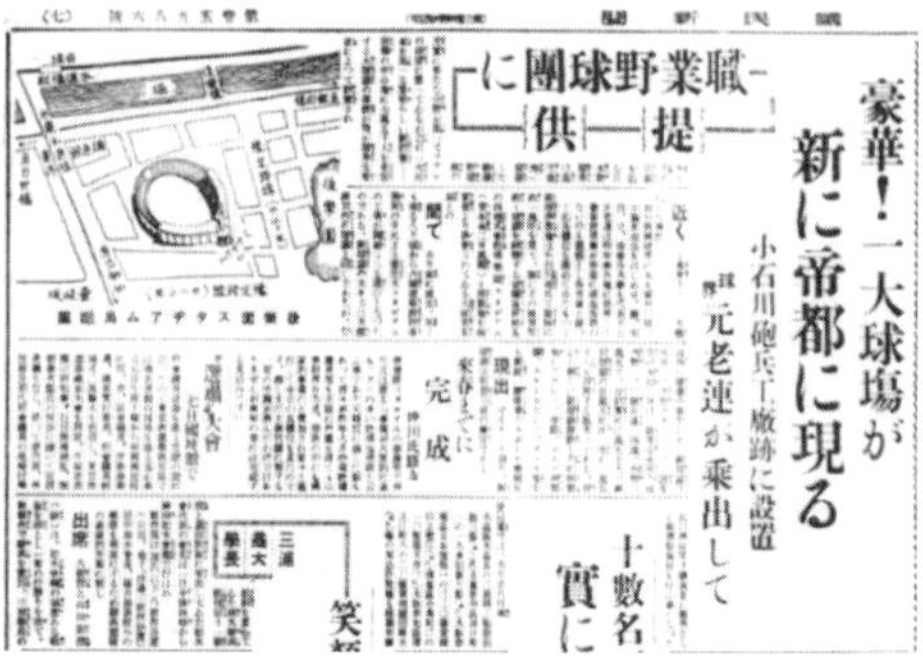
豪華！一大球場が
新に帝都に現る
小石川砲兵工廠跡に設置
元老連が乗出して
職業野球團に提供

［資料 1-21］昭和 11 年 6 月 2 日　国民新聞（国立国会図書館所蔵）

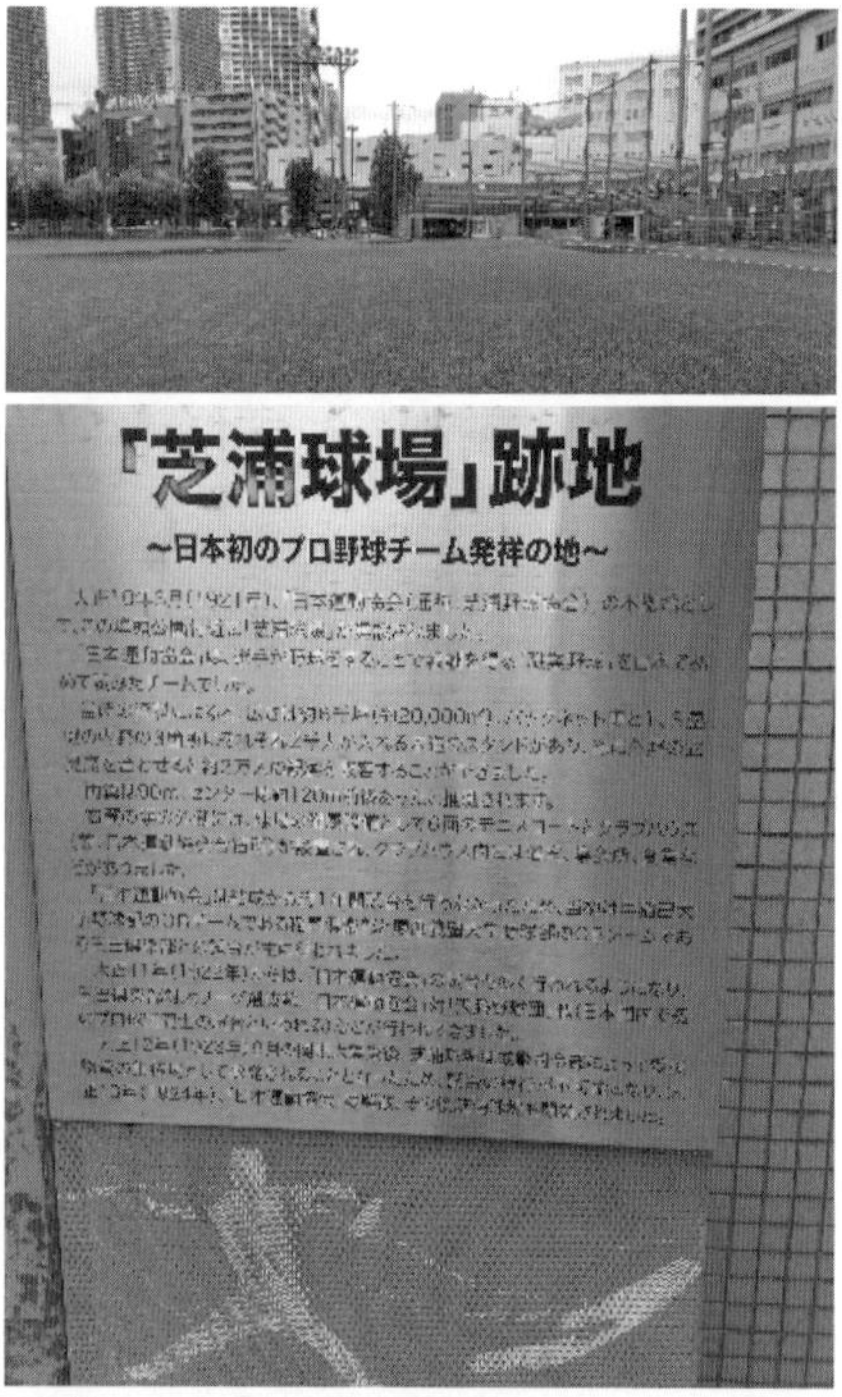

［資料 1-22］【上】芝浦球場跡地・現港区立埠頭少年野球場［東京都港区海岸三丁目］【下】球場入口に据えられた説明パネル（いずれも筆者撮影）

球団と学生野球団との試合を禁じることなどを含む——や、職業野球と東京六大学や五大学[2]との関係の悪化など、職業野球には何かと逆風が吹いていた。聖域神宮球場では、〈興行野球〉とみなされる職業野球が入り込む余地はなかった[3]。

職業野球界、とくに東京の球団にとって、自球団が思う存分に使用できるスタヂアムの建設を急がねばならなかった。資料1—21の記事は、現在の東京ドーム——かつては後楽園球場——に相当する球場建設のうごきを伝えている。見出しの「球界元老連が乗出して」の「元老連」とは、名古屋軍総監督の河野安通志らを指している。元々、河野らによって結成された日本運動協会——大正九年〜十三年、同年、宝塚運動協会（〜昭和四年）——の掲げる理想のひとつは、球団が専用球場を持つことであり、事実、芝浦球場（大正十年竣工）を設けていた[4]（現・港区立埠頭少年野球場、資料1—22）。芝浦球場建設から十五年の歳月をへて、わが国初の職業野球団である、日本運動協会を立ち上げた河野安通志や押川清[5]らの奔走によって、ふたたび、プロ球団専用の球場建設の現

（1）たとえば、昭和十年九月十五日の対川崎コロムビア戦（横浜公園球場）では、八八七六人の観客（入場料収入四九一一円三銭）で、その年の巨人軍の国内遠征中最高であった。現在のプロ野球では3万〜4万人の入場者が見込めるが、当時、職業野球団（つまり巨人軍）が巡業する試合で五千人を超えれば大入りといえるものであった。
（2）五大学＝五大学連盟（日本大学、國學院大学、専修大学、中央大学、東京農業大学からなる）。
（3）いまでは、神宮球場は、東京ヤクルトスワローズのホームグラウンドになっていて、プロ野球も使用できるのだが、当時は、学生野球にとっての聖なる特権的な球場であった。
（4）関東大震災直後、当局によって救援物資置場として徴発され、その後、当協会の元にはもどってこなかった。
（5）押川清（1881-1944）。早慶戦中断時の早大主将。卒業後、稲門倶楽部員として野球の発展に尽力。大正九年、河野安通志らとともに「日本運動協会」を創設。昭和十二年、球友河野らと小石川・後楽園にプロ専用球場を建設。「後楽園野球倶楽部・イーグルス」を結成し球団社長に就任（殿堂入り、一九五九年）。宮城県出身。

実味が帯びてきた。用地の目途がたち、小石川後楽園に位置する小石川砲兵工廠(1)跡地での開設がおおやけにされた。

記事（資料1―21）内容を以下示す（傍点中西）。

年と共に隆盛を迪《いた》る日本野球界は最近急激に発達した職業野球団の充実に新たな分野を加えてファンの待望に応えているが之《これ》に一大拍車を加える素晴らしい新計画――帝都の中心地に七万五千人を収容する大球場の建設が我が球界先覚者によって計画され近く工事着手とまで具体化してきた

即ち我国球界の大先輩押川清、山脇正治氏(2)をはじめ早、慶、明、法、立、帝等各大学を代表する元老連は昨年来各地に勃興した職業野球団が帝都に球場建設のないことを遺憾として各方面と謀って此具体化を進めてきたもので新球場敷地は小石川砲兵工廠跡の約一万坪を当て、既にその売買契約も球場を経営する京橋区銀座五の四株式会社後楽園スタヂアム（資本金二百万円）と同敷地を陸軍より移管されている大蔵省当局との間で去月末に成立、早くも来《きた》る八月頃から古橋建築設計事務所の手による豪壮大スタヂアムの工事が開始される運びとなったのである、新球場の大きさは大体神宮外苑球場と同じであるが、型は外苑球場の扇型に比し、新球場は卵型で、内野スタンドには二階を設け屋根を付けて観衆全収容力は内野一、二階を通じ四万、外野三万五千、合計実に七万五千人で、神宮球場の五万人に比し優に二万五千人を凌駕する厖大さである、発企人側では新球場建設と共に同敷地にラグビー、拳闘、ゴルフ練習場、スケートリンク、プール等をも新設一躍豪華なスポーツ楽園を現出せんとして居り、新球場は明春完成の予定である

来春までに完成

押川氏語る

後楽園スタヂアムの事務所で押川氏は語る「事業が大衆的に最もファンの多い野球場建設と云う事であり又時宜に適した点もあって吾々が昨年八月職業野球団使用を主眼に計画を建て、以来財界有力者、華族の中にも国家的事業だと賛助され着々と進行して今日の具体化を見たのである、然しまだ主務官憲に対する一切の手続が済んだわけではありませんが来年の春には完成する見込みです」

（1）小石川砲兵工廠。明治三年、日本陸軍の兵器工廠の東京砲兵工廠東京工場を、小石川の旧水戸藩邸跡に建設。明治四年から操業、関東大震災で甚大な被害。昭和六年より逐次小倉兵器製造所（昭和八年小倉工廠に）への集約移転、昭和十年、その機能を小倉工廠に移転。

（2）山脇正治《まさはる》（1885-1959）。早稲田中を経て早大へ（捕手）。エース河野安通志とバッテリーを組む。明治四十三年、ハワイ遠征をもって大学野球を引退。そのまま米国に残り（九年間）、本場の野球の見聞を広めた。昭和十二年、株式会社後楽園野球倶楽部（後楽園イーグルス）の球団経営に押川や河野らとともに携わった。十四年、イーグルスの二代目監督就任。東京都出身。

かつて、職業野球団設立に汗を流していた市岡忠男ら[1]のグループのうごき[2]とは別のルート、すなわち、河野安通志ら元老連の努力についてみてみよう[3]。

東京巨人軍は誕生し、東京、大阪、名古屋など、各地でプロ球団創立の動きが、ようやく活発になろうとしていた。こうしたとき、わが国における最初のプロ球団芝浦協会の創立者、押川清、河野安通志などが、黙って手をこまねいているわけではなかった。かれらは、過去の芝浦球団の失敗を反省しながら、新しい念願に燃えていた。

それは、

東京市内にプロ野球専用の新しい球場をつくること

球場付属の新球団をつくること

の二つであった。

球場と所属チームとは一体であること。これは押川、河野らの理想であり、夢であった。事業を推進するためには、有力な同志を集め、資金をつくらねばならない。同志的な結合を誓ったものに、山脇正治、森本繁雄などがいた。いずれも、明治四〇年ごろの早大野球部のメンバーだった。……〈中略〉そのなかに、橋戸頑鉄[4]の推薦により、野球人でないスポーツマン久保勘三郎も参画することになった。久保は、東京日日新聞社の事業課長として、橋戸と同僚であった一時期がある。……〈中略〉久保は、漕艇協会委員長として、戸田コースをつくった手腕家だった。この力量を買って、橋戸は久保を推薦したものと想像される。……〈中略〉当時久保は、東京日日新聞社を辞職して、自由な立場に立っていた。さっそく、河野らは、東京海上ビルの一室で久保に会い、プロ球団とプロ球場創設の意図と構想を話して、助力を懇請した。当初、河野らが抱いていた球場建設予定地は、目黒の競馬場跡であった。

しかし久保は、東京の中央部にすべきだと主張し、結局候補地は、当時、砲兵工廠が小倉に移転してあき地となっていた、小石川の一角、後楽園の地に白羽の矢が立てられた。

（1）市岡忠男（1891-1964）。京都一商を経て早大へ。大正十四年、飛田穂洲の後任として二代目早大野球部監督。昭和五年秋、突如退任直後、正力松太郎に請われて読売新聞社に入社、翌年（昭和六年）の同社主催の米大リーグ選抜対日本の各チームの対戦に尽力し、職業野球誕生の気運醸成に一役買った。二回目の全米選抜チームの来日（昭和九年）、それに対する全日本チーム結成により「大日本東京野球倶楽部」が誕生（のちの東京巨人軍）。十一年二月、日本職業野球連盟が発足、連盟創立委員長から東京巨人軍の代表となった（殿堂入り、一九六二年）。長野県出身。

（2）大日本東京野球倶楽部（東京巨人軍）の創設という職業野球団の実現にいたる構想時において、市岡忠男、鈴木惣太郎、三宅大輔、浅沼誉夫のいわゆる「（先行）四人組」が、森伝《つとう》氏（1891-1954）の知己を得ていた。かれらが森氏に、「球団がその本拠とする球場を持たねばならぬ」という理想をうったえると即座に理解、「それならば小石川の砲兵工廠のあった跡がよい。あれは現在大蔵省の保管になっているから、あれを払い下げてもらおうではないか」という案をうけている（『日本プロ野球外史』一一六―一七頁）。

（3）『後楽園の二十五年』（八七―八八頁）。

（4）橋戸頑鉄《がんてつ》＝橋戸信《しん》（1879-1936）。青山学院中、早大（第一回早慶戦から初の渡米遠征まで早大野球部の主将、名遊撃手）でプレー。遠征で得た新しい技術を紹介する『最近野球術』を執筆、刊行。卒業後も渡米、帰国後、「頑鉄」のペンネームで各紙に独特の野球批評をつづけた。昭和二年都市対抗野球大会を創設。最高殊勲選手に与えられる賞を「橋戸賞」として現在にいたる（殿堂入り、一九五九年）。東京都出身。

しかし、この地一帯は国有地であるので、まず、この払い下げを打診するため、久保は、大蔵省に国有財産課長をたずねた。課長は深田養一で、久保と同郷であり、一高、東大の後輩で顔見知りだった。払い下げないかと聞くと、払い下げてもいいという。内実は、砲兵工廠が小倉に移転したが、その費用が予算の倍近くもかかったので、元の工廠跡を払い下げて、その穴埋めをしたいため、売りたくてウズウズしていたらしい。といっても、多少なりとも、公共的な性質の事業のものでないと、払い下げるわけにはゆかない。球場にするというのは格好の名目だ、払い下げよう。……〈中略〉

かくして後楽園－スタヂアム建設の気運が、昭和一〇年ごろからクローズアップされてくるのである。……〈後略〉

東京巨人軍、第二次米国遠征を終えて帰国・藤本監督に交代

昭和十一年二月十四日、二回目の米国遠征[1]へと横浜港を出帆した東京巨人軍は、六月五日帰国した（資料1―23）。読売新聞の見出しには、「巨人軍晴れの凱旋」の言葉が見えるが、チーム内は大きくゆれていた。監督交代劇があった。正力松太郎[2]の威光を背にした、巨人軍の実質的な指導者である市岡忠男は、横浜港に着岸した平安丸に乗り込むやいなや、早大の一年先輩でもある巨人軍

監督浅沼誉夫(3)に監督交代を言い渡していた。

記事（資料1－23）内容の一部を以下示す。

われらの東京巨人軍かえる！〝球勲〟を祖国への土産に野球使節団の選士らは五日朝八時五十分横浜港入港の郵船(4)平安丸で華々しく凱旋、歓迎の嵐のなかを午後零時五分東京駅着で帝都へかえってきた、去る二月十四日第二次征途に鹿島立って(5)から百十三日目〝野球日本〟の栄誉を担って北米十州一万

巨人軍晴れの凱旋
熱戰の跡物語る
赤銅色の顔・顔・顔
東京驛を搖がす萬歳
排日の本場にも
力強い印象
大歓呼

［資料1-23］昭和11年6月6日夕刊 読売新聞

（1）東京巨人軍米国遠征の実際は『東京ジャイアンツ北米大陸遠征記』が詳しい。

（2）正力松太郎（1885-1969）。四高を経て東京帝大へ。内務官僚、警視庁警務部長、実業家、政治家。昭和六年、九年に日米野球を開催したのち大日本東京野球倶楽部（東京巨人軍）を創設（殿堂入り、一九五九年）。富山県出身。

（3）浅沼誉夫（1891-1944）。立教中（野球部を創設）を経て早大へ（大正四年主将）。大正十二年から昭和九年まで学習院野球部監督。昭和三年秋から東京六大学野球リーグの審判（八十川ボーク事件時の球審）。大日本東京野球倶楽部創立時、三宅大輔とともに入団し第一次米国遠征へ（総監督は市岡忠男、監督は三宅、育成・技術担当は浅沼）。帰国後の国内巡業で東京鉄道局に連敗した三宅の更迭後、巨人軍監督に。翌年の第二次米国遠征から帰国後監督解任。しかし、市岡、三宅、鈴木惣太郎とともに「（先行）四人組」の一員として職業野球団（大日本東京野球倶楽部）を興すことに尽力したことは、プロ野球史のなかで光をあてられるべき存在。東京都出身。

（4）日本郵船のこと。　（5）鹿島立《かしまだ》ち＝旅に出ること。

マイルを転戦、七十六戦四十二勝、三十三敗、一引分という好成績をのこして晴れの凱旋である

「排日の本場にも力強い印象　せい一杯戦った　浅沼監督談」

浅沼監督は語る

「日本職業野球勃興の機運に刺激され今回の遠征は吾々一同せい一ぱいの元気で戦いました、今回の遠征で特に嬉しかったのは多くの白人ファンが吾々を声援し白人諸新聞が大々的に〝日本巨人軍〟と報道してくれたことです、……〈後略〉」

巨人軍の浅沼誉夫監督は、このように力をこめて遠征の意義について語ったが、帰国して浅沼を待っていたのは、監督解任という市岡からの非情な通告であった。なにが起こっていたのか、関係資料から引いてみたい(1)。

市岡［市岡忠男］が三宅［三宅大輔］の解任を断行したとき［昭和十年十一月、対東京鉄道局戦での連敗直後］も、正力はこれを事前に了承していた。正力のこの権限移譲は、市岡をして、〝天皇〟と呼ばしめ、チーム内に市岡絶対体制を敷く源泉となった。それは、プロ野球の創設に情熱を傾けあった〝先行四人組［市岡忠男、鈴木惣太郎、三宅大輔、浅沼誉夫］〟が早

くも分裂しはじめたことを意味していた。選手たちも幹部も、市岡の強大な権力の背後に正力の威光をみてとっていた。

巨人軍が第二回アメリカ遠征から帰国した昭和十一年六月五日、一行を出迎えた市岡はそのまま船内に乗り込み、監督の浅沼［浅沼誉夫］に解任を申し渡した。浅沼は日本にプロ球団をつくる際、実業家のヒモつきにはならないと、読売との提携を、最も強硬に反対した男だった。

その不安は皮肉にも、正力の威光をバックにつけたかつての盟友の市岡によって、早くも的中することとなった。市岡のそばには、後任の監督の藤本定義[2]が黙って立っていた。[3]

市岡が早大の一年先輩の浅沼を斬り、早大監督時代のエースピッチャーだった藤本を後釜にすえるという荒っぽい芸当ができたのも、自分の後には正力が控えている、という絶対的な自

（1）『巨怪伝』（二七一頁）。
（2）藤本定義（1904-1981）。松山商から早大へ（大正十四年秋の復活早慶戦で登板）。昭和四年卒業後、大阪鉄道局に入る。東京鉄道局に異動後、野球部監督に就任。十年秋、米国帰りの東京巨人軍を二度にわたって破り、その鼻をへし折った。この指揮能力が買われ翌年五月、巨人軍監督に就任。投手起用が巧みで沢村栄治、前川八郎、スタルヒンらを育てあげ、職業野球元年の十一年、年度優勝決定戦でタイガースを破り覇者となった。十四年から四連覇、巨人軍の第一期黄金時代を築きあげた。戦後は巨人軍にもどらず、大映、阪急、阪神などで監督を務めた（殿堂入り、一九七四年）。愛媛県出身。
（3）巨人軍の球団史には、この件についてつぎのように記されている。「藤本の監督就任によって、浅沼は総監督のポストについた。渡米前にいったん収拾したかに見えた浅沼と選手とに感情的なしこりはその後も尾をひき、第二回アメリカ遠征から帰国して十七日後の六月二十二日付をもって球団はまず水原を、ついで七月八日付をもって田部を、それぞれ契約条項違反を理由に免職退社処分にした。巨人の華麗な内野陣は、このため若い白石や筒井に頼らざるをえなくなった。藤本は六月五日、帰国の巨人ナインを横浜港に出迎え、平安丸の船上で浅沼監督から事務に引きつぎをした」（『東京読売巨人軍50年史』一八五頁）。

信があったためだった。

東京巨人軍は強引ともみえる補強を行った。前年の十一月、巨人軍の国内転戦において、二度にもわたって敗戦の煮え湯をのまされた東京鉄道局の監督だった藤本定義氏を引き抜いただけに終わらなかった。さらに、東鉄から投打の中心選手を獲ったのである。対巨人軍戦で沢村栄治とも投げ合ったエース前川八郎投手[1]と主力打者の伊藤健太郎選手[2]をも獲得したのであった（資料1―24）。あらたに東京巨人軍を率いることになった藤本定義新監督は、弱体化しているチーム事情を、ある程度、聞かされていた。背に腹はかえられなかった。

記事（資料1―24）内容の一部を以下示す。

巨人軍の陣容更に強化
監督に藤本氏入る
前川投手、伊藤外野手も共に
新陣容颯爽！
巨人軍の初練習
職業野球

[資料 1-24] 昭和 11 年 6 月 17 日 読売新聞

［資料 1-25］谷津球場跡地近辺（昭和９年の日米野球で全日本軍（東京巨人軍の原型）が合宿した場所）・現在は谷津公園［千葉県習志野市谷津］（筆者撮影）

東京巨人軍は別項の如く十六日から来るべき全日本野球選手権大会に備えるべく練習を開始したがこれと同時に前東京鉄道局野球部監督藤本定義君を新たに監督とし、投手団には同じく東鉄の主戦投手前川八郎君を、外野団に同じく東鉄の強打者伊藤健太郎君のチーム入りを発表した、この三者の入社は巨人軍の実力を更に一層充実させるもので、常に職業野球界のリーダーをもって任じている巨人軍がこうして陣営を強化することはわが職業野球の一進出を意味し、巨人軍今後の活躍ぶ

（1）前川八郎（1912-2010）。神港中（現・神港学園高）、國學院大學を経て東京鉄道局へ。昭和十年十一月、国内転戦中の東京巨人軍を相手に勝利。翌十一年巨人軍へ入団（東鉄の藤本定義監督とともに）。投手として、二塁手、三塁手、外野手を兼任しながら十三年までプレー。のちにエースナンバーとなる背番号18を、巨人で最初につけた選手。兵庫県出身

（2）伊藤健太郎（1916-1944）。千葉中（現・千葉高）を卒業後東京鉄道局へ（強打の外野手）。昭和十一年六月東京巨人軍に加わる（藤本定義監督と主戦の前川八郎投手とともに）。東京巨人軍公式戦初勝利に貢献（七月三日、対大東京軍戦で四番打者として活躍）。その後も打棒を揮って存在感をみせたが、十八年、戦時色が強まるなか退団。入営後南洋へ派遣されるが、十九年七月二十六日、日本軍が集結しているグァム島マンガン山において戦没（二十七歳）。千葉県出身。

りには愈よ興味深いものがある

［写真はきのう谷津にて、左から藤本監督、伊藤外野手、前川投手］

ともあれ、帰国後早々、千葉の谷津球場において、連盟主催の選手権大会に出場——巨人軍の公式戦デビューでもある——することにそなえて合同練習が始まった。当球場は、昭和九年の日米野球の際に全日本軍（構成するメンバーの多くが巨人軍の一員となった）が合宿を行った場所であり、いわば、日本プロ野球の発祥の地でもある（資料1―25）。

浅沼誉夫氏から引き継いだ藤本定義新監督は、後年、当時の事情をつぎのように述懐している[1]。

実際、私が預かったチームは、水原[2]、田部[3]、苅田[4]、堀尾[5]、新富[6]など、代表的な選手が抜けた、まったくカスのようなチームであった。

アメリカから帰った選手に、約一週間の休養を与えたのち、千葉県の谷津球場で練習に入った。私は練習第一日目の夜、

〝門限九時、消灯十時、絶対禁酒〟

と大書して、主将の津田君[7]（現・セ審判）に命じて玄関に張り出させた。

第一日、選手の不満は承知のうえで、日が西に傾くまでノックを続けた。合宿に帰って風呂

を浴び、食堂へ行くと、中から、大声で話しているのが耳にはいった。

「最初からきつい練習をやりやがって、こんなばかなことがあるか」

「アメリカじゃ、こんな無茶はやらんぞ、誰か行って監督に、アメリカの練習はかようしかじかでございます、といってこい」

(1)『プロ野球風雪三十年の夢』（三二五―一六頁）。
(2) 水原茂（1909-1982）。高松商時代に先輩宮武三郎らとともに夏の甲子園を制覇。水原・宮武はともに慶大へ（投手兼三塁手として大活躍、六大学のスター選手）。早大の三原修とは終生ライバル関係がつづく。二回にわたる大リーグ選抜来日時には全日本チームのメンバーに。昭和十一年秋に巨人軍に入団し、三塁手として活躍（実働八年）。十七年を最後に応召、シベリア抑留を経験。戦後、二十四年夏に帰国すると二十五年から巨人監督（在任十一年間で八度のリーグ優勝、四度の日本一）、さらに東映、中日と通算二十一年間指揮をとる（殿堂入り、一九七七年）。香川県出身。
(3) 田部武雄(1906-1945)。広陵中を経て明大へ(投げて打って走っての大活躍)。大日本東京野球倶楽部創立に参加、第一次米国遠征では一番打者として一〇九試合に一〇五盗塁してみせ、米国人をうならせた。帰国後の東京巨人軍国内巡業では、端整なマスクに、ショーマンシップ溢れたプレースタイルで人気を博した。その後球団の内紛が契機となり退団。プロ野球公式戦の記録はない。のちに大連実業団へ(都市対抗に出場)。昭和十九年、大連で現地召集され戦況悪化の激戦地、沖縄へ。二十年六月、地上戦で戦没(殿堂入り、一九六九年)。広島県出身。
(4) 苅田久徳＝既出（三四頁）。
(5) 堀尾文人《ふみと》（「ジミー堀尾」1907-1949）。ハワイ準州マウイ島生まれの日系二世。大日本東京野球倶楽部創立時から加わる。強打の外野手。スイッチヒッター第一号（実働六年）。
(6) 新富卯三郎《うさぶろう》（1915-1945）。小倉工業、門司鉄道局を経て、大日本東京野球倶楽部創立時入団。昭和十一年、第二次米国遠征後召集され退団。復員後阪急軍に加わる（実働三年）が十六年、ふたたび応召。終戦間際の二十年八月一日、ビルマ戦線で戦没。福岡県出身。
(7) 津田四郎（1908-1965）。関西中卒業後、大連実業団、奉天日満実業団を経て大日本東京野球倶楽部へ（田部武雄のあとの主将、実働二年）。昭和十三年応召、除隊後ほどなく日本野球連盟審判員に転向。「天覧試合」（昭和三十四年六月二十五日、後楽園球場）では一塁塁審を務めた。兵庫県出身

明らかに私の耳にはいることを計算したツラ当てである。

〈後略〉

戦時体制への道（2）非常時鍛う三陸娘〝海の訓練〟

国家は、来るべく戦争にそなえて、国家総動員体制を着々と構築していく――翌年の昭和十二年にはじまった日中戦争の拡大によって、やがて、昭和十三年には国家総動員法が制定される。戦時法規が整えられるまえに、すでに実質的な総動員の実践が隅々までおよんでいることを示唆する記事を見出すことができる。一見したところ、戦争とは遠くはなれているようにみえる、北東北の若い女性たちも動員されている姿が報じられていた（資料1―26）。

記事（資料1―26）内容を以下示す。

非常時に鍛う三陸娘〝海の訓練〟

初夏の陽光をうち撒《ま》くように波頭に浮かべる岩手県宮古港朝、朗かな海洋娘子軍の唄声が力強く流れて来る、心耳を澄まして暫《しばら》く聞こう――。萬世一系比なき、すめらみこと(1)と仰ぎつゝ、天涯万里野に山に、荒地拓きて敷島(2)の、大和心を植うるこそ、日本乙女の誉れなれ舵手《だしゅ》(3)の音

[資料 1-26] 昭和 11 年 6 月 21 日夕刊 読売新聞

頭に、漕手のコーラス、エッシ〳〵と力にまかすその腕《かいな》には、三陸の海嘯《かいしょう》(4)以来打続く災厄に叩きのめされた故郷の人々を励まし起たん意気に燃えた「非常時三陸」の花嫁御寮(5)の覚悟のほどがはっきりと示されているのである。

　岩手県立六原青年道場分場(6)女子海洋青年団の名に結んだ女性は十六歳から二十三歳迄のむすめさん達で、宮古町の水産学校についこの間から二十日間を合宿「我らの祖国日本のいのちのうちに、我らのいのちを見出さねばならぬ」とば

(1) 天皇を敬って呼ぶ語。皇尊。
(2) 崇神天皇の宮である磯城瑞籬宮が置かれた地、磯城（しき）に由来する日本の古い国号のひとつ。
(3) 船のかじをとる者。
(4) 津波とほぼ同義。明治二十九年（一八九六）と昭和八年（一九三三）に、三陸沖を震源とする大地震による三十メートルをこえる津波が三陸地方をおそっていた。
(5) 花嫁を敬ったり親しんだりしていう語。
(6) 昭和七年、胆沢郡相去村六原に創設された修練道場。日本精神錬成という独特の訓育を施した。

かりに早暁五時、ドンドンと打鳴らす大太鼓の響きに一斉起床白の上着に黒のモンペの団服凛々しく、神儀厳《いかめ》しい朝拝の礼を済ませ、恐いみたような眞影流の剣道の型まで学び、海洋目ざす実習、網引きに漕艇に男に負けてなるかと非常時女性の修養に努めるのである。［田辺写真部員］

［写真（右上）頑張るボート漕ぎ（右下）漁撈に励む団員（左上）大ビクを担ぎ出す共同訓練（左中）独自の大和働き体操(1)（左下）打鳴らす大太鼓］

時代の情景（4）〝勝って帰れ〟激励の歓送（ベルリン五輪本部隊）

八月一日からはじまるベルリン・オリンピックまであと四十日ほど。陸上、水泳の本部隊一行はベルリンにむけて出発した（六月二十一日付東京朝日新聞、写真の見出し「勝って帰れ　激励の歓送」、資料1―27）。

［写真の説明］上は列車に乗り込んだ女子水泳選手、中は車中の本部隊員（右から浅野陸上役員、平沼団長(2)、末弘水上総監督、香山、田畑(3)、宮本の三本部員）下は宮城前から東京駅へ行進するオリムピック本部隊

東京駅を出発してベルリンへ、当時、ユーラシア大陸を列車で行く陸路が選ばれていた。おもな経路は次のとおりである。(4)

・東京駅～下関駅　列車（東海道本線・山陽本線）二四時間
・下関港～釜山港　船便（関釜連絡船）六時間
・釜山駅～満州里駅(5)　列車（朝鮮総督府鉄道・南満州鉄道）五〇時間
・満州里駅～モスクワ駅　列車（シベリヤ鉄道）七日間

(1)「大和働《やまとばたら》き体操」（＝日本体操《やまとばたらき》）とは、考案者の筧克彦によれば、言葉では表現しづらい「皇国精神《やまとだましい》」の何たるかを、簡単な「運動《はたらき》」によって感得するが故に、「やまとばたらき」と名づけられた。運動のことを「うんどう」と呼ばずに、和語で「はたらき」と呼んだ（中房敏朗、二〇一六年、三二一頁）

(2)平沼亮三《ひらぬまりょうぞう》（1879-1959）。慶大卒。明治二十五年、慶應に体育会が創設され、その一部門として野球部が発足したときの初代幹事を務め、自ら三塁手として活躍した。大正十四年、東京六大学野球連盟を結成したとき副会長に就任（会長は安部磯雄―殿堂入り、一九五九年）、昭和七年から十年間の長きにわたり二代目会長として戦時下の学生野球指導者として運営指導に心血を注いだ（殿堂入り、一九七九年）。野球以外のスポーツも愛し、多くの運動団体の会長を歴任。ロサンゼルス五輪（一九三二年＝昭和七年）およびベルリン五輪（一九三六年＝昭和十一年）と二回の夏季オリンピックで日本選手団長を務めた。「アマスポーツの父」と尊敬された。神奈川県出身。

(3)田畑政治《たばたまさじ》（1898-1984）。浜松中（現浜松北高）、一高を経て東京帝大へ。朝日新聞社（東京朝日新聞）に入社し政治経済部長などを経て常務取締役。昭和七年（一九三二）第十回ロサンゼルス五輪水泳総監督、水泳だけで十二種目のメタルをもたらし、水泳大国ニッポンの基盤を作る。昭和三十九年（一九六四）東京オリンピックの実現に尽力。日本水泳連盟会長、日本オリンピック委員会（ＪＯＣ）委員長などを歴任。二〇一九年ＮＨＫ大河ドラマ『いだてん』主人公の一人。静岡県出身。

(4)『評伝　田畑政治　オリンピックに生涯をささげた男』（九三―九四頁）。

(5)現・中華人民共和国内モンゴル自治区に位置する。

［資料 1-27］昭和 11 年 6 月 21 日 東京朝日新聞（鶴舞中央図書館所蔵）

・モスクワ駅〜ワルシャワ駅〜フリードリッヒ駅（ベルリン）　三日間

右の経路で計十三日〜十四日を要することになるが、日本郵船などによる欧州航路――横浜―フランス・マルセイユ間――では約一ヶ月かかっていた。

巨人軍対タイガース初対戦（オープン戦）

巨人軍が第二次米国遠征をおえて帰国したのは六月五日。タイガースは、その頃、連盟結成記念全日本野球選手権（七月一日開幕）にそなえて実戦感覚をみがくことに余念がなかった。遠征試合、それも九州・朝鮮での対外試合を計画していた。（東京セネタースも同行）。タイガースナイン一行は、六月十一日に大阪を出発。九州で三試合、朝鮮（京城）で三試合を予定。六月下旬に帰阪後、

［資料 1-28］ポスター「大阪タイガース来る」（野球殿堂博物館所蔵）

巨人軍との初顔合わせ（オープン戦）が組まれていた。

タイガースの遠征の戦績を記す。(1)「大阪タイガース来る」のポスター（資料1―28）は遠征先で掲示されたものと思われる。(2)

六月十三日　対熊本鉄道局（10―2）熊本・水前寺球場
十四日　対セネタース（6―4）小倉・到津球場
十六日　対福岡倶楽部（9―1）福岡・春日原球場

（1）『阪神タイガース　昭和のあゆみ』（一八頁）。

（2）ポスター「大阪タイガース来る」の作者は、当時阪神電鉄宣伝課の早川源一氏（1906-1976）である（掲示資料では隠れているがポスター下部に署名）。当ポスターの使用時期と場所については、スポーツニッポン新聞内田雅也記者の見立てによれば、「日本統治下の朝鮮に初の遠征に向かう折、立ち寄った九州遠征時のものと見られる（『阪神タイガース　ヒストリー・トレジャーズ』付録解説一六頁）。すなわち、昭和十一年六月十三日～十六日のタイガース九州遠征（熊本・小倉・福岡）での使用と考えられる（朝鮮遠征での使用の可能性あり）。また、同年七月下旬での西日本遠征（九州・広島、巨人軍と帯同）時におけるポスター使用も考えられるがその可能性は低いと思われる。阪神電鉄本社が、七月中旬に後任監督人事に着手していることを考えると、解任する監督名（森茂雄）が記されているポスターを掲示するのは不自然であるからだ。なお、描かれた打者のモデルは、昭和六年と九年の日米野球で来日したルー・ゲーリッグであるとみなされる（内田氏、同書）。くわえて、モデルについては、デザインを専門とし早川源一を研究している大森正樹氏は筆者につぎのような見解を示している。「早川氏は阪神沿線の様々な行事やスポーツ大会のポスターを描かれているが、その多様なテーマの素材として、新聞や雑誌、自らが撮った写真などをスクラップにして活用されていました。スクラップの素材にゲーリッグがあったのではないかと思います」。有用な知見のご提供、大森氏には深く感謝します。

六月十七日、下関から釜山へと渡りさらに実戦を重ねていく。
六月二十一日　対セネタース（3―4）京城球場
　　二十二日　同右　（4―5）同右
　　二十三日　対全京城　（12―3）同右

遠征試合は四勝二敗（対セネタースは一勝二敗）であった。

東京巨人軍は、陣容を新たにして、藤本新監督に大いに期待をかけていた（資料1―29）。日本職業野球連盟主催の選手権（日本職業野球連盟結成記念大会）がせまっていた。開幕の四日まえ、

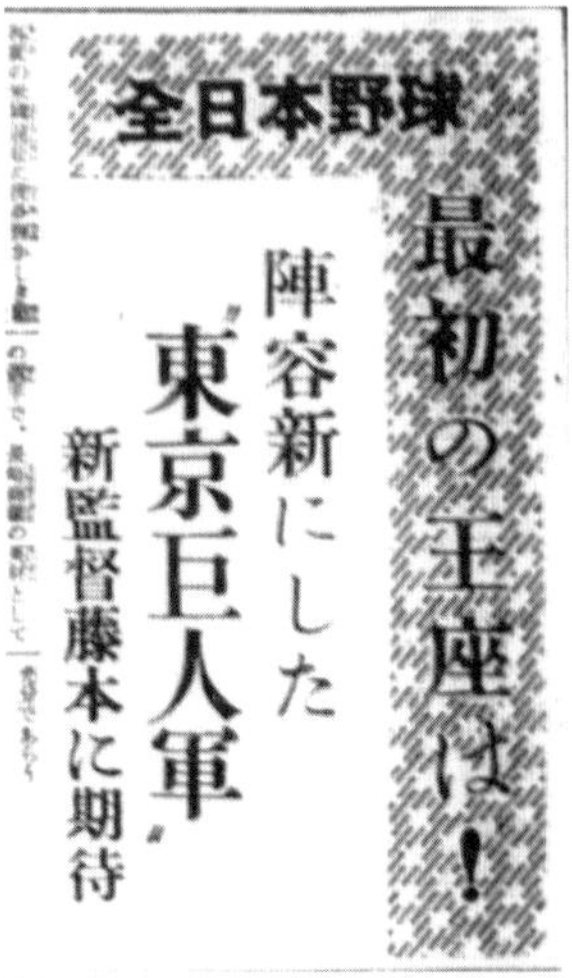
全日本野球
最初の王座は！
陣容新にした
"東京巨人軍"
新監督藤本に期待

［資料1-29］昭和11年6月26日　国民新聞（国立国会図書館所蔵）

8―7
巨人軍
試合に勝って
勝負に敗る
練習不足が大失を誘發
對タ軍一回戦
甲子園特派員
小島六郎

［資料1-30］昭和11年6月28日 読売新聞

非公式試合ではあるが、巨人軍とタイガースの初顔合わせがあった。試合結果は8―7で巨人軍の勝利ではあったが、読売新聞の評は手厳しい。見出しにあるように、「練習不足が大失を誘致」が示すように守備陣の弱点が露呈されていた（資料1―30）。のちに、藤本監督によって内野守備が徹底的に鍛えられることになる（「茂林寺の猛練習」、後述）。

季節の風景（3）高等文官司法科試験

二十四節気の夏至が過ぎて、梅雨の合間の陽ざしが一段とまぶしくなるころ、法曹界への登竜門たる難関試験、すなわち、昭和十一年度の高等文官司法科試験が行われた。六月二十八日付の東京朝日新聞【日曜セクション】「夏の試験地獄　司法官志願者群」の説明文を記す（資料1―31）。

日比谷の旧議事堂におけるものとしては恐らく今年が最後の高等文官司法科試験(1)が行われている、これにパスすれば裁判官か少くとも弁護士になれることは確実だ、殊に来年は七百五十名も判検事が増員される――というではないか？　就職の可能性がそれだけ増したわけだが

（1）弁護士（代言人）試験は明治九年にはじまる。明治二十六年には代言人試験に代わり弁護士試験が開始（大正十一年まで続く）。大正十二年以降は「高等試験（高等文官試験）司法科」として実施された（高等文官試験は他に行政科、外交科で実施）。戦後、昭和二十四年に現行にいたる弁護士法および司法試験法が施行される。

［資料 1-31］昭和 11 年6月28日 東京朝日新聞（鶴舞中央図書館所蔵）

……然しそれにしてもあの試験場風景は——
　悲壮である、沈痛である、神経質な眼、青ざめた顔、記憶力増進器具を巻いた学生、受験料多額納税者と覚しき中年者……試験場の外で心配気に誰やらを待っている娘、前の街路の芝生父の又は兄の弁当を持参して来ている一家……カンカンと無遠慮に照りつける炎暑が総てを一層痛々しく見せるのだ、これこそは夏随一の憂鬱風景……
　今年はこの科の受験者総数は三千五百八十二名、うち女弁護士志願者十八名、しかもその九割強は否応なしにこの「狭き門」からシャット・アウトされてしまわなければならないのだ
写真［上右］記憶力増進器具を巻いている学生［上左］試験場外で案じている娘［中央］休

憩時の試験場前街路［下右］受験生控室と食堂内の掲示［下左］女の受験生達

【七球団そろって夏の陣】

第二章　連盟結成記念全日本野球選手権

連盟結成記念大会1・東京大会（早大戸塚球場）

帰国した巨人軍をくわえて、全七球団による連盟主催の大会（連盟結成記念全日本野球選手権、以後「連盟結成記念大会」）が、いよいよ開かれることになった（資料2―1）。大会は三つの期間に分けられている。まず最初に東京大会が早大戸塚球場[1]（七月一日〜七日）において開かれる。つづいて、大阪大会が甲子園球場（七月十一日〜十三日）、最後に名古屋大会が山本球場（七月十五日〜十九日）で開催。これらは、すべてトーナメント大会としての位置づけであった――争覇戦としてのリーグ戦（＝ペナントレース）は九月からの選手権で実施される。

（1）明治三十五年（一九〇二）、早稲田大学開学（大学令に基づく〈大学〉として認可されるのは大正九年）を期して建てられた球場（「戸塚球場」）。本書では、早稲田の球場であることを強調するために「早大戸塚球場」と表記することがある。

七球団が参集する連盟結成記念大会はつぎのようにまとめられる（本書では、東京大会を連盟結成記念大会1、大阪大会を連盟結成記念大会2、名古屋大会を連盟結成記念大会3とした）。

連盟結成記念大会1　七月一日〜七日　東京大会（早大戸塚球場）
連盟結成記念大会2　七月十一日〜十三日　大阪大会（甲子園球場）
連盟結成記念大会3　七月十五日〜十九日　名古屋大会（山本球場）

帝都最初の職業野球戦
全日本争覇けふ幕開く

他チームの監督がする
けふ二試合の豫想

巨人軍優位
問題は名古屋の進境

"力"強き阪急
恐しい大東京の闘志

[資料2-1] 昭和11年7月1日 読売新聞

各職業野球団は戦力増強の努力をおこたらない。それは、さしあたり、学生野球団や実業団のチームの目ぼしい主力をスカウトすることにつながる。学生が卒業するまでは待てずに、在学中に引き抜くことさえある。それがもとで、プロ・アマの溝が深まる原因にもなっていた。それが顕著に現われたのは、大

法政の三森
巨人軍入り
守、投に"力"を加ふ

［資料 2-2］昭和 11 年 7 月 3 日 読売新聞

阪タイガースによる藤村富美男（法政大への進学を変更）や、景浦将（立教大からの引き抜き）などのケースで現に起こっていた。一方東京巨人軍は、実業団の東京鉄道局から藤本定義監督や前川投手、伊藤選手を入団させていた。草創期の職業野球の強いチームは大なり小なり、ある程度の強引さは止むを得ないことであった。しかしながら、巨人軍の戦力補強は貪欲だ。巨人軍は水原、三原、苅田、田部が抜けた内野陣――錚々たる布陣の欠落である（四人全員が殿堂入り）――が手薄であった。こんどは、法政大の三森秀夫選手[1]の引き抜きの問題が生じた――最終的には巨人軍入りしなかったが、七月三日付読売新聞には「法政の三森　巨人軍入り」の記事が掲載されていた（資料2―2）。

記事（資料2―2）内容を以下記す。

さきに藤本監督以下前川投手、伊藤外野手の入社をみた東京巨人軍に今回更に法政野球の投手兼三塁手で鋭い打撃の所有者として知られる三森秀夫君の入社が決定、二日連盟へ登録をす

（1）藤本定義監督（松山商業ＯＢ）の後輩にあたる。また、タイガースの景浦とは松山商で同期。

ませたので目下挙行の全日本野球選手権大会に早速出場することとなった、三塁或は投手として三森の活躍は同軍に一つの〝力〟を加えたもので大いに期待される……〈中略〉松山商業時代から現タイガースの景浦選手と共に投手と三塁を交互に守り、……〈後略〉

ところで、記念すべき結成記念大会の初日の試合当日、三森選手がらみのひと騒動があった。事の顚末は、巨人軍監督の藤本定義による回想がくわしい(1)。

……水原君の抜けた三塁の穴を埋めようと、私は、松山商の後輩で、当時法政の三塁手として好守好打をうたわれていた三森秀夫を引き抜くことになかば成功していたが、松山商の先輩から「学校だけは卒業させてやってくれ」と頼まれて、断念せざるを得なくなっていた。

この三森の引き抜きについては、当時表沙汰にはならなかったが、ひとつの事件があった。七月一日、プロ野球結成の第一戦が、戸塚球場で行われた日である。入場式が終わって、さてフィールディングにとりかかろうとしていた私は、ベンチ裏で十人ほどの学生に取りかこまれた。法政大学の応援団である。

「おい藤本、なぜ三森を引き抜いた。いますぐ返せ」

肩をいからせ、すごい見幕で私に詰め寄った。

二十九日に三森と話をつけ、一日の読売新聞紙上には〝三森、巨人軍へ入団〟の記事が、でかでかと出ることになっていた〔実際の発表は七月三日付読売〕。三十日には、法政の大西マネージャーがやってきて、「三森をとるのはやめてくれ」と私にくい下がった。法政藤田監督の気持ちも、わかりすぎるほどわかるが、私としても背に腹はかえられない。大西君が引き下がるのをノラリクラリとかわしていた。大西君は夜の明け方まで徹夜でねばったが、とうとう不得要領で帰って行った。

そういういきさつがあったから、法政応援団の言い分はすぐわかった。

「三森はきょうはきていない。ゲームが終わってから話をつけよう」

私はなんとかこの場だけでも納めようと思ったが、応援団は「いますぐ連れてこい」と、囲みを解こうとしない。当時の応援団はなかなか気が荒かった。へたをすればどんな事態を招くかわからない。記念すべき日だというのにこれではゲームができない。どうしたらいいか。私は立往生したまま思案していた。

〈後略〉

幸運なことに、藤本定義監督にとってのこの窮地は顔見知りの別の力――「藤本さん、どうしました。こいつらが何か面倒なことでもしでかしたのですか」のひと声（いくら気の荒い応援団でも、ほんもののタンカにかかってはかなわない）――がはたらいて事なきを得た。

（1）『プロ野球風雪三十年の夢』（三一七―一八頁）。

職業《プロ》野球公式戦、初のラジオ中継

東京で行われる、七日間の日本職業野球連盟主催の試合会場は、早大の戸塚球場を借りて行われた——現在は、記念碑が立てられているが当時の光景を想起させる痕跡は見当たらない（資料2—3）。

職業野球の公式戦が初めて、JOAK（現NHK東京放送局）を通じて実況中継が行われることになった（資料2—4）。それも、AKのエースアナウンサーの松内則三[1]が務めることになった。

[資料 2-3] 戸塚球場跡地・現在は早稲田大学総合学術情報センター・入口に安部磯雄氏と飛田穂洲氏の胸像が建っている。（筆者撮影）

日本最初の職業野球
選手権試合を中継
けふから五日間戸塚球場より
新案二人アナ放送

寶生流謡曲
籠太鼓
午後八時二十分より

[資料 2-4] 昭和 11 年 7 月 1 日　読売新聞

そこで、実況の仕方が工夫されることになり、和田信賢アナウンサー[2]とコンビを組んで、記事の見出し「新案二人アナ放送」、すなわち、掛け合いによる実況がこころみられることになった。

記事（資料2―4）内容を以下記す。

野球ファン興味の中心、職業野球団最初のリーグ戦、第一回選手権試合はきょうから五日間戸塚球場において、東京セネタース、大東京、名古屋軍、金鯱軍、阪急軍、タイガースにアメリカ遠征から凱旋した巨人軍を加えての七チームの争覇戦が次の如く行われるのでＡＫでは日本最初の職業野球選手権試合を第二放送で中継するに当り野球放送に新機軸を出してアナウンサーを二人使用、一人はシテ役(3)に廻って試合の経過を述べ、一人はワキ役に廻って場内情景その他を説明して立体的スポーツ中継をする

（1）松内則三《まつうちのりぞう》（1890-1972）。大阪府立北野中を経て慶大へ。大正十四年東京放送局（大正十四年までは放送三局「東京・大阪・名古屋」、現ＮＨＫ）にはいる。早慶戦中継終了時、「夕やみ迫る神宮球場、ねぐらへ急ぐカラスが一羽、二羽、三羽…」と球場風景を伝えたことで知られる（大相撲、東京六大学野球、職業野球、競馬などのスポーツ中継の実況アナウンスで人気を博す）。戦後（昭和二十五年）に、和田信賢とともに開局直前の中部日本放送（現・ＣＢＣ）でアナウンス研修を行ない、地方局のアナウンサーを育成。東京都出身。

（2）和田信賢《のぶたか》（1912-1952）。第二早稲田高等学院を経て早大へ。昭和九年、アナウンサー公募の第一回生として日本放送協会へ（現ＮＨＫ、大正十五年～昭和二十三年は社団法人日本放送協会）。実況・スポーツ中継、司会などにラジオ放送の新境地を開拓、不世出の名アナウンサー（十四年一月春場所四日目、双葉山・安芸ノ海の歴史に残る一番「双葉山６９連勝で止まる」を放送）。ポツダム宣言受諾の放送（玉音放送）を最後に退職。昭和二十七年（一九五二）開催のヘルシンキ五輪に派遣されての帰途、病を得てパリで客死。東京都出身。

（3）元は能楽の役柄（主役）を指す。為手《して》、仕手。その相手役は「ワキ」。

この掛け合い放送の模様について、山川静夫による和田信賢の評伝(1)をのぞいてみよう。

中継は午前十一時半から第二放送で開始された。

第一試合は巨人対名古屋、第二試合は阪急対大東京である。アメリカ遠征から帰ったばかりの人気の巨人と地元の大東京が、職業野球としてどんな試合ぶりを見せるのかの興味でスタンドは満員の観客でふくれあがっている。

〈中略〉

始球式のボールが、快速球のストライクなどというのは可愛げがない。総裁の大隈信常もそれをふまえて、不格好に山なりのボールを投じ、東京で初の職業野球試合の幕を切って落した。

「ピッチャー澤村、第一球投げました。巨人側のプレイを松内が、名古屋側のプレイは信賢がやるのである。

「澤村投手、第三球を投げました」

これは松内。すかさず信賢が、

「打ちました、セカンドゴロ」

今度は松内が、

「セカンド捕った、一塁投球、アウト」

という具合である。

最初のうちはさほどの混乱はなかった。

〈中略〉

信賢は、内心、松内という大先輩と掛合放送が出来ることはチャンスだと思っていた。何とかうまくやって先輩を喰ってやろうと思っているから、自分の力量も考えずに口調だけは熱っぽくなる。

一方松内にしてみれば、年の若い和田信賢がよく喋っているのに松内が黙っているのはだらしがない、と言われるのもしゃくである。ことに、松内は負けん気が強い。信賢も同じだ。二人のピッチはどんどん上がってきた。

そのうちに、自分の領分を越えて相手の方にも侵食しはじめた。

「ピッチャー第三球のモーション」

と松内が言うと、すぐ信賢がひきとって、

「打ちました、三遊間の当り、あッ、ぬかれました!」

とやるくらいまではよかったが、そのあと声を揃えて、

「ヒット!　ヒット!　ヒット!」

二人が同時に絶叫してしまう。

(1)『或るアナウンサーの一生　評伝和田信賢』(八三―八四、八六―八八頁)。

言葉が重なるかと思うと、お互いに遠慮して黙ってしまうので、レフトフライが中途で立ち消えになったりして、聴いている方は何が何だかさっぱりわからない。……試合は名古屋軍が巨人軍を九対八で破ったが、前代未聞の掛合放送は、先輩も後輩もヘトヘトで終った。ただしこの七月一日の試合は、二人の珍妙な掛合よりも、野球放送に初めて集音マイクを使用したことによって放送史に大切に刻まれている。

〈後略〉

東京巨人軍、公式戦デビュー

巨人軍の人気は、前評判が高かったのか観客の入りは上々である。七月二日付読売新聞夕刊（資料2―5）には試合初日の活況ぶりを示す写真が載っている。試合のほうは、巨人軍は名古屋軍と対戦して9―8で敗北。記事の見出しには、「巨人軍失策に散る」が出ていて、タイガースとのオープン戦につづいて、守備力の弱点が露呈したかたちとなった。投手リレーは、巨人軍が沢村[1]（敗戦投手）→前川[2]（三回）→畑福[3]（四回より救援）、名古屋軍がノース[4]（二回途中まで）→松浦[5]（勝利投手）→牧野[6]（八回途中より）であった。一方、名古屋軍の親会社の新愛知新聞（七月二日付）では、見出し「名軍好打を浴せ巨人軍に快勝」「天晴れ初陣の松浦投手」の記事が出ている

（資料2―6）。記事内容を以下示す（傍点中西。新愛知は「職業野球」の代わりに「専門野球」を用いる。読売主導の職業野球への対抗意識の表われか）。

［本社東京電話］野球日本の精華日本専門野球連盟結成記念の全日本野球選手権試合東京大会は満都ファン待望のうちに愈々一日正午から城北戸塚球場にて華々しく開幕、晴れの出場七

（1）沢村栄治（1917-1944）。京都商中退。第二回日米野球（昭和九年）でベーブ・ルースらの米大リーグ選抜を相手に全日本チーム代表として登板。静岡での快投は伝説となっている。大日本東京野球倶楽部（東京巨人軍）結成時に加わる。昭和十一年十二月の大阪タイガースとの、いわゆる〝洲崎決戦〟では2勝をあげ巨人軍を「日本一」にみちびいた。しばしば兵役にとられ肩を壊したが、その英姿は職業野球ファンの目に焼きついている。十九年十二月台湾沖で戦没。二十二年に「沢村賞」が制定（殿堂入り、一九五九年）。三重県出身。

（2）前川八郎＝既出（七二頁の注）。

（3）畑福俊英《としひで》（1913-1981）。秋田中（現・秋田高）を経て専修大へ。大日本東京野球倶楽部（東京巨人軍）結成時より加わる。日本職業野球連盟主催試合、対大東京戦（昭和十一年七月三日、於戸塚球場）に先発登板し、6イニングを1失点に押さえて、巨人軍球団史上初の公式戦勝利投手。翌十二年以降は新設のイーグルスへ移籍。秋田県出身。

（4）ノース、ハーバート・B（1910-不詳）。マッキンリー高校を経てパラマウント・カブス（パラマウント映画撮影所の野球チーム）で主戦投手として活躍。昭和十一年名古屋軍結成時の外国人選手として入団。同年四月二十九日の対大東京軍戦（日本職業野球連盟主催試合、於甲子園球場）において二番手として登板し初勝利（日本プロ野球公式戦最初の勝利投手）。主戦投手として期待されたが日本の生活に馴染めず、わずか半年で帰国。ハワイ出身。

（5）松浦一義（1910-1991 愛称ジョージ松浦）。米国ワシントン州生まれ（熊本県出身の両親の日系一世）。ベルモント高、セミプロチームを経て昭和十一年六月、ハリスと高橋吉雄の紹介で名古屋軍に入団。名古屋軍の主戦投手となり、連盟結成記念全日本野球選手権（夏季の東京大会、於戸塚球場）では、三勝をマークし名古屋軍の大会優勝に貢献。

（6）牧野潔＝既出（二四頁）。

潑剌！巨人の群像
職業野球團選手權大會開く
殺到したファン
物凄い興奮の渦
好打、快技續出して 球趣の三昧境
巨人軍失策に敗る
名古屋 9—8 巨人軍

[資料 2-5] 昭和 11 年 7 月 2 日夕刊　読売新聞(写真は「すし詰めのスタンドと大隈候の始球式」)

チームのトップを切って相見ゆるは球都中京の雄「名古屋軍」に配するに百戦錬磨の巨豪「巨人軍」と本大会のダークホース地元チームにして新進大東京軍対巨砲揃いの阪急軍の四チームである

◇…この日は朝から曇り空であったが試合開始ごろから青空ものぞいて絶好の野球日和、正午には戸塚球場の左右スタンドは満員の盛況である、午前十一時五十八分連盟総裁大隈信常候の鮮かな始球式があり、正午高らかにサイレン鳴り響いて名古屋軍対巨人軍の一戦が開始され、双方盛んに打ちまくって劈頭より痛烈な打撃戦を展開、忽ち双方の投手をノックアウトする激戦となったが、名古屋軍は遂に巨人軍の追撃を封じて堂々最初の凱歌を奏した

東京巨人軍を入れた七チームによる、連盟主催の第一弾の東京大会（戸塚球場）は無事終わり、トーナメントを制したのは名古屋軍であった（資料2—7）。一方、巨人軍の戦績はつぎのとおり。開催初日の七月一日、名古屋軍と対戦して、先に示したように9—8で敗北（負け投手は沢村栄治）、つづいて、敗者復活戦で大東京軍と対戦、10—1で勝利（勝ち投手は畑福俊英）、その後、名古屋金鯱と対戦し4—2で敗戦（負け投手は前川八郎）。結局、一勝二敗で終わった。

全日本野球選手權東京大會

【第一日】

名軍好打を浴せ

9—8 巨人軍に快勝

天晴れ初陣の松浦投手

名軍9—8巨人

名古屋軍の新盛力けふ初陣の松浦投手

［資料2-6］昭和11年7月2日 新愛知新聞（鶴舞中央図書館所蔵）

大会の決勝戦は、名古屋軍と東京セネタースで争われた。名古屋軍の先発投手は松浦一義、対する東京セネタースの先発投手は野口明[1]。緊迫した投手戦となった。

（1）野口明＝既出（三四—三五頁）。

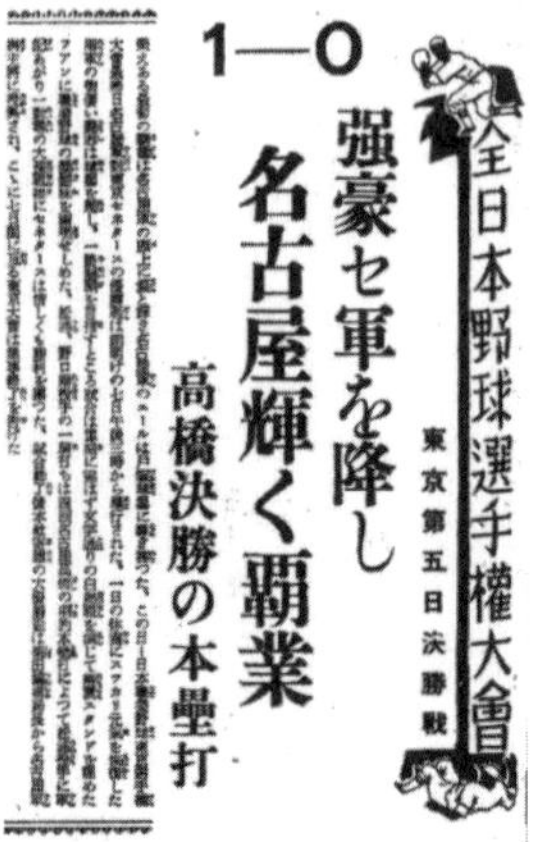

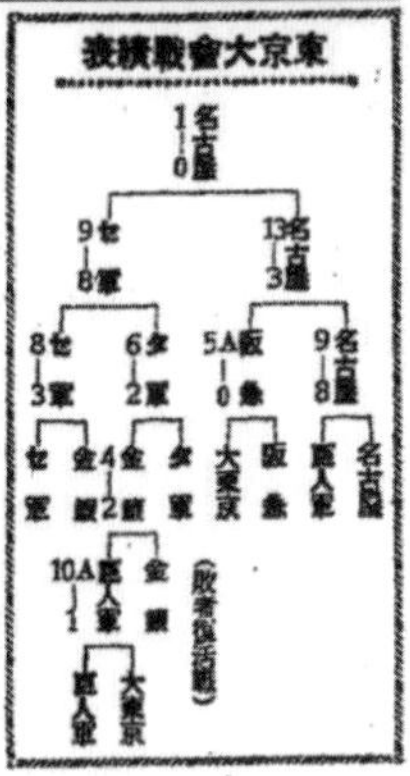

［資料2-7］昭和11年7月8日 読売新聞

記事（資料2―7）内容を引いてみる。「…松浦、野口の両投手の一騎打ちは四回名古屋高橋の劇的本塁打によって松浦投手に軍配あがり、一対零の大接戦裡にセネタースは惜しくも勝利を逃した、試合終了後本社寄贈の大優勝盃は柴田編集局長から名古屋軍桝主将[1]に授与され、ここに七日間に亙る東京大会は無事終了を告げた」。記事中の、劇的本塁打を放った「名古屋高橋」とは、サム高橋こと高橋吉雄遊撃手[2]である（資料2―7の円内顔写真）。高橋選手は、バッキー・ハリス捕手、ハーバート・ノース投手とともに、名古屋軍結成後まもなく入団[3]した助っ人米国人選手のひとりである。

両軍の先発メンバーを紹介する。まずは巨人軍から（総監督は早大OB浅沼誉夫[4]、監督は早大OB藤本定義）。前川八郎投手は、この日、二番セカンドで先発出場している。

【東京巨人軍】1林（中）2前川（二）3中島（右）4永沢（一）5伊藤（左）6筒井（遊）7中山（捕）8白石（三）9沢村（投）

1林清一（1915-1990）。享栄商、立命館大を経て巨人軍へ（実働七年）。引退後は読売新聞事業部に入り昭和四十五年巨人軍のフロント入り。愛知県出身。

2前川八郎＝既出（七一頁の注）。

3中島治康《はるやす》（1909-1987）。松本商、早大、藤倉電線を経て巨人軍へ（実働十四年）。三冠王第一号（昭和十三年秋）。巨人軍の監督も務めた（殿堂入り、一九六三年）。長野県出身。

4永沢富士雄（1904-1985）。函館商、函館太平洋倶楽部を経て巨人軍へ（実働八年）。昭和十三年八月、函館遠征での足の負傷により、同年入団の川上哲治が交代し以後定着。北海道出身。

5伊藤健太郎＝既出（七一頁の注）。

（1）桝嘉一《ますかいち》（1908-1981）。同志社中、同志社高商、明大（昭和六年日米野球に出場）を経て安田火災保険へ。同志社中五年のときテニスから野球に転向。昭和十一年五月名古屋軍に入団（五月二日から出場のため四月二十九日の初戦の先発メンバーに彼の名はない）。翌十二年から監督を兼任（実働八年）。戦後日本鋼管監督。京都府出身。

（2）高橋吉雄＝既出（一二三頁）。

（3）名古屋軍の創立は昭和十一年一月十五日。高橋選手、ハリス捕手、ノース投手は同年三月に来日。「三銃士」と呼ばれていた（新愛知新聞）。

（4）総監督とは名ばかりで、浅沼は実質的には退団している（昭和十一年五月一日時点で）。一方、同年、二月六日株式会社大日本東京野球倶楽部取締役に就任。『東京読売巨人軍５０年史』（一七四頁）など参照。

6筒井修（1917-1990）。松山商を経て巨人軍へ（実働三年）。昭和十七年、ビルマ戦線で左手指を負傷後審判員に転じる。審判初の三千試合出場を記録（殿堂入り、一九九一年）。愛媛県出身。

7中山武（1916-1975）。享栄商を経て巨人軍へ（実働三年）。愛知県出身。

8白石勝巳《かつみ》（1918-2000）。広陵中を経て巨人軍へ（実働十八年）。茂林寺の特訓で、逆シングルの捕球スタイルを完成。戦後、広島の監督を長く（十一年）務めた（殿堂入り、一九八五年）。広島県出身。

9沢村栄治＝既出（九五頁の注）。


東京巨人軍の先発メンバーの出身地は、関東、中部、西日本と多岐にわたっている。しかし、他の六球団については先にみたように、(1)基本的に球団の所在地の近隣地域からの選手で構成されている（大東京軍の場合はのぞく）。また、巨人軍先発メンバーのうち大学野球経験者は三名（早大、國學院大、立命館大が各一名）。他の六球団の春の大会での初戦先発メンバーには皆無であった早大出身者（中島治康選手）がようやく登場した。実働平均年数は7・4年、これはタイガース（8・7年）についで長い。なお野球殿堂入りは二名（中島治康、沢村栄治）を輩出している。戦没者は二名（伊藤健太郎、沢村栄治）を数える。

つづいて巨人軍と対戦した名古屋軍の先発メンバーを示す。

【名古屋軍】1桝（中）2野村（二）3ハリス（捕）4高橋（遊）5前田（左）6後藤（一）7岩田（三）8ノース（投）9中根（右）

名古屋軍の個々の選手情報（桝選手、野村選手、ハリス選手、高橋選手、前田選手、岩田選手、ノース投手）は既出のため、(2) つぎにあげる二選手のみ記す（冒頭の数字は打順）。二人とも大学野球経験者である。

6後藤正（1912-1937）。第一神港商、慶大、立命館大を経て名古屋軍へ（実働一年）。初年度シーズン終了後に退団し応召。翌十二年七月二十八日、満州南苑方面の戦闘で戦没(3)。兵庫県出身。

9中根之《すすむ》（1910-不詳）。第一神港商、明大を経て名古屋軍へ（実働三年）。初年度（昭和十一年）秋のシーズンで首位打者（三割七分六厘）。戦後審判を務める。兵庫県出身。

（1）四月二十九日に開催された、初の日本職業野球連盟主催試合における出場チームの先発メンバー情報を参照（二一〜三七頁）。

（2）二三〜二四頁、および九九頁（注）を参照。

（3）日本職業野球連盟発足（昭和十一年二月）以降でいえば、現役選手初の戦死者は名古屋軍の前田喜代士選手（既出二三〜二四頁）である。後藤正選手は退団した選手の初の戦死者である。なお、日本の職業《プロ》野球界初の戦死者は、昭和三年（一九二八）五月二十日に済南事件で戦死した、丸山守次郎投手（宝塚運動協会）であることも付言しておきたい。

職業野球《プロ》の印象（スピーディー）

職業野球のプレーの特徴として、しばしば言及される表現「スピーディー」があげられる。それは、具体的に、どのようなことを指していることなのだろうか。資料2―8の記事をみてみよう。六大学などの学生野球とのちがいが興味深い。

記事（資料2―8）内容の一部を以下示す。

職業野球の印象　太田四州

天晴れなスピイディ

粒揃ひの投手陣

守備陣の洗錬

[資料2-8]昭和11年7月9日　国民新聞（国立国会図書館所蔵）

前後五日間に亘る九試合を通覧して、職業野球から受けた第一印象は「スピィディ」であった。大東京対阪急の一時間二十五分を筆頭に、大東京対巨人軍が一時間半、巨人軍対金鯱が一時間半、優勝戦の名古屋対セネタースも一時間半、他は名古屋対巨人軍とセネタース対金鯱が一時間四十五分、二時間を要したものは名古屋対阪急とセネタース対タイガースの共に得点二十点近い二試合があったに過ぎない。否な単に試合に要した時間許《ばか》りではなかった。試合の進行を敏活ならしむるに足る動作にも、プレーにも、頭脳にも、キビキビとした「速さ」があった。勿論《もちろん》球にも、バットにも、脚にもである。

本場の亜米利加《アメリカ》野球が来朝した時、真先に感じたことは此の「スピィディ」であった。打つことも、捕ることも、投げることも巧いには相違ないが、さて、どれほど巧いかと云う標準は此の「スピィディ」の差だと思った。野球許りではない、テニスにしても、フットボールにしても、バスケットにしても、其他何れのスポーツにしても、多くの場合スピードの程度が大体に階級を示すものである。小学野球よりは中学野球がスピィディであり、中学野球よりは大学野球がスピィディである。……〈後略〉

時代の情景(5) 凄い景気だ! 嫁が欲しくば工学士にお成り

昭和初期の不況のころ、多くの学生は就職難にあえいでいた。しかし、満州事変を契機として戦時体制が構築されていくなか、軍需産業は好景気の真っ只中にあった。若者の就職状況は好転し、とくに、理工系の学生は引っぱり凧の状態にあった。資料2—9に示す記事はその模様を語っている。

記事（資料2―9）内容の一部を以下記す。

去年以上といわれる〝軍需インフレ景気〟今年の物凄さは早くも来春卒業する工科学生の争奪戦となって現われ各重工業会社や軍需工業会社は先を争って各大学工学部や工業大学へ採用申込みをやっており〝エンジニアの卵〟に売約済みのレッテルを貼るべき懸命だ「いや実に驚くべき景気です…」と大学当局も呆れている始末で卒業即失業を長嘆する他科未完成学士さまにくらべるとまさしく工科黄金時代――ちょっとその〝黄金譜〟に耳を傾けて見よう

まずこの〝工学士の先物買〟に現われた数字は申込みがざっと卒業生の三、四倍、サラリーは初任給平均七十五円から八十五円、うまくゆくとサラリーマン待望の〝三桁〟――百円――を出して卒業証書を握らないうちに就職先が決ってしまうというのだから〝娘やるなら工学士様に…〟という時代になって来た、……〈後略〉

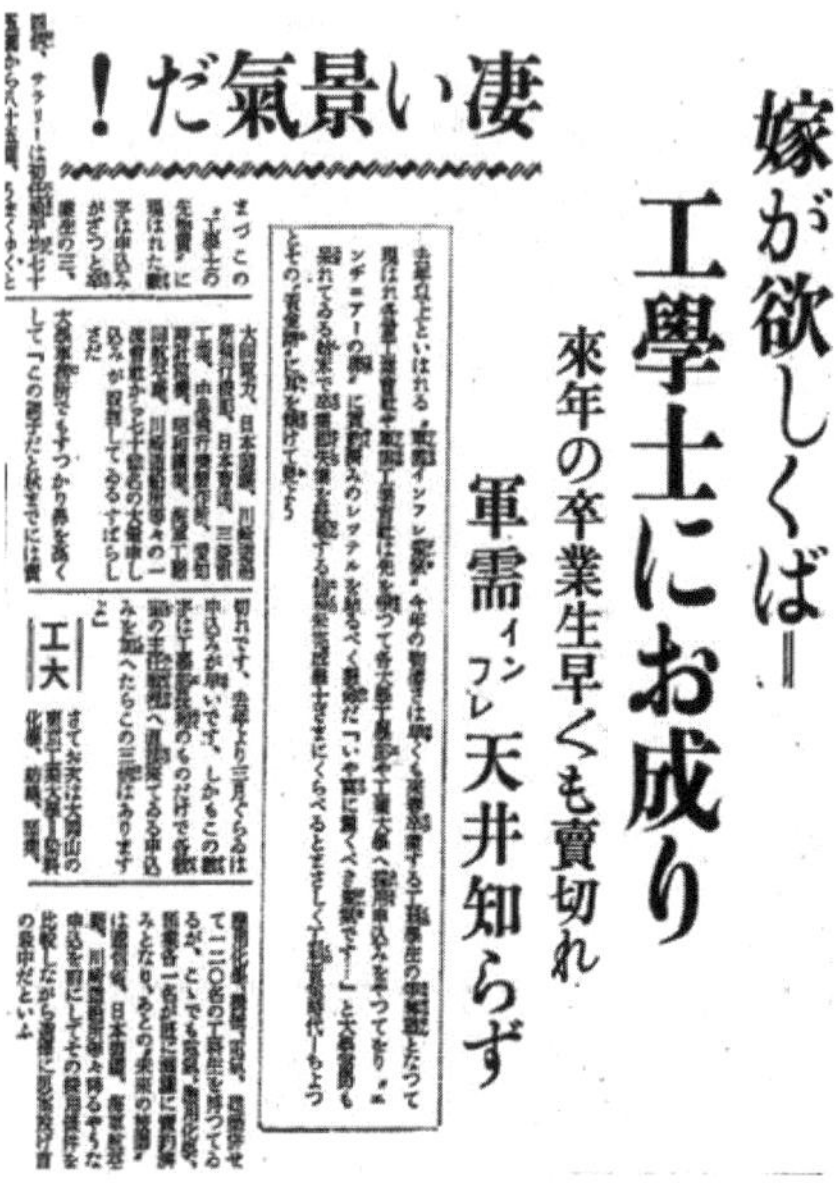
嫁が欲しくば＝
工學士にお成り
來年の卒業生早くも賣切れ
軍需インフレ天井知らず
凄い景氣だ！

［資料 2-9］昭和 11 年 7 月 8 日　読売新聞

季節の風景(4)今年の夏は暑い 1

昭和十一年の一月から二月にかけて日本列島は寒波に見舞われ、大都市も大雪を記録した。その一方で、その年の夏は大変暑かったようだ。その猛暑ぶりを新聞報道からひろってみたい。資料2―10の記事（国民新聞七月五日付）の写真（「晴れ間の銀座」）のひとびとの服装が興味をひく。女性は着物姿、男性はスーツ（あるいはジャケット）姿、陽射し除けには、女性は日傘を差して、男性は帽子――今夏流行りのカンカン帽（資料1―11参照）であろう――をかぶっている。現在では男性の着帽は少なくなってきているが、当時は、外出の際には帽子を身につけている[1]（学生についても現代では無帽が多いが、戦前期の大学生は学生帽を着用していた）。

[資料 2-10] 昭和 11 年 7 月 5 日　国民新聞（国立国会図書館所蔵）

（1）明治・大正・昭和にかけて、男性は着帽の習慣があった。それは、実用性のみならず、身分・教養の有無を示すものでもあったようだ。漱石の短編のくだりを引いてみる。「…と話しかけた男もある。この男は尻を端折って、帽子を被らずにいた。余程無教育な男と見える。」（『夢十夜』第六夜。初出は明治四十一年七月～八月、東京朝日新聞・大阪朝日新聞）。

紹介した記事は、まだ七月初旬である。これからが夏本番だ。

連盟結成記念大会2・大阪大会（甲子園球場）

野球の話にもどろう。連盟結成記念大会は七月一日から一週間、早大戸塚球場で行われ無事終了した。こんどは、会場を関西に移して二回目のトーナメント大会（大阪大会）を開催することになった（資料2―11）。名古屋軍は、東京大会での優勝のためシード権が与えられている。場所は、大阪タイガースの本拠地の甲子園球場である。ふたたび、関西地区のライバル球団どうしの対戦が熱くなりそうだ。甲子園ではタイガースと阪急軍

全日本野球・けふ大阪大會開く
東京大會總評と大阪大會豫想
凡ての點で成功
名古屋の優勝は〝實力〟
依然名古屋、タ軍、セ軍の争覇
市岡忠男

[資料2-11] 昭和11年7月9日　読売新聞

全日本野球選手權大阪大會
けふ愈よ準決勝
セ軍對金鯱　名古屋對阪急
8―1
阪急軍の猛打
陣容を變更し守備陣も強化す
巨人軍投手に誤算
タ軍用兵を誤る
セ軍野口會心の好投
凄いスピード

[資料 2-12] 昭和 11 年 7 月 12 日　新愛知新聞（鶴舞中央図書館所蔵）

またも山下、九回に
2-1
'覇握'の本塁打!
息詰る投手戦
阪急、セ軍を制す
全日本野球大阪大會決勝

セネタース	000	001	000	1
阪急	001	000	001	2

2-1

[資料2-13] 昭和11年7月14日 読売新聞

との直接対決はなかったが、それぞれの戦いぶりは地元のファンや親会社によって注目されることになった。阪急軍は打線好調、東京巨人軍は米国遠征からの帰国後、調子がなかなか出ない(資料2—12)。

資料2—13の記事は、大阪大会の決勝——阪急軍対東京セネタース——の模様が示されている。前評判は、セネタースが、苅田久徳と中村信一の鉄壁の二遊間コンビに代表される「守備のセネタース」とうたわれたのに対して、阪急軍は、宮武三郎と「和製ベーブ」の異名をとった山下実が看板打者として鳴らす「攻撃の阪急」と、勇ましかった。[1] 両軍の先発投手は、セネタースが野口明、阪急は北井正雄[2]であった。両投手は好投したが息づまる投手戦を制したのは阪急、2—1でセネタースを下した。決勝のホームランを放ったのは山下実だった。

(1)「守備のセネタース」の二遊間コンビ(苅田・中村)は法政大出身、他方、「攻撃の阪急」の看板打者(宮武・山下)は慶大出身といったように、その布陣に大学カラーが色濃く出ていた。当時、絶対的な人気とステータスを誇った東京六大学野球の威光を後発の職業野球が取り込もうとしていた工夫をみることができる。

(2)北井正雄(1913-1937)。大社中学卒業後、米子鉄道管理局を経て関西大学でプレー。関西大学の黄金時代を築く。卒業後、村上實(1906-1999 殿堂入り、一九九五)による熱心な勧誘を受けて阪急に入団(エースとして活躍)。「東の沢村、西の北井」と称されたが、昭和十二年八月、腸チフスにより急逝(二十四歳)。実働二年。島根県出身。

季節の風景（5）お盆の娯楽案内（映画・観劇）

夏休みには、海へ、山へとアウトドアの楽しみがある。一方、屋内での娯楽として映画や観劇などがある。とくに、盆と正月の時期には封切り映画が続々と出て、多くの客が映画館に足をはこんだ。七月も中旬になり、あと一ヶ月先にはお盆休みが来る。映画・観劇の宣伝が大きく載せられている紙面（資料2―14）を示す。当時の大衆娯楽の施設として映画館などの存在が大きかった。

［資料2-14］昭和11年7月13日　国民新聞（国立国会図書館所蔵）

戦時体制への道（3）僧兵行進・屋上の巴御前

季節はすすみ七月半ば、暑気に入り梅雨のあけるころ、二十四節気でいえば小暑が過ぎた時季だ。世相を表すひとコマの写真記事を紹介しよう。資料2―15は、【新カメラ問答⑤】「僧兵行進」「西日本問」、対して資料2―16は、【新カメラ問答⑥】「屋上の巴御前」「東日本荅」[1]（いずれも東京朝日新聞）。非戦闘員の武装化が着々と構築されようとしている。

記事（資料2―15）内容を示す（傍点原文）。

【新カメラ問答⑤】「僧兵行進」「西日本問」

突如法域のシジマを破る突撃の声、銃剣のひゞき、はてな、おそる〳〵杉木立の間からのぞいて見ればこれはしたり法衣の袖を肘より高く捲しあげ、墨染のスカートに巻きゲートル[2]、ふみしめる軍靴の、一歩みだれぬ闊歩ぶり、これぞ曹洞宗大本山越前永平寺がひそかに誇る青年学校若い雲水[3]諸君の軍事教練だ、都大路に横ぐるまをおしたそのかみの山法師[4]とは似ても似つかぬ規律のみごとさ、東日本どうぢゃどうぢゃ、喝

つづいて記事（資料2―16）内容を示す（傍点中西）。

【新カメラ問答⑥】「屋上の巴御前」「東日本荅」

（1）「荅」は「答」の意。
（2）ズボンの裾を押さえて、足首から膝まで覆うもの（小幅の布を巻きつけるもの）。多く軍服用。
（3）永平寺の修行僧の呼称。
（4）比叡山延暦寺の僧徒。とくに、院政期の僧兵。

［資料2-15］昭和11年7月15日
東京朝日新聞（鶴舞中央図書館所蔵）

［資料2-16］昭和11年7月16日
東京朝日新聞（鶴舞中央図書館所蔵）

「エイッ！」「トッ！」梅雨上りの青空からキラ〳〵太陽が照りつけている、城郭の様な五層楼の屋上で若い女群が勢凄く薙刀を振り廻している、戒厳司令部のある九段下軍人会館(1)の屋上だ、こゝの宿泊部のサービス・ガール達が日焦けもものかは、腕もあらわに、「エイッ！」といや勇ましい立ち振舞い、脛払い、横面とその切先き鋭くまさに近代的な巴御前(2)の群である、年中寒かろうが暑かろうが毎週一、二回必ずやっている、「そこが心身の鍛錬です…何しろ非常時ですから女と雖《いえど》も…」と来た、その意気当るべからずだ、お蔭で会館に泊った人達はどんな朝寝坊でもこの気合に午前七時には起されてしまう、これがうら若い嫁入り前の女性、西の方！勇ましい婿はんはおまへんか？

時代の情景（6）オリンピック応援団一行けさベルリンへ旅立ち

ヒトラー政権下における、第十一回夏季オリンピックがベルリンで開催（八月一日〜十六日）されるまであと二週間とせまっていた。オリンピック応援団の一行がベルリンにむけて出発することを伝える記事がみられる（資料2―17）。当時の、国境を越えるひとびとの旅立ちのエネルギーは凄まじいものがある。

選手の様に興奮！

オリムピック應援團の一行

けさ·伯林へ旅立ち

［資料2-17］昭和11年7月16日 国民新聞（国立国会図書館所蔵）（写真　東京駅頭の賑い）

（1）軍人会館は、昭和九年帝国在郷軍人会によって建設。洋風の建物に瓦屋根を乗せた「帝冠様式」が特徴で、屋上には靖國神社を分神した神社も設けられた。二・二六事件で戒厳司令部が置かれ、戦後は連合国軍総司令部（ＧＨＱ）に接収。昭和二十八年に日本遺族会が運営する「九段会館」となった。平成二十三年（二〇一一）の東日本大震災で天井が崩落、二名の死者を出して閉館となったが、城郭風の建築様式を一部残した複合ビルとして生まれ変わることになった（二〇二二年完成予定）。

（2）源義仲の側室。武勇をもって知られ、常に義仲に従ってしばしば戦功をたてた。

連盟結成記念大会3・名古屋大会（山本球場）

連盟結成記念大会は、さらに場所を名古屋に移し名古屋大会として、七月十五日から十九日までの日程で山本球場[1]にて行われることになっていた（資料2—18、2—19）。現在、山本球場の痕跡らしきものはないが、名古屋市昭和区八事地区の高級マンション敷地内に建てられたモミュメントが往時の面影を想起させている（資料2—20）。

全日本野球・名古屋大會けふ開幕
巨砲凄烈の炸裂
強し"打力阪急"
連續優勝を記錄か
市岡忠男
大阪の總評と名古屋の豫想

[資料2-18] 昭和11年7月15日 読売新聞

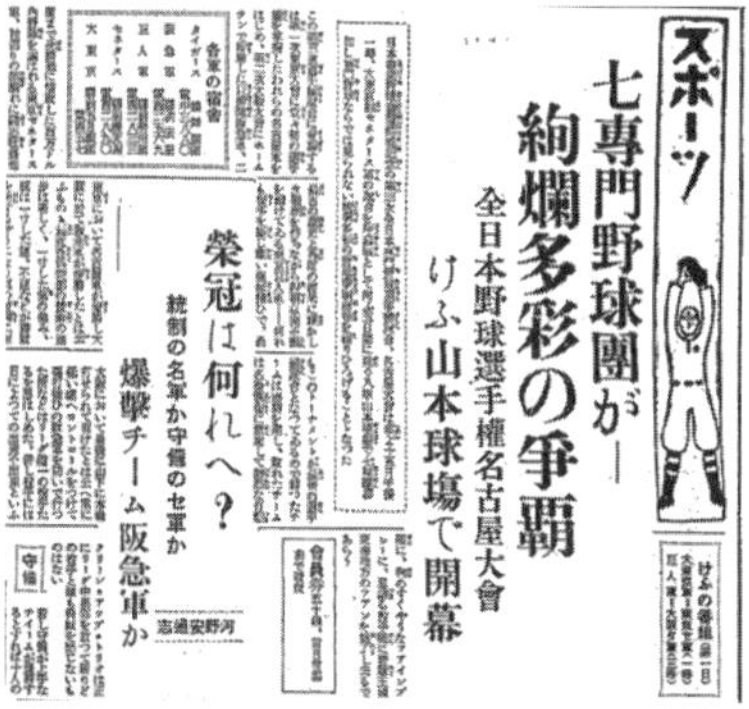
スポーツ

七専門野球團が―

絢爛多彩の争覇

全日本野球選手権名古屋大會

けふ山本球場で開幕

榮冠は何れへ？

統制の名軍か守備のセ軍か

爆撃チーム阪急軍か

［資料 2-19］昭和 11 年 7 月 15 日 新愛知新聞（鶴舞中央図書館所蔵）

［資料 2-20］山本球場跡地・現在は名古屋市昭和区のマンション敷地（筆者撮影）

巨人軍対タイガース、初の公式戦

名古屋の山本球場は忘却されつつある球場である。しかしながら、わが国の野球界にとって記念すべきスポットでもある。ひとつは「センバツ」発祥の地として野球史に刻まれている。第一回選

（1）第一回選抜中等学校野球大会（現選抜高等学校野球大会）は、大正十三年四月、山本球場で開催された。同球場は、昭和二十二年から国鉄八事球場の名に変わり、昭和六十二年に閉場となった。

全日本野球選手権　名古屋大会第一日

共に差一點の激闘

延長十一回セ軍、大東京に辛勝

巨人軍はタ軍に惜敗

大東京	010 040 000 00	
セネタース	001 022 000 01	6―5

巨人軍	002 220 100	
タイガース	000 300 221	8―7

[資料2-21] 昭和11年7月16日 読売新聞

抜中等学校野球大会が当球場で開催された。もうひとつは、職業《プロ》野球界にとって重要な場所でもある。七月十六日付読売新聞記事（資料２―２１）は、前日の試合模様を記している（大東京対セネタース戦、巨人軍対タイガース戦）。見出しに「巨人軍はタ軍に惜敗」と載っているのがみえる。この試合こそが、巨人軍対タイガースとの、公式戦における最初の対戦なのである。結果は乱打戦で、タイガースが巨人軍を８―７で下した――投手リレーは、タイガースが若林―藤村、巨人軍が前川―青柴であった[1]。

東京巨人軍の職業《プロ》野球界デビュー時の成績はふるわなかった。名古屋大会をもって、連盟結成記念大会は終了することになったが、巨人軍の戦績は、２勝５敗であった――巨人軍の二勝は、いずれも対大東京軍戦（戦力不足の大東京軍は０勝５敗でダントツの最下位）。いかに、当時の巨人軍のチーム状態がかんばしくなかったかがわかる。

タイガース対阪急軍の熱い戦い

連盟結成記念大会を締めくくる名古屋大会の優勝チームは大阪タイガースであった。それも、宿敵阪急軍を倒しての優勝であった（資料２—２２）。

タイガースにとって残念だったことは、その晴れの優勝の場面が、本拠地からはなれた名古屋の山本球場での出来事であったことだ。かりに舞台が、関西の甲子園球場、あるいは宝塚球場であったならば、タイガースの勇姿を目の当たりにした阪神電鉄関係者やファンは大いに溜飲を下げたことだろう。皮肉なことに、名古屋でのタイガースの（阪急軍への）勝利はこれで二度目だ(2)。関西から

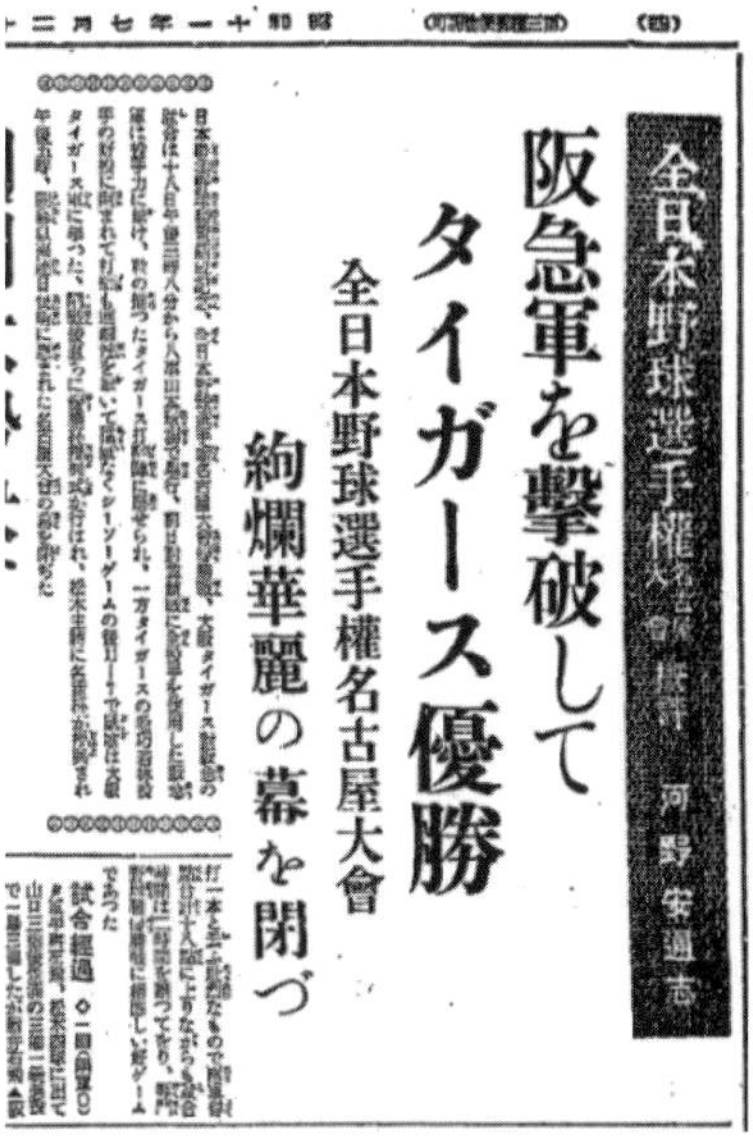
全日本野球選手權名古屋大會展評　河野安通志

阪急軍を擊破して
タイガース優勝
全日本野球選手權名古屋大會
絢爛華麗の幕を閉づ

［資料2-22］昭和11年7月20日 新愛知新聞（鶴舞中央図書館所蔵）

（1）青柴憲一（1912-1945）。立命館大時代、日本最速の投手とうたわれていた（京都商業の沢村栄治が目標とした投手）。第二回日米野球（昭和九年）に全日本選抜チームの投手として登板。巨人軍在籍は昭和十三年春季まで（実働三年）。十三年秋応召。終戦後ほどなくして戦地（平壌第一陸軍病院）で病死。京都府出身。

（2）最初は、春季名古屋大会での試合（五月十七日・鳴海球場）において、タイガースが阪急軍を3A—2のスコアで下している（資料1—14参照）。

はなれた名古屋の試合では、ライバル阪急を撃破している。しかし、どういっためぐりあわせなのか、地元関西における試合では阪急軍が勝負運にめぐまれ[1]、反対に、タイガースは勝利の女神から見放されてしまう。このちぐはぐさが、大阪タイガース初代監督、森茂雄氏の更迭へと発展していく。結成記念大会の名古屋でのタイガースの優勝は七月十九日の出来事、それより六日まえの七月十三日、阪神電鉄本社は監督人事をすでに開始していた。この監督交代の事情について球団史はつぎのように述べている[2]。

……〈中略〉チーム結成以来の星勘定からいけば、それほど極端に悪いわけではなかったが、本拠地の甲子園や地元の宝塚では意外に脆い敗退を繰り返したことが、森監督の寿命を縮める結果になった。本社側は十三日［七月十三日］球団専務・富樫[3]を呼び出して、総監督として石本秀一[4]を招聘するよう指示した。

チームは十五日から八事山本球場で行われる名古屋大会に参加するため出発したが、球団常務の田中[5]は十三日夜ひそかに大阪をたって広島に向かい、山金旅館に石本を招いて監督就任を要請、十四日契約を結んだ。二年契約で年棒三千円、ほかに支度金五百円という条件だったが、石本は金銭問題には淡白で「好きな野球に情熱をそそげるのは幸せだ」と二つ返事で承知した。ところが皮肉なことに名古屋大会でタイガースが優勝した。それも巨人を8—7で破り、苦手のセネタースを9—7で降し、阪急と優勝争って11—7の勝利を収めたのである。……

〈後略〉

ところで、大阪タイガース初代監督の森茂雄氏（松山商・早大出身）の人となりについての記述をみてみよう。(6)

昭和十一年、春のシーズン［「春」が使われるが七月の結成記念大会を指す］が終わったあと、タイガースは秋季に備え明石でキャンプを張った。

「甲子園で中等野球の大会を見てからゆく。みんな先に行ってくれ」これがタイガースナイ

（1）春季の大会（五月二十四日・宝塚球場）において、阪急軍はタイガースを10―2の大差で下していた（資料1―16参照）。

（2）『阪神タイガース　昭和のあゆみ』（二〇頁）。

（3）富樫《とがし》興一（1890-1964）。米沢興譲館を経て慶大へ。卒業後関西のノンプロで活躍。阪神電鉄入社後、初代甲子園球場長。昭和十年大阪野球倶楽部専務取締役・球団代表に就任。球団創設時は関大OBの田中義一ら実務担当と阪神電鉄役員とのあいだに入って社内のまとめ役に徹した。また球団と連盟（巨人軍の市岡忠男氏）との重要なパイプ役を担った。山形県出身。

（4）石本秀一（1897-1982）。広島商業を経て関西学院高等部へ進む。大連実業団でプレーしたあと、大正十二年、母校広島商監督に。真剣の刃渡りなど独特の指導で鶴岡一人などを育て、三度夏の甲子園を制覇。森茂雄監督のあとをうけ、昭和十一年八月より大阪タイガースの監督に就任。十二年、十三年と連覇しタイガースを人気チームにした。十四年に辞任したが、以後も戦争をはさんで二十八年まで数球団を指揮。二十五年からの広島の監督時代は資金難に苦しみ、〝樽募金〟などで球団の存続のために奔走（殿堂入り、一九七二年）。広島県出身。

（5）田中義一《よしかず》（1904-1961）。天王寺商業を経て関西大へ。清宝自動車（専務）を経て大阪野球倶楽部常務取締役に就任。球団二代目代表。関大後輩の中川政人をよきパートナーとし、新職業団大阪タイガースを強力なチーム編成に仕立てた。大阪府出身。

（6）前掲書（六頁）。

ンに、森が呼びかけた最後の言葉になった、明石でのキャンプ中、森の後任に石本秀一が現れたのをみて、ナインは唖然とした。

松山の土地はむろんのこと、早稲田大ＯＢで結成されている稲門倶楽部もこの交代劇に一部で反論の声もあった。裏をかえせば、森の人徳であろう。

当時を知る松山の野球通は次のように語っている。

「人間が真正直すぎて、プロ野球には向かない人だ」

あるいはそうかも知れない。昭和十年の夏、母校松山商の監督で全国制覇、戦後は母校早稲田大で十一年間、監督として指揮をとり、この間リーグ優勝は9度。学生球界で輝かしい成果を残した。さらにプロ球界復帰後の功績が評価されて、野球殿堂入りをした。

タイガースの主砲景浦将は、入団に際して世話になった母校松山商の先輩森監督の更迭に大きな衝撃をうけた。「恩人森監督に義理を立てたのか、景浦はゲーム中、守備範囲内に飛んできた打球を平然と見送る。山口や藤井があわてて打球を追いかけることがしばしば。(1)」というエピソードがあるくらいだ。

日本職業野球連盟結成記念大会は七月十九日をもって終了した。終了はしたが無事終了とはいかなかった。名古屋大会の試合中にアクシデントがあった、それも最悪の結果に…。それは七月十八日の大阪タイガース対東京セネタース戦(2)での出来事（山本球場）。セネタースの七番レフトの佐藤喜久雄選手が試合中に日射病で倒れて、十一日後に帰らぬ人になってしまったのだ（享年十八歳）。その年の夏がいかに暑かったのかを象徴している。[3]

参考までに、七月十八日前後の名古屋の日中の気温を記す（データは名古屋地方気象台からの聞き取りの数値）。

七月十七日（金）　午後一時（32・7℃）　午後二時（32・6℃）　午後三時（32・5℃）
七月十八日（土）　午後一時（35・9℃）　午後二時（36・5℃）　午後三時（36・7℃）
七月十九日（日）　午後一時（34・7℃）　午後二時（35・1℃）　午後三時（35・0℃）

なお、名古屋地方気象台HPの過去の記録によれば、七月十八日の名古屋の最高気温は37・0℃、七月、八月の二ヶ月間で最高値である。つまり、その夏のもっとも暑い日であったといえる。問題の試合の時間帯（十八日午後一時から二時半）の気温は三十六℃近辺であった。

（1）前掲書（一二二頁）。
（2）試合開始は午後一時（試合終了は二時三十三分）。
（3）対戦した大阪タイガースの主将の松木謙治郎は後年、その試合の暑さぶりをつぎのように述べている。「…私の長い野球生活の中で、この大会ほど暑かったことはなかった。しかも球場は狭いうえ地質も悪く、不規則バウンドが多かった…〈後略〉」（『タイガースの生いたち』九八頁）。この特別の暑さは山本球場が名古屋の八事という盆地につくられていたことも一因としてあげられる。

連盟結成記念大会の三大会（東京・大阪・名古屋）の入場者数を示す[1]。なお、「巨」は東京巨人軍、「タ」は大阪タイガース、「名」は名古屋軍、「阪」は阪急軍、「セ」は東京セネタース、「大」は大東京軍、「金」は名古屋金鯱軍を指す。名古屋大会での七月十九日（大阪タイガース対阪急軍の一試合のみ）は決勝戦であり、かつ日曜日であるにもかかわらず観客はわずか九三二人だった[2]。前日の出来事（佐藤選手の日射病）の余波のゆえなのか、それにしても、興行面でみると初年度の職業野球を象徴しているようだ。

▽東京大会（戸塚球場）

七月 一日（水）	名―巨	阪―大	七、〇二八
三日（金）	タ―金	巨―大	三、六五六
四日（土）	金―巨	セ―金	七、一五一
五日（日）	名―阪	セ―タ	一一、〇一五
七日（火）	名―セ（決勝戦）		四、〇八五

（計　三二、九三五人）　【一日平均　六、五八七人】

▽大阪大会（甲子園球場）

七月十一日(土)　セ—タ　金—大　五、九七〇
阪—巨　八、五五九
十二日(日)　阪—名　セ—金
十三日(月)　阪—セ(決勝戦)　三、五九六
(計　一八、一二五人)　【一日平均　六、〇四一人】

▽名古屋大会(山本球場)
七月十五日(水)　セ—大　タ—巨　二、一一七
十六日(木)　金—名　巨—大　一、六三三
十七日(金)　名—巨　阪—名　一、一八七
十八日(土)　タ—セ　阪—金　三、〇五一
十九日(日)　タ—阪(決勝戦)　九三一
(計　八、九二〇人)　【一日平均　一、七八四人】

(1) 入場者数は、『東京読売巨人軍50年史』(一八八—八九頁)より抽出。
(2) 最終日のみ一試合だったことも影響したのか。その他、十七日の対戦組み合わせは、ダブルヘッダーで地元の名古屋軍が出場しているにもかかわらず、平日の金曜日のためなのか観客は一、一八七人しか集まらなかった。仮に、開催球場が鳴海球場であったらどのくらいの観衆が集まったのだろうか。また、なぜ山本球場を使用したのか。調べることがまだのこっている。

時代の情景（7）帝都の戒厳令遂に解かれる

國民新聞
夕刊
帝都戒嚴令遂に解かる
緊急勅令けふ公布
あすから實施に決す
帝都明朗の昔に復る
戒嚴令解除を見て
初めて葉山行幸
時局の安定を御念慮
戒嚴令解除まで
最後を飾り得て
まことに本懐
無事大任果した
岩越新司令官

[資料 2-23]昭和 11 年 7 月 18 日夕刊　国民新聞（国立国会図書館所蔵）

二・二六事件の翌朝より約五ヶ月近くものあいだ帝都では戒厳令が敷かれていた。七月十八日緊急勅令が公布され、翌日戒厳令が解除された（資料２―２３）。これを機に、自粛ムードの漂う陰鬱な雰囲気が、すこしずつ晴れていくのであろうか。

季節の風景（6）海へ山へ心は弾む　あすからは夏休み

東京の小学校では、当時、七月二十一日から夏休みがはじまっていたようだ。戦時体制へと世の中がしだいに息詰まるような空気が充満していくなか、子供たちは夏休みをひかえて胸がわくわくするような気分になっている。親たちは子供の健康のことに関心がむく。資料２―２４の記事の中味をのぞいてみよう。

婦人 家庭

山へ海へ心は弾む
あすからは夏休み

一夜漬け、宿題整理
など云ふ醜態のありませぬやう
何よりまづ健康奪還

お母様方へ贈る
夏の育児手帖

［資料2-24］ 昭和11年7月20日　国民新聞（国立国会図書館所蔵）

記事（資料２―２４）内容の一部を以下記す。

お母様方へ贈る夏の育児手帖

きょうから夏休み、海へ行こう、山へ行こう、この夏休みを利用してみっしり勉強して来る《きた》第二学期こそは優秀な成績をとろう……と想い想いの的を目あてに学校から解放された児童達をお兄さん、お母さん方はどう導かねばならないか、まず健康、次はおこたり勝ちな学習と乱れ勝ちな規律に十分注意せねばならぬ、以下その夏休の注意に就いて……〈後略〉

◇夏は子供の天下であるから成るべく自由に生活させ、まず健康の増進に主力を注いで欲しい、父母が郷里へ墓参、旅行する時には児童を同伴して海に山に田園に、大自然に親しませてやって貰《もら》いたい……〈後略〉

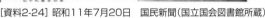

［資料 2-25］昭和 11 年 7 月 19 日　東京朝日新聞（鶴舞中央図書館所蔵）

夏の暑さがもっともきわまる「大暑」をむかえようとしていた七月十八日、隅田川での花火大会が行われた。その日は、二・二六事件勃発の翌日以降東京市に敷かれていた戒厳令の解除のための緊急勅令が公布。これまで蔓延していた自粛の風潮が一気に弾けるように夏の夜空に大輪の花が開いた。七月十九日付東京朝日新聞の写真記事（「踊る光龍の下・八十五万」、資料２―２５）の内容を示す。

十八日、両国の川開き(1)、どんとぶっぱなして一宵金(2)である、昼の暑熱は今年の最高記録（華氏九十三度九分(3)）だったが、これに比例してこの夜両国の人出警視庁の計算でざっと八十五万、去年の花火より三十五万の増加……両岸の料亭の軒に溢れた「紅灯緑酒(4)」の花火見物、それとり〴〵に花と咲く夜空の明るみに照さりたり翳《かげ》ったりする人生の明暗さま〴〵の賑わいである

巨人軍満支へ遠征・タイガースは巨人軍とともに西日本遠征

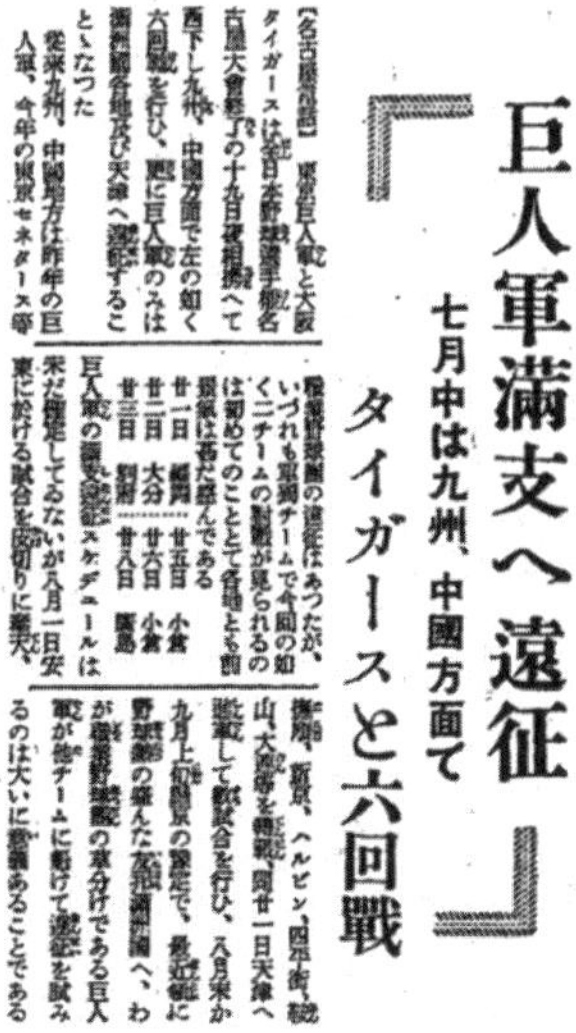

巨人軍満支へ遠征

七月中は九州、中國方面で

タイガースと六回戦

［資料 2-26］昭和 11 年 7 月 18 日 読売新聞

さて、野球にもどる。日本職業野球連盟主催の夏季の公式戦は、名古屋大会の七月十九日でもって終了した。つぎの公式戦である秋季リーグ戦は九月十八日に開幕。約二ヵ月の空白が生じる。球団のなかには、実戦練習と興行を兼ねて地方巡業を計画。それは、プロ球団同士のカードだけではなく、遠征地の実業団チームとの対戦をつうじて、職業野球団の強さとその存在を知らしめるねらいがこめられていたはずだ。

東京巨人軍は、七月二十一日よりタイガースと帯同というかたちで西日本への遠征を行った。福岡、大分、別府、小倉（二試合）、広島の各地で「巨人軍対タイガース戦」（非公式戦）を披露した。七月二十八日までの対戦結果は巨人軍の2勝4敗、依然としてふるわなかった。

（1）「両国川開きの花火」は現在の「隅田川花火大会」。令和元年（二〇一九）七月二十七日の花火大会の来場者数は95万9千人（公式サイト）。なお昭和十一年当時の東京府の人口は約636万人（『新版 日本長期統計総覧 第1巻』（一一三頁）、平成三十一年の東京都の人口は約1385万人（東京都総務局 平成三十一年一月二十九日発表）。人口比からみて記事中の85万人の人出は相当多いといえる。

（2）一宵《いっしょう》＝ひとばん（一夜、一夕）。一宵金とは、この場合、打ち上げ花火によって一夜で費やしたお金を指す。

（3）約34・4℃。この日（七月十八日）、名古屋では炎天下のタイガース対セネタース戦。佐藤選手が日射病で倒れた。

（4）紅灯緑酒《こうとうりょくしゅ》＝繁華街などの華やかな明かり。

西日本での転戦を終えたのち、七月三十日、朝鮮経由で満州へとむかい——当時、大連満鉄クラブの監督兼選手として活躍していた、中沢不二雄氏[1]のあっせんによる——八月二十二日まで、奉天、新京、ハルピン、天津などを転戦した（14勝3敗）。資料2—26は、巨人軍の遠征予定を伝える記事である。

ところで、東京巨人軍を率いていた、藤本定義監督は、遠征時のチーム内の士気低下にホトホト嫌気がさしてきた。もう辞めてやるしかないと思った……（事の詳細は藤本の自伝に記されている[2]）

> 満州遠征中も、選手の行動は少しも改まらなかった。チームを建て直す武者修行であるはずなのに、遊山気分で、夜になると酒、女、バクチにふけってる。いくら口やかましく注意しても、少しもいうことをきかない。
>
> 巨人軍は箸にも棒にもかからないチームだ。男子の生涯をかけて監督をやるチームではない、と、がまんにがまんを重ねていた私も、とうとうカンニン袋の緒を切った。
>
> 「選手が今のような状態では、とても強くできない。きょう限りでやめさせてもらいます」
>
> 四平街[3]までたどりついたとき、代表格で同行していた鈴木惣太郎氏と、浅沼氏[4]に口頭で辞任を申し出た。
>
> 「藤本君、急に何をいい出すのだ。いま君にやめられては困る」

「といっても、これ以上とてもやれません」

「まあ、そういわずに、とにかく遠征が終わるまで待ってくれ、内地へ帰ってから話し合おうじゃないか」

鈴木惣太郎氏になだめられると、途中で投げ出すということは無責任だというひけ目もあって、強行するわけにもいかず、その後も指揮をとって、とにかく満州遠征を終わった。

　東京へ帰ると、市岡忠男氏から、

「藤本君、すべて君の思う通りに任せる。短気を起こさんでくれ」

と、なだめられて辞任を思い止まった。

　こうなったら、かねての計画通り三原の復帰をうながし、猛練習によって鍛えなおす以外にないと覚悟し、(5)……〈後略〉

（1）中沢不二雄（1892-1965）。神戸中などを経て明大へ。大正二年、マニラで開かれた第一回極東オリンピック競技会に出場し（遊撃手）、優勝。卒業後、東洋造船を経て——大正十年に結成された「天勝野球団」にも所属（大正十一年）——満鉄に移り大連満鉄クラブへ（監督・選手）。戦後、初代パ・リーグ会長（殿堂入り、二〇〇二年）。滋賀県出身。

（2）『プロ野球風雪三十年の夢』（三一九—二〇頁）。

（3）現在、中華人民共和国吉林省西南部に位置する四平《しへい》市。鉄道の四線が交差し四方へ伸びる交通の要衝を占めていた地。

（4）浅沼氏は巨人軍の監督をすでに解任されていたが、その後総監督として遠征に同行していた。

（5）藤本監督は、「チームを根底から立てなおすために片腕となる人物をさがしていた。タイガースとの帯同遠征の途中、早大の後輩、杉田屋守に会ったさい『覇気のある三原修がいいのでは…』とすすめられた」（『東京読売巨人軍五〇年史』一九〇頁）。藤本監督は、巨人軍の再建を三原とタッグを組んでいこうと意をかためた。

二出川延明氏、審判員に転ずる

「俺がルールブックだ」の名言をのこした名審判、二出川延明氏。二出川は明治大学の外野手として鳴らし、二回目の日米野球戦（昭和九年）で全日本の一員として出場、大日本東京野球倶楽部（東京巨人軍）の誕生とともに入団した。第一次米国遠征（昭和十年二月十四日出帆）では巨人軍の主将[1]を務めたが、名古屋金鯱軍の岡田源三郎監督（明大出身）に請われて移籍。しかし、まもなく、故あって退団[2]。七月十六日連盟理事会で正式に審判に決定し、翌日の名古屋・山本球場での試合から審判を務めはじめた（資料2―27）。

二出川氏審判に
【名古屋電話】日本職業野球聯盟では十六日夜名古屋市富澤町小西旅館に於て緊急理事會を開催、球て留保となつてゐた二出川延明氏を專屬審判として正式決定、十七日の名古屋大會から審判に當つた【寫眞は二出川氏】

［資料 2-27］昭和 11 年 7 月 18 日 読売新聞

（1）職業野球団、大日本東京野球倶楽部結成時（昭和九年十二月二十六日）の主将は久茲次郎（殿堂入り、一九五九年）であった。久茲は家庭の事情で同倶楽部を去り、副主将の二出川選手が主将を務めることになった。

（2）二出川は名古屋金鯱軍の選手としては試合に出ていない。酒徒であった二出川は、名古屋の盛り場で事件に巻き込まれ、シーズンまえに、依願退社となった。詳細は、大和球士「プロ野球名人列伝」（『週刊ベースボール』一九六八年三月十一日号、八二―八三頁）を参照。

【コラム1】「右腕の責任とプライド」

元パ・リーグ審判員　山崎夏生

元パ・リーグ審判部長の二出川延明さんはエピソードに事欠かない傑物でした。明らかな誤審と思われる写真を突きつけられれば「写真が間違っている！」と言い切り、ド真ん中を堂々とボールとコールし「気持ちがこもっていないからボールだ！」とマウンド上の投手を喝破しました。中でも一番有名なのが「俺がルールブックだ！」でしょう。

二塁封殺の判定を巡り、三原修監督（西鉄）が抗議に飛び出した時です。当該審判が「同時だからセーフです」と言ったのに、それに納得せず控室に居た二出川氏に「ルールブックのどこにそんなことが書いてある！」と詰め寄りました。その時に発せられたのがこの言葉。実は「同時はセーフ」という記述はありません。書いては無いが、走者アウトの項に「次の塁に触れる前に、野手がその走者または塁に触球した場合」（5.09（b）・6）とありますから、同時は「前」ではないのでセーフと解釈されるのが正解。ただ当時の野球では好プレーを生かすために間一髪のプレーはアウト、という常識がまかり通っていました。広く野球界に「同時はセーフ」と知らしめたエピソードでもあります。

そんな二出川さんに生前、一度だけお会いしたことがあります。指導員だった沖克巳さん（元パ審判）が、素人同然だったルーキーの私にプロの審判員とはかくあるべし、という姿を伝えたかったのでしょう。当時は80歳をゆうに超えていたのですが、まずは鷹の目のような鋭さと背筋の伸びた姿勢、凛とした声の張りに驚かされました。小柄ながらも威圧感は十分、さすがはこの人をしてこの言葉が発せられたのかと納得したものです。こちらも正座をして薫陶を承りました。

あの日からもう40年近くが経ちます。私はいわば二出川さんの孫弟子のようなもので、今やひ孫弟子も一軍で裁くようになりました。リクエスト制度のある今、前述したような言葉を吐けば厳然たる証拠のリプレイ映像を見せられ大炎上間違いなしの時代です。それでも、二出川さんならばきっぱりと球場内にあるテレビカメラに向かってこう言うと思います。「退場！」。ちなみにプロ野球界で初の退場宣告をしたのも、この二出川さんでした。

この制度は今のところ好評のようです。何よりも球団もファンも「正確な判定」だけを求めています。審判員も正しい判定に訂正するのですから「誤審」という言葉とは無縁になりました。では、球団よし、審判よし、ファンよし、の三方よしなのか？かってアメリカの審判学校に留学した時、初日の1時間目の授業でこう言われました。「尊敬する人間になれ！人間は神様ではないから99点までしか取れない。この欠ける1点を補うのが選手からもファンからも尊敬される人間性だ」と。この言葉を信じ、この1点を取るためにこの右腕に責任とプライドを込めてきたのです。それが審判業の辛さであり苦しさでしたが、一番の喜びでもありました。この制度が今後も存続するのか否か、「最後の審判」を下すのはファンでしょう。

季節の風景（7）今年の夏は暑い2

禁札も突破して
公園に"避難"群像
圓タクも體を冷やす
熱線を泳ぐ
眠れぬ一夜

［資料 2-28］昭和 11 年 7 月 30 日
国民新聞（国立国会図書館所蔵）

今とちがって、エアコンのない時代の熱帯夜の過ごしかたは、実際のところどのようにしていたのだろうか。七月三十日付国民新聞には、その様子がえがかれている（資料2―28）。

時代の情景（8）次回オリンピック東京に決まる

ベルリン・オリンピックのつぎの第十二回大会は、昭和十五年（一九四〇）東京で開催されることが報じられた[1]。東京の戒厳令が解除された二週間後、対抗馬のヘルシンキを破り東京に決定した

（1）翌年（昭和十二年）の支那事変勃発以降、日中全面戦争へと発展。戦況が泥沼化していた十三年七月、日本政府は五輪開催の中止を決定。幻の東京オリンピックとなってしまった。代わりに次点であったヘルシンキでの開催が予定されたが、第二次世界大戦のため中止となった。

次回オリムピック大會東京に決定す

擧國的熱望酬いられ
遂に凱歌を奏す
委員總會表決の結果

國民性發揚の好機
欣然！廣田首相語る

既定計畫に基いて
具體化に着手
豪華！恒久的競技場

外人向きの宿舍に
三段構への用意

[資料2-29]昭和11年8月1日 新愛知新聞（鶴舞中央図書館所蔵）

ニュースが一面をかざった。新聞紙面は歓喜に満ち溢れていた（資料２―２９）。

四年後（昭和十五年）の東京オリンピック開催決定の報が駆けめぐり、東京の街角は真夏の太陽が照りつけるなか人びとの心はおどっていた。それをうつす写真記事（見出し「街に湧くオリムピック景気」、資料２―３０）を示す。

二重橋前の興奮

一日、夏の日に輝く東京は「オリムピック東京」決定の快報に、湧き立つ興奮のルツボである、二重橋前の広場、緑濃き下に描き出された童心風景は、手に〳〵五輪のオリムピック聖旗振りがさした小学生の一群が「健康日本(1)」の象徴！青葉隠れに静まり返った外苑競技場は、芝生の青、乾いたトラック、人影の見えないスタンド――四年後に迎える世界の情熱をこゝに潜めて炎熱の下、晴れ晴れとして顔つき、すぐ傍の神宮プールで暴れ廻る「街の選手」の水音も、飛沫のあがるたびごとにこの日ばかりは「オリムピック！

街に湧くオリムピック景氣

二重橋前の興奮

［資料2-30］昭和11年8月2日　東京朝日新聞（鶴舞中央図書館所蔵）

オリムピック！」と聞こえて来る

銀座の女の子

銀座を通ると五輪のオリムピック模様洋装の女の子が五人、軒を並べた商店の飾窓では、ガラスに描いた「オリムピック東京万歳」！気の早いデパートではもうオリムピック便箋売り出しの商略に抜け目ない、浅草のレヴューの楽屋裏を覗くと、汗を流した作者が新案オリムピック・ステップの創作に夢中となり、暑い舞台では、掛合万歳が「いよ〳〵東京オリムピック、はい！」とやっている

デパートの窓

街から街へ伝わる号外の鈴の音に点綴[2]されてデパートの屋根の下、劇場の軒、オフィスの窓に翻る五輪の旗の下に東京四年間の興奮の初まりである［写真は日劇前のオリムピック模様］

（1）この言葉は特定の言説として、ほかの場面でも使用。第四章で後述。
（2）点綴《てんてい》（「てんてつ」は慣用読み）＝点を打ったように、物がほどよく散らばること。

時代の情景（9）ベルリン・オリンピック開幕

伯林大會けふ開幕

五輪旗の下につどふ
若き世界の花、五千人
繰り展げる歴史的繪巻

堂々晴れの入場式 我選手團は二十三番目

本社機の祝賀飛行

認められたわが力
36對27、投票色分け

凄い〳〵！東京景氣

ピンと響いた兜町
諸株一齊にハネ上る
旗屋さん早くも大多忙

緊急市會の「萬歳」

四頁號外發行

［資料2-31］昭和11年8月2日夕刊　読売新聞

東京五輪の開催決定を伝えた翌日の新聞は、ベルリン・オリンピックの開幕を告げていた（資料2―31）。東京開催の決定をうけての昂揚感やベルリン大会への期待感とは対照的に、並置されているヒトラーの顔写真は、いまとなってはとても不気味なカットだ。

時代の情景(10)「前畑ガンバレ」、宿願の金メダル

國民新聞

前畑嬢、力泳また力泳
宿願の覇權遂に成就
八百米繼泳も悠々一着で
水上軍に快勝相次ぐ

輝くこの偉動
我が女性最初の覇業

終始大接戰を演じ
前畑嬢堂々一着
大會新記録を樹立す

驚異的世界新記録で
八百米リレーに優勝
わが水上制覇に第一歩

柴原遂に第四位

三者愈々決勝へ

この快勝！

天晴れ気を吐いた前畑嬢

[資料 2-32] 昭和 11 年 8 月 12 日　国民新聞（国立国会図書館所蔵）

ベルリン・オリンピックといえば「前畑ガンバレ」が思い浮かんでくる。前畑秀子選手[1]は、前回のロサンゼルス・五輪（昭和七年＝一九三二年）の２００㍍平泳ぎに出場、銀メダルを獲得した。それゆえ、こんどこそ金メダルを、と周囲の期待と本人の覚悟が交錯していた。臥薪嘗胆の末、ベルリン大会では見事金メダルを獲得した。記事の見出し「前畑嬢、力泳また力泳宿願の覇権遂に成就」（資料２―３２）は、当時の歓喜と興奮が渦巻くさまを

（1）前畑秀子（1914-1995 結婚後の姓は兵藤）。和歌山県伊都郡橋本町（現橋本市）生れ。高等小学校二年のとき汎太平洋女子五輪の百㍍平泳ぎで優勝。椙山正式《まさかず》（1879-1964）――岐阜県生まれの尾張藩士族、椙山女学園初代学園長・理事長――のあっせんにより、名古屋の椙山女学校に編入。学園からの全面的な支援をうけ才能をのばした。日本女性初の五輪金メダリスト。引退後、初の「ママさん教室」を開講するなど国民皆泳を目ざす。

今に伝えている。くわえて、「〝頑張れ頑張れ！アッ勝った！〟」の見出しの記事（資料2―33）を示す。

（資料2―33）内容の一部を以下記す。

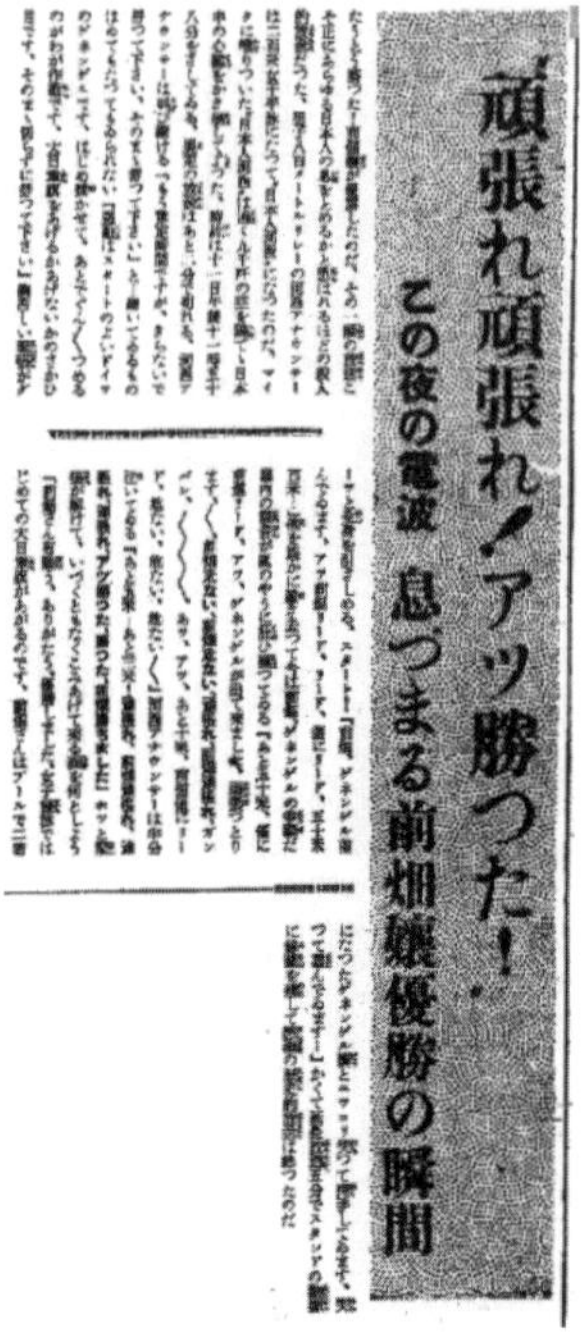
〝頑張れ頑張れ！アッ勝つた！〟

この夜の電波　息づまる前畑嬢優勝の瞬間

［資料2-33］昭和11年8月12日　読売新聞

とうとう勝った！　前畑嬢が優勝したのだ、その一瞬の放送こそ正にあらゆる日本人の息をとめるかと思われるほどの殺人的な放送だった、男子八百メートルリレーの河西アナウンサー[1]は二百米女子平泳になって〝日本人河西〟になったのだ、マイクに噛りついた〝日本人河西〟は遠く九千粁《キロメートル》の空を隔て、日本中の心臓をかき乱して了《しま》った、時計は十一日午後十一時五十八分をさしている、規定の放送はあと二分で切れる、河西アナウンサーは叫び続ける「もう予定時間ですが、きらないで待って下さい、そのまゝ待って下さい[2]」……〈中略〉……スタート！「前畑、ゲネンゲル並んでいます、アッ前畑リード、リード、僅かにリード、五十米百米…」他を遥かに置き去って今は前畑、ゲネンゲルの争覇だ、場内の騒音が嵐のように狂い廻っている「あと五十米、僅かに前畑リード、アッ、ゲネンゲルが出て来ました、頑張っとります、〱、前畑危ない、前畑危ない、頑張れ、前畑頑張れ、ガンバレ、〱〱、あッ、アッ、あと十米、前畑僅かにリード、危ない、危ない、危ない、〱」河西アナウンサーは半分泣いている「あと五米…あと三米！頑張れ、前畑頑張れ、頑張れ、頑張れ、アッ勝った、勝った、前畑勝ちました」ホッと緊張が解けて、いづくともなくこみあげて来る涙を何としよう、「前畑さん有難う、ありがとう、優勝しました、女子競泳ではじめての大日章旗があがるのです、前畑さんはプールで二着になったゲネンゲル嬢とニッコリ笑って握手しています、笑って喜んでいます…」かくて延長放送五分でスタンドの歓声に余韻を残して感激の歴史的放送は終ったのだ(3)

（1）河西三省《かさいさんせい》（1898-1970）。慶大中退後、時事新報社に入社。昭和四年、日本放送協会（現ＮＨＫ）に移る（スポーツ中継を担当）。十一年ベルリン五輪の女子二百《メートル》平泳ぎ決勝での「前畑がんばれ」のラジオ放送は有名。

（2）この呼びかけはラジオの聴取者にたいしてではなく、日本で中継を監視中の逓信省の係官や放送協会の技術者にむけてのものであった（『日本スポーツ放送史』七五頁）。

（3）前畑秀子とマルタ・ゲネンゲルの息づまる接戦は、河西三省アナウンサーの「前畑がんばれ！」の放送となって日本中を興奮させた。しかし、河西アナウンサーによるこの放送にたいして批判があったことも事実である。「あれでは〝応援放送〟で、客観的な実況放送とは言えない。出場選手の記録や前畑、ゲネンゲルに続く第三位以下の選手の順位が不明で、スポーツ中継としては〝欠陥商品〟だ。アナウンサーは、どんな場合でも冷静であるべきで、頭に血がのぼった状態ではよい放送はできない、などがその主なものである」（『日本スポーツ放送史』七七―七八頁）。また競泳関係者からは、「前畑があぶない、あぶないとの放送だったが、あぶないだけではレースがどうなっているのか分からない…」という声もあった。「こうした批判は、ある意味ではいずれも的を射ていると思う。だが、この放送をあらためて聴いてみると、河西三省のたたみかけるようなアナウンスを通して、このときのすさまじいレースの模様が眼前に浮かび、背筋がゾクゾクとするような興奮がわきあがってくるのも事実だ」（同書七八頁）。

【コラム2】「岩崎恭子さんとの出会い　唯一の金メダル放送」

元ＮＨＫアナウンサー　佐塚元章

バルセロナ五輪（一九九二年）、女子２００メートル平泳ぎ決勝のスタートのブザーが鳴った！予想通り、アメリカ代表で世界記録保持者のアニタノールさんが先行した。十四歳になったばかりの岩崎恭子さんは、前半４～５位。徐々にピッチを上げた。残り５０メートルで、ついに2位につけた。「えっ、この子はこんなに強いの？」このあたりにきて、ようやく恭子さんの可能性が本物だと感じたのである。残り３０メートルとなると、「岩崎ガンバレ　ガンバレ」を連呼した。まるで、一九三六年ベルリン・オリンピックにおける「前畑ガンバレ」の河西三省アナウンサーの再現である。名放送だが、応援放送であり、実況放送ではないという批判あったという話をこの時思い出した。しっかり実況描写をせねばと思い返し、

「残り２５メートル！岩崎、アニタノールにあと頭ひとつ！
　並んだ！並んだ！
あと１５メートル！アニタノールか岩崎か！日本かアメリカか！
岩崎ラストスパート！
岩崎いくいく！さあタッチ！」

私は集中した。瞬時に着順判定がわかる電光掲示板はゴール反対側にある。私は首を右に振った。なぜか「IWASAKI」より「JPN」の文字が先に目に映った。私は、

「岩崎勝った！日本勝った！十四歳中学2年生、金メダル！
　しかも五輪新記録！」

スポーツアナウンサーの夢は五輪の金メダル放送。その放送に遭遇するのは幸運の何物でもない。

◇　◇

バルセロナから故郷・沼津に帰ると、出発の時は二十人だった見送りが、二万人の出迎えになっていた。全国どこに行っても「恭子ちゃんフィーバー」に沸いた。しかし、配慮のない中傷、記録の伸び悩みから何度も水泳から逃げ出したいと思ったそうだ。まだ十四歳の中学生である。正直言うと、私も恭子さんがバルセロナの表彰台に立った時、「十四歳で人生のピークが来てしまった。これからどう生きていくのだろう。この子は？」と思ったものである。身体と心の余りにも大きなスランプを経て、「もう一度五輪を目指そう。もう一度水泳を好きになろう」と一念発起し、アトランタ五輪切符を掴んだ。恭子さんはやってのけた。これぞもうひとつの金メダルである。

その後、恭子さんと同郷の私は、地元静岡のイベントなどでご一緒させていただいた。その中で印象的だったのは、アトランタの最後のレースでゴールした瞬間、すぐにスタンドを見上げたら大観衆の中でも父の姿が目に飛び込んできたそうだ。「恭子よくやった」という声がかすかに聞こえ、涙が止まらなくなったと語ってくれた。その時の心境を尋ねると、「小学生の頃、遠足から家に帰って、ホッとした気分」と答えてくれた。この言葉もあの「今まで生きてきて一番幸せ」にまさる名言ですよね！

【コラム3】「二十年ぶりの前畑秀子さんは優しかった」

中京テレビアナウンサー　佐藤啓

ＮＨＫ河西三省アナの実況、「前畑ガンバレ！」の連呼で知られる日本人女性初のオリンピック金メダリスト・前畑（兵藤）秀子さんに会ったことがある。一九九〇年、番組取材でご自宅にお邪魔した際、半世紀以上前のベルリン五輪当時の思い出を聞いた。二〇〇ｍ平泳ぎのレースのことよりも、「その前のロサンゼルス五輪で銀メダル獲ったのに『なぜ負けた』と責められるばかりで。また負けたら帰りの船から飛び降りて死のうと思っていました」と悲壮な決意だったことに語気を強めた。私が最も驚いたのは前畑さんが微笑みながら「私、勝ったあとヒトラーと握手したの」と教えてくれたことだ。歴史に残る独裁者と接触していたとの証言、「世界史の暗部」と「日本スポーツ史の名誉」の一瞬の交差を当事者から聞けたことに興奮したのだ。実は、その時から遡ること二〇年前、筆者も前畑さんと「接触」していた。小学一年生の夏休みに参加した水泳教室に前畑さんが特別コーチとして来ていた。指導は厳しかった。当然、七歳だった私はそのコーチの偉大な経歴など知る由もなかったが。最終日、どれだけ泳げるようになったかを計測する時、怖くて飛び込み台で躊躇する私のお尻を前畑さんが蹴って落としたのだ。不意にドボンと着水した私は溺れるように泳ぎ始めたが、記録は一一ｍと惨めなものだった。そのことを話すと前畑さんは笑った。厳しい時代に世界の大舞台で戦って勝った人は優しい笑顔だった。

【秋空に球音響く】

第三章　秋季リーグ戦（第二回全日本野球選手権）はじまる

プロ専用球場へのうごき（2）洲崎球場起工

第三章は、球場の話題からはじまり球場の話題でおわる。関西には、甲子園球場と宝塚球場——阪急電鉄は宝塚球場に代わる本格的な専用球場建設に着手（昭和十一年冬に起工、翌年五月に開場）——があり、名古屋には鳴海球場などがすでに建っていて、プロ球団同士の試合を行う環境がある程度そなわっていた。しかし、東京には三つの職業野球団——東京巨人軍、東京セネタース、大東京軍——が結成されているが、いずれも本拠とする球場をもたないまま公式戦にのぞんでいた。これまでに、連盟主催の試合のうちで、唯一東京で開催されたのは、早大戸塚球場においてのみであった（連盟結成記念大会・七月一日〜七日）。

在京球団のひとつの大東京軍のうごきについてみてみたい。それは、田中斉《ひとし》の命になるもので

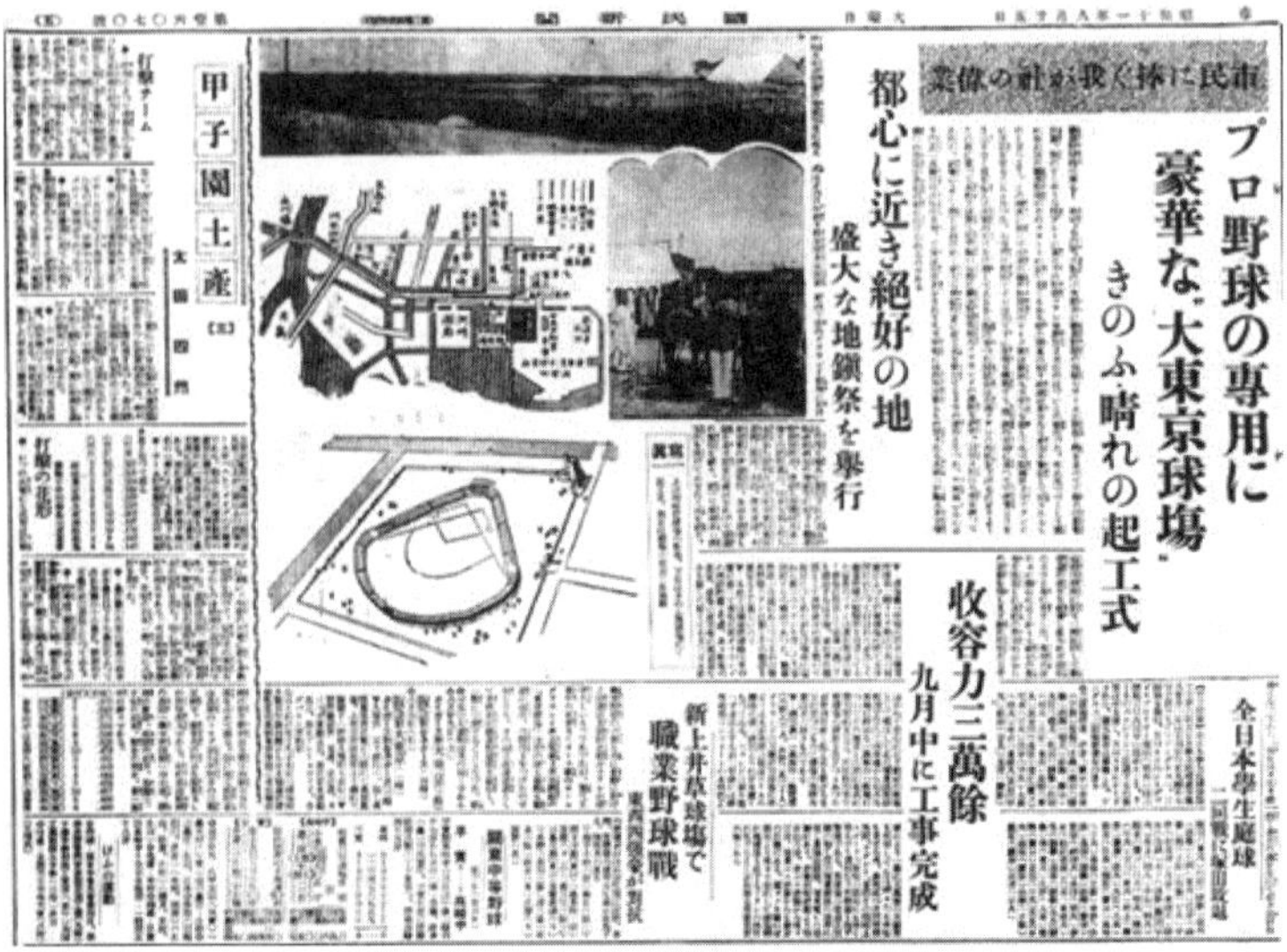
市民に捧ぐ我が社の偉業

プロ野球の専用に
豪華な"大東京球場"
きのふ晴れの起工式

都心に近き絶好の地
盛大な地鎮祭を擧行

収容力三萬餘
九月中に工事完成

新上井草球場で
職業野球戦

全日本學生庭球

甲子園土産

[資料3-1] 昭和11年8月25日　国民新聞(国立国会図書館所蔵)

あった。田中は、国民新聞と新愛知新聞の主幹兼編集局長であり、かつ、大東京軍と名古屋軍の実質的なオーナーであった。田中は、米国留学（ジョンズ・ホプキンス大学大学院）経験もあり、また、米大リーグにたいする造詣も深い。大東京軍は戦力としては弱小チームであった――七月開催の連盟結成記念大会では0勝5敗――が、田中には野球界全体を見すえたビジョンがあった。とりわけ、正力による読売主導の職業野球構想にたいして、田中自身、彼なりの野球界構想への矜持があった。とにかく自チームの球場をもたねばならぬ、急がねばならぬ、と。

田中の国民新聞は、さっそく東京市城東区の洲崎の地を得て新球場の建設に取りかかった（八月二十四日に地鎮祭と起工式、資料3―1）。

また、同資料の下方には、西武鉄道沿線の上井草の地に、新球場――東京セネタースの本拠地となる——が落成することと、新上井草球場で職業野球戦が開催されることが伝えられている（資料3—2）。

記事（資料3—1）内容の一部を以下記す（傍点中西）。

職業野球時代来《きた》る！　東京、名古屋、大阪の三大都市に職業野球の強豪七チームが誕生し轡《くつわ》を並べて三都の争覇戦出場、胸のすくような快プレーに満天下の野球ファンを熱狂させたのはついこの春だった、生れ出づべくして遂に生れ出た職業野球がそのスタートに於て早くもかち得た颶風《ぐふう》［強く激しい風］の如き絶賛は多幸なる前途を予約して余りあるものと言えよう、この機運に乗じて待望の職業野球秋のリーグ戦は新秋九月中旬を期してまず阪神甲子園グランドに火蓋を切ることゝなった、七強豪の精鋭ナインは炎天下に各地を転戦する傍《かたわら》秋の争覇に備えて猛練習おさおさ怠りなく枚《ばい》を銜《ふく》んで［声を立てず、息を凝らすさま］決戦の其日を待機しているから脂の乗った快試合は全国ファンの溜飲を下げるに足りよう、この秋に当って本社では予て球場難の帝都に職業野球専用大グラウンドの建設を計画、田中主幹自ら案を練っていたが、計画いよいよ熱し二十四

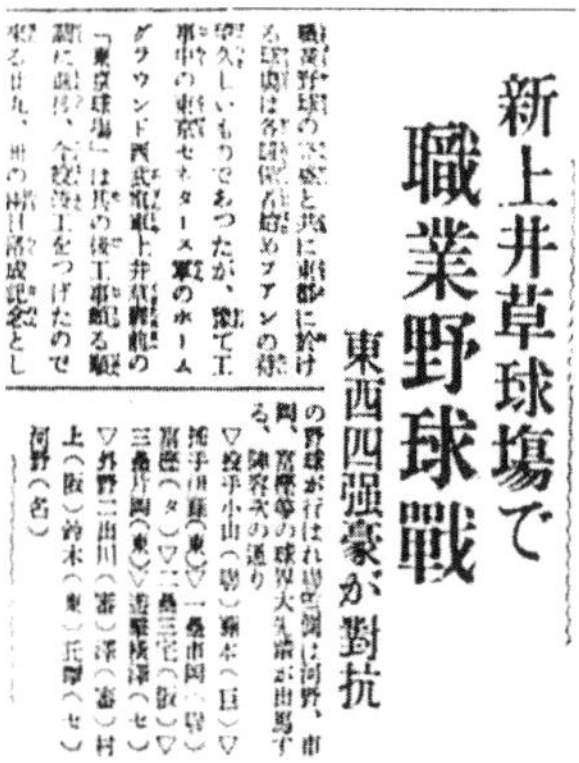
新上井草球場で
職業野球戦
東西四強豪が對抗
［資料3-2］昭和11年8月25日　国民新聞（国立国会図書館所蔵）

日漸く盛大な地鎮祭並《ならび》に起工式を執行するまでの運びとなった、場所は都心に近き広袤《こうぼう》[1]一万余坪の洲崎埋立地、工事は即日着手されて9月中旬には内容外観ともに堂々たる本社「洲崎大東京球場」の偉容が市民の前に捧げられるのである

記事（資料3—2）内容を以下記す。

「新上井草球場で職業野球戦　東西四強豪が対抗」

職業野球の隆盛と共に東都に於ける球場は各関係者始めファンの待望久しいものであったが、予《かね》て工事中の東京セネタース軍のホームグラウンド西武電車上井草駅前の「東京球場」（＝「上井草球場」）は其の後工事頗《すこぶ》る順調に進捗、今夏竣工をつげたので来《きた》る二十九、三十の両日落成記念として東西対抗職業野球戦を挙行し、一般に公開すること、なった、……〈後略〉

プロ専用球場へのうごき（3）上井草球場落成

西武鉄道沿線の上井草にプロ球団専用球場が落成した。[2] 東京セネタースは、いち早く自チーム用の球場を有することになった。当時は、上井草球場のことを「東京球場」とも呼んでいて、駅から

も近く学生野球用とは趣のことなった施設なども併設されていた（資料3―3）。その場所は現在、上井草スポーツセンター（東京都杉並区が管理）になっている。テニスコートのほか整備された広々としたグラウンドがのこっており、少年野球などに使われている（資料3―4）。

さかのぼって、前年（昭和十年）の八月、鶴見祐輔《ゆうすけ》(3)、駒井重次《じゅうじ》(4)らを発起人とする「日本野球協会」が立ち上げられ、職業野球団の設立とともに、上井草に、空前の大球場を建設する構想が打ち立てられていた。結局のところ、その計画は頓挫するが、その後有馬頼寧《よりやす》(5)伯に引き継がれ東京セネタースが結成されたという経緯があった。このようなわけで、大東京軍よりひと足先にセネタースが専用球場をもつことになった。

七つの職業野球団のなかで、東京セネタースがはじめていわゆる常打ち球場を開設したといえる。二ヶ月後の十月半ばには、大東京軍の洲崎球場がつづいて開場する。ここで「専用球場」という言

---

(1)「広」は東西の長さ、「袤」は南北の長さの意。幅と長さ。広さ。面積。

(2) 甲子園球場や宝塚球場、名古屋の鳴海球場はもともと、学生野球などに供する球場であって、プロ球団のために建てられたわけではない。その意味で上井草の球場は職業野球界にとって大きな一歩であった。

(3) 鶴見祐輔（1885-1973）。東京帝大卒。政治家。昭和十一年立憲民政党に入党。新渡戸稲造と後藤新平（岳父）の薫陶をうける。群馬県出身。

(4) 駒井重次（1895-1973）。東京帝大卒。政治家。大蔵官僚を経て立憲民政党衆議院議員。第四高等学校時代は柔道部主将。旧制高校（四高柔道部）、東京帝大と正力の後輩。鶴見祐輔との共著『風雲の坩堝エチオピア』（昭和十年）がある。東京都出身。

(5) 有馬頼寧（1884-1957）。東京帝大卒。政治家。農商務官僚を経て政界入り、昭和十二年第一次近衛内閣の農林大臣。東京セネタースを結成。戦後は日本中央競馬会理事長などを務める。競馬の「有馬記念」は彼の名にちなむ（殿堂入り、一九六九年）。東京都出身。

葉を使用したが、「本拠地」と同様の意味としてみなしてもよい。しかし、いわゆる、フランチャイズという概念とにわかに結びつくものではないことを指摘しておこう。鈴木惣太郎は述べている。

「〝フランチャイズ〟という文字も意義も、野球クラブの〝本拠地〟を指すものではない。……〈中略〉……リーグを構成する野球クラブが〝本拠都市〟を定めた後に、そこに生れるいろいろの〝特種権益〟を〝フランチャイズ〟と呼ぶ。したがって、〝フランチャイズ〟を何々球場に置く…ということは、根本的に大間違いなのである。……〈中略〉……日本職業野球連盟が生れたとき、創業を急ぐあまり、遮二無二〝リーグ〟を作ることを念とし、後にその組織を、理想的に改革しようと考えたのが、根本の誤りで、……〈後略〉」

(『プロ野球二十五年』一〇五頁)。

わが国において本格的な職業《プロ》野球を創設するために尽力した、「(先行)四人組」[1]のひとりである鈴木氏の見解(昭和三十六年に述べた回顧の言葉)は重くうけとめられるべきであろう。日本の職業《プロ》野球は、困難な途を切りひらいた東京巨人軍に多くを負っていることは確かだ。

快適な〝東京球場〟生る
――セネタース軍のホーム・グラウンド――
廿九・卅日に東西対抗職業野球戦

[資料 3-3] 昭和 11 年 8 月 25 日 読売新聞

[資料 3-4] 上井草球場跡地・現在は「上井草スポーツセンター」グラウンド［東京都杉並区上井草３丁目］（筆者撮影）

しかし、「巨人が優勝すればみんなが幸せになれる」式の思考から脱却することがおくれたことは否めない。現在においても、ボール・パーク構想などもふくめて球場問題は、将来のプロ野球や地域の発展のために複合的に考えなければならないことだ。

記事（資料3―3）内容の一部を以下記す。

……またメーン・ハウスの二階を休憩室にしてお茶を飲みながら野球を見れる様になっているのも一寸《ちょっと》嬉しい設計である、メーン・ハウスや外観は神宮球場のように堂々たるものではないが選手席、記者席は優るとも劣らない位立派で周囲の気分よく神宮に次ぐ球場である……〈後略〉［写真は外野から見た東京球場全景とメーン・ハウス］

（1）市岡忠男、三宅大輔、浅沼誉夫、鈴木惣太郎の四人を指す。

上井草球場基本データ

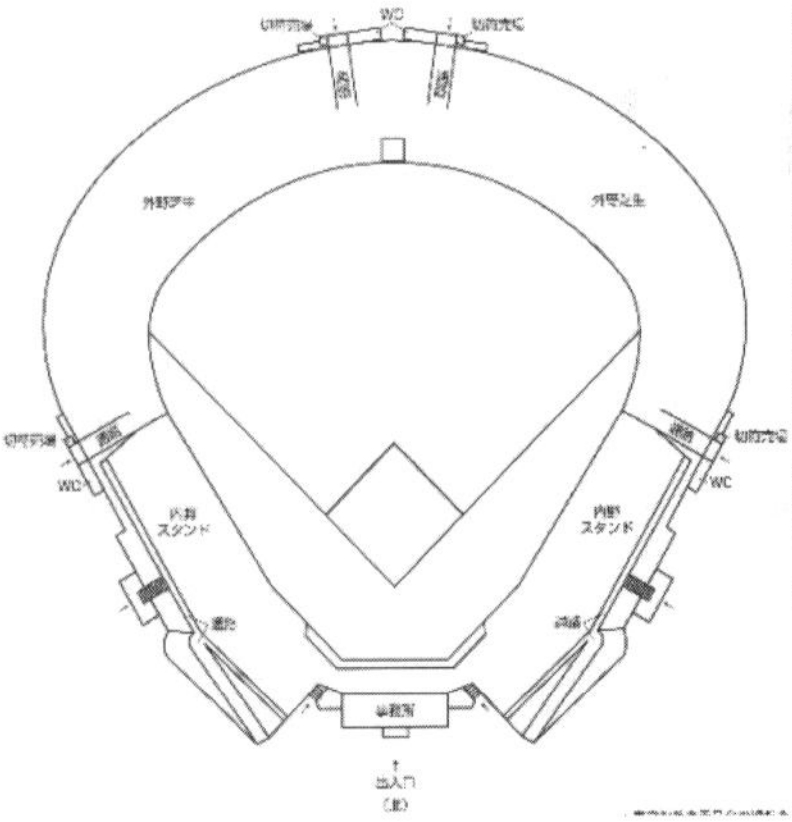

［資料3-5］『上井草球場の軌跡』より
（杉並区立郷土博物館所蔵）

落成日：昭和11年8月29日
面積：グラウンド＝4,093坪、観覧席＝5,500坪、外郭＝4,008坪（計＝13,601坪＝約44,963㎡）
観客収容人数：ネット裏＝約500人、内野＝約4,000人、外野＝約25,000人（計＝約29,500人）
グラウンドの大きさ：両翼＝330ft（約100.58m）、センター＝390ft（約118.87m）

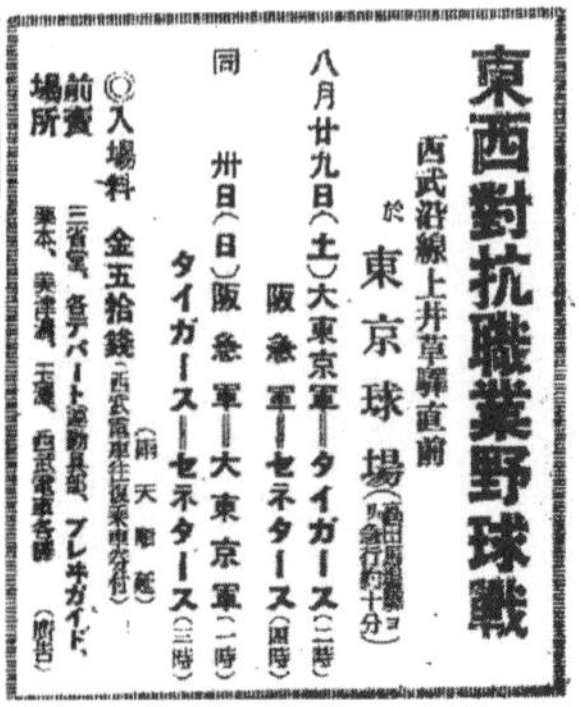
東西對抗職業野球戰
西武沿線上井草驛直前
於 東京球場（高田馬場驛ヨリ急行約十分）
八月廿九日（土）大東京軍―タイガース（二時）
同 阪急軍―セネタース（四時）
卅日（日）阪急軍―大東京軍（一時）
タイガース―セネタース（三時）
（雨天順延）
◎入場料 金五拾錢（西武電車往復乘車券付）
前賣場所 三省堂、各デパート運動具部、プレイガイド、栗本、美津濃、玉澤、西武電車各驛
（附告）

［資料3-6］昭和11年8月28日　読売新聞

上井草球場――当初は「東京球場」と呼ばれていた――の見取り図を参考までに示す（資料3―5）。

さっそく、新設の上井草球場において職業野球団が集って試合が行われた。それは、秋季リーグ戦（九月十八日からはじまるペナントレース）にそなえてのオープン戦でもあった。上井草球場の落成を記念して、東西の四チーム――東京セネタース・大東京軍、大阪タイガース・阪急軍――による対抗戦が行われることになった。（資料3―6）。当時の東西対抗職業野球戦のパンフレットを示す（資料3―7）。

さて、資料3―8は、「秋の職業野球戦」を告げる記事である。日本職業野球連盟主催試合、いわゆる公式戦は春季と夏季にすでに行われてきたが、選手権試合というよりもむし

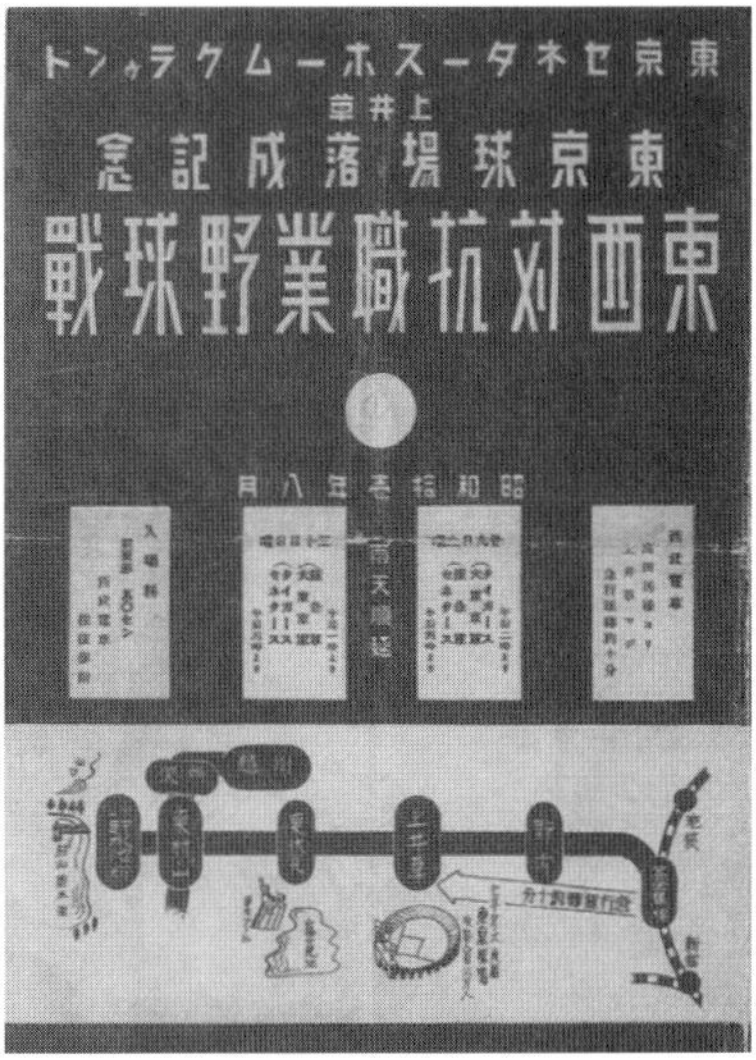

［資料 3-7］東京球場落成記念東西対抗職業野球戦パンフレット（杉並区立郷土博物館所蔵）

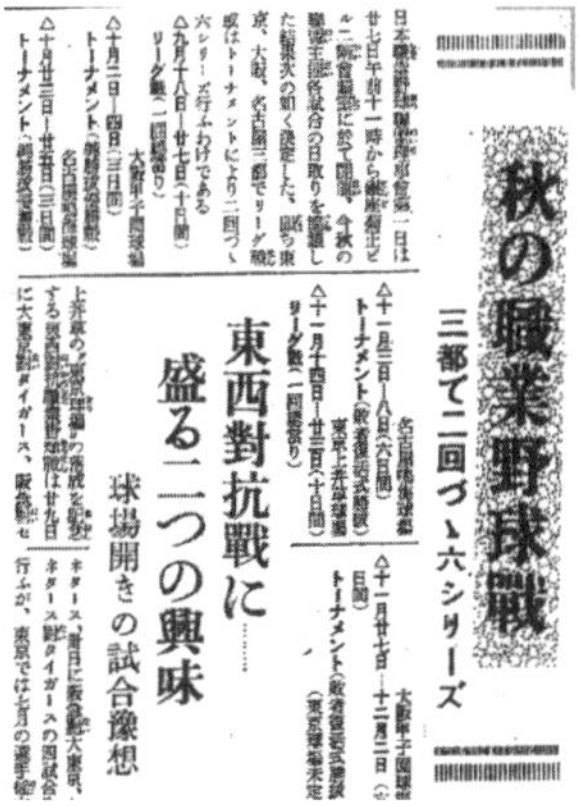
秋の職業野球戦
三都で二回づゝ六シリーズ

東西對抗戰に
盛る二つの興味
球場開きの試合豫想

［資料 3-8］昭和 11 年 8 月 28 日　読売新聞

ろ興行的側面が多分にあった。九月十八日からはじまる秋季リーグ戦は、プロ野球史上初のペナントレースである。各チームの競い合いがこれまで以上に熱をおびてくる。

時代の情景（11）凄いぞ弾丸列車　〝つばめ〟

すこし野球からはなれてひと休み。当時の社会の諸相をみてみよう。現在、東京から下関までの所要時間は鉄道で約五時間である。乗車例をあげる。

朝は東京・夜は下關
凄いぞ弾丸列車
〃つばめ〃延長して超スピード
三時間半を短縮す

［資料3-9］昭和11年8月26日　国民新聞（国立国会図書館所蔵）

一三時一〇分東京発（新幹線のぞみ三五号）↓一七時五一分小倉着・一八時〇一分小倉発（ＪＲ山陽本線）↓一八時一五分下関着（合計五時間五分）。

昭和十一年当時、日本の誇る特急列車「富士」は同区間の走行で十八時間半を要していた。それが、三時間半短縮して十五時間で走ろうという、まさに「弾丸列車」が登場した（資料3―9）。今からみれば、それでも、三倍の時間がかかっているのであるが、当時としては、長年の技術革新の積み重ねによって到達できたものである。当時の職業野球団の選手たちの移動は、さぞ、たいへんな労力を要したことが想像される。一方では、このような、科学技術の進歩にかんする記述は、記事見出しに表れているように日本国民に大いなる誇らしさを喚起しているようだ。

記事（資料3―9）内容を以下記す。

現在特急富士で十八時間半を要している東京下関間一千九十七キロを三時間半短縮、十五時間でぶっ飛ばそうという弾丸列車が愈よ実現の緒につき今秋十月下旬には早くも試運転が行われること、なった――鉄道省運転課では国際列車のスピードアップを計画、これに伴う山陽線の改良工事をも検討したがその後慎重に技術的研究を進めた結果、現在の線路をそのまゝで優に三時間半を短縮する可能性が立証された、よって来《きた》る十月下旬C五三機関車に客車六両を連結、全部超特急燕《つばめ》と同じ編成で重量三百噸《トン》を牽引し東海道線は燕と同様に停車、山陽線は姫路、広島だけの停車による試運転を行うことゝなったが、その結果が良好ならば現在神戸までの燕を下関迄延長、十五時間で走破させようというのであるその上は大々的に東海道、山陽両線のダイヤを変更、燕を現在より一時間繰上げ午前八時東京発という案もあるからその暁は朝東京を発した乗客はその夜の十一時には下関に着くことが出来るわけである

季節の風景（8）秋の気配のおとずれ

八月の終わりの頃の新聞には、秋の気配を感じさせる記事が散見される。ファッションについてみてみよう。それも、男性用の帽子を。色や形、装飾などの流行についての記事をみつけた（資料3―10）。むかしの人は、よく帽子をかぶる。夏の銀座の街角の写真（資料2―10）をみると、涼しげなカンカン帽をかぶった男性の姿があった。真夏の力強い太陽の輝きは、もはや勢いはなくなっているがまだまだ暑い日がつづく。しかし、ファッション界の夏物から秋物への移り変わりは

［資料3-10］昭和11年8月28日　国民新聞（国立国会図書館所蔵）

早い。今秋の帽子の色の流行は、こげ茶色から変わってねずみ色のようだ。

記事（資料3―10）内容を以下記す。

昨年来の濃茶の流行は正に頂点に達しました、鼠系統では純鼠が主流青みを含んだ鼠と黒味暗青色とが流行色としての第一歩を踏出しています。バンドはあまりかわりなく、スタイルでのスナップの流行がまだまだ続きます、青年には前下りの強いスナップがスポーティでもあり又冠りよいものでもありますが、御年輩向には切り縁《べ》りで上り鉤《かぎ》のものやリボンベリのホムブルグ・スタイルがいいでしょう

クラウンは何れも幾分細目になって居り、鉤も極端に狭いものは少なく切りべりのもの八五%其の他リボンベリのものと折べリのものを合わせて一五%と云ったところで昨秋と大差はありません（高島屋調べ）

八月三十一日付国民新聞には、「秋は野に街に！」と題してまるまる一面をうめつくして、さわやかな秋の到来を告げる場面を紹介している（資料3―11）。当時の、ひとびとの暮らしを垣間

[資料 3-11] 昭和 11 年 8 月 31 日　国民新聞（国立国会図書館所蔵）

見ることができて興味深い。
［写真］（上）は八ヶ岳高原の秋草（右）はフルーツ・パーラーの感傷（中）は衣装替に忙　しいデパートのマネキン人形（左）は豊漁に勇んで帰る漁夫たち。

つづけて季節感を示す記事をあげる。九月五日付の国民新聞紙上（資料3―12）に、秋の情景が躍動的に伝わってくる見出し――「風は白く・空は高い」「ハイキングにいらっしゃいません？」――が眼にはいる。また、「口笛吹いて野路をゆけば　緑の風、頬を撫でて　匂かな空には秋を讃う小鳥の歌　あすは幸い日曜日」、読者を戸外へといざなっている。もはや実質的に、戦時体制下になっている国の日常とは思えないような平和的な描写があらわれ、初秋の日常生活の情景がうかんでくる。

オリンピックのベルリン大会を終えて、東京での第十二回夏季オリンピック開催（昭和十五年＝一九四〇年）まで、四年を切っている。早くも、問合せが押し寄せ関心が高まっている。「東京オリムピックはいくらで観覧出来る？」や、「早くも問合せ殺到　関係筋で膳立て急ぐ」などの見出しの記事がみられる（資料3―13）。

記事（資料3―13）内容を以下紹介する。

新興ドイツの科学とナチスの一糸乱れざる統制下に於て開催された第十一回ベルリンオリムピック大会は凡《あら》ゆる施設に最も豪華を極め模範的なもので、各国賞讃の的であったがアジアにオリムピア聖の火を迎える日、四年後の東京オリムピック大会は是が非でも厳たる「日本精神」のもとに日本独自の豪華な施設を行い大国民として恥ずかしからぬ大会を開催すべくわが

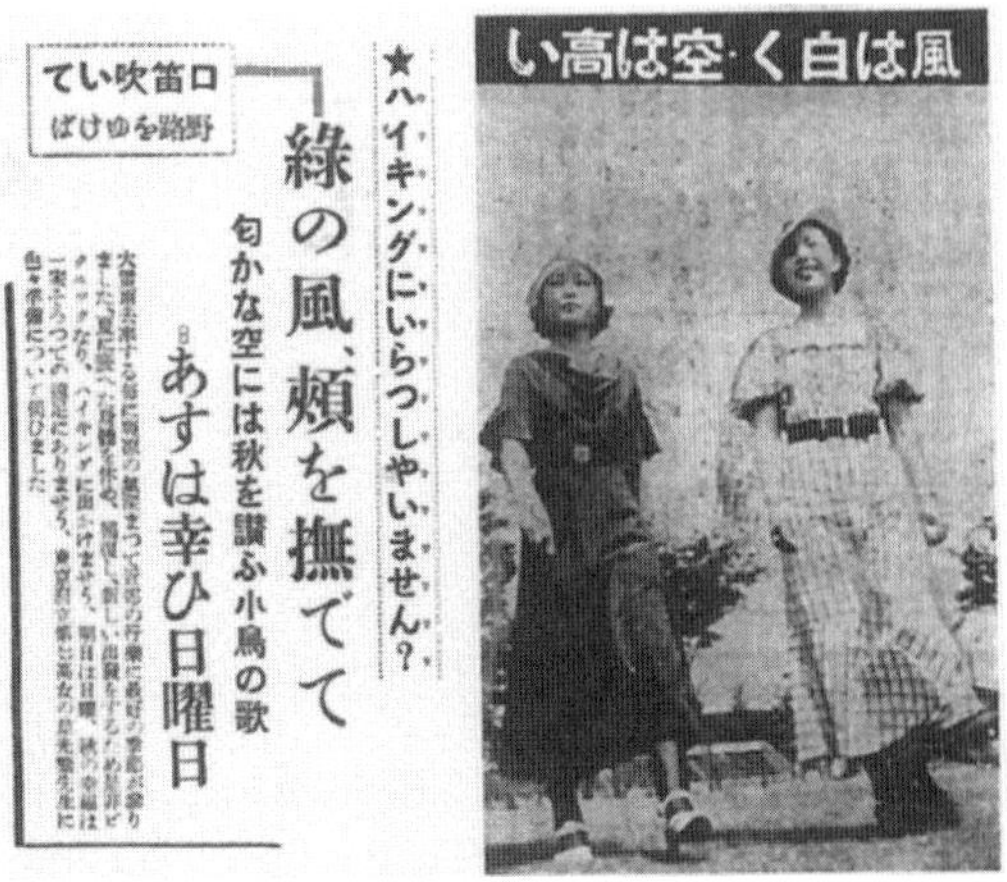
風は白く・空は高い

★ハイキングにいらつしやいませんか？

口笛吹いて
野路をゆけば

緑の風、頬を撫でて
匂かな空には秋を讃ふ小鳥の歌
あすは幸ひ日曜日

[資料 3-12] 昭和 11 年 9 月 5 日　国民新聞（国立国会図書館所蔵）

いくらで觀覽出來る？

東京オリムピックは
早くも問合せ殺到
關係筋で膳立て急ぐ

[資料 3-13] 昭和 11 年 9 月 9 日　国民新聞（国立国会図書館所蔵）

体育の総元締文部省では既に慎重なる研究を重ねつゝあるが、近くオリムピック派遣のわが本部隊も晴れの凱旋をするので、こゝに愈よ《いよい》文部省、体協、鉄道、郵船、商船その他関係方面が全面的に会合、オリムピック準備委員会を組織、具体的な諸準備計画を立案することになったが、これに先立ち早くも全国各地の競技団体青年団各学校等の団体でオリムピック東京開催の折は一体どの位の入場料で大会が見物出来るかその料金如何により、団体的な積立金割当方法があるからと文部省その他関係方面に続々と気の早い問合せの手紙が山積し関係者を面食わせている［図はベルリン・オリムピック・スタジアム］

巨人軍伝説の猛練習（茂林寺）

野球の話にもどる。すでに触れているように、日本職業野球連盟主催の野球大会が春季と夏季の二回にわたって行われてきた。つぎの大会は、九月十八日からはじまる秋季リーグ戦だ。それは、初のペナントレースであり、プロ野球元年の優勝者をきめる選手権大会である。

各チームとも準備に余念がない。とりわけ、東京巨人軍には危機意識があった。といっても、当初は藤本定義監督が、ひとり、覚悟をもってのぞんでいたのが実情のようだ。二回目の米国遠征のあと、巨人軍監督を浅沼氏から引き継いだ藤本は孤独であった。選手が監督の言うことをなかなか聞いてくれない。そこで、現場で監督の右腕になってくれる信頼に足る人物の助けがほしかった。そこで、早大の後輩である三原脩氏[1]に白羽の矢を立てた。秋季シーズンの公式戦が開幕する二週間まえの九月五日付読売新聞で、三原の巨人軍入りが発表された（資料３―１４）。

三原、巨人軍入り
苅田、小島と名二塁トリオ
三原選手

［資料 3-14］昭和 11 年 9 月 5 日 読売新聞

記事（資料３―１４）内容を以下紹介する。

東京巨人軍では予《かね》てから陣容充実に努めていたが今回早大の二塁手でその俊敏軽快を謳われ守、打、走三拍子揃った名選手として一世に鳴った三原脩選手の入社をみることになった

三原選手は高松中学から早大に進み、昭和六年我社が第一回の米国二大リーグ選抜軍を迎え

（1）三原脩（1911-1984）。丸亀中―高松中を経て早大へ（神宮の大スター）。昭和九年卒業後、実業団の全大阪でプレー。同年六月六日、大日本東京野球倶楽部（会社創立以前）と契約（早大OB市岡忠男氏からの誘い・契約第一号選手）。しかし、入営のため翌十年一月退団。十一年九月に助監督兼任で復帰、十三年までプレー（実働三年、その後応召）。戦地から復員後は読売新聞運動部へ。二十二年巨人軍の技術顧問（実質的な監督）となり同年監督就任（二十四年巨人軍を戦後初優勝に導く）。水原茂がシベリア抑留から帰国後の二十五年、水原に指揮権が移った。その後新天地をもとめて九州へ（二十六年から西鉄監督）。西鉄の黄金時代を築き三年連続巨人を倒し日本一に。三十五年大洋監督就任、そこでも日本一。その手腕に〝魔術師〟の名が贈られた。のち近鉄、ヤクルトの監督、日本ハム代表（社長）。監督通算二十六年（殿堂入り、一九八三年）。香川県出身。

て六大学選抜最強チームを編成するや二塁手として選ばれ、チーム中の主要打者として活躍、続いて同九年ベーブ・ルースの登場した第二回米国大リーグ軍招聘に際しても全日本軍の二塁手として奮闘するなど立派な国際的選手であった、しばらく兵役に服していたが今回巨人軍に投じたもので往年の早慶戦にみせた胸のすくような本盗、[1]或はピンチに強い攻撃、冷静水の如き守備はセネタースの苅田、タイガースの小島[2]と共に職業野球界の名二塁トリオの一人としてファンを喜ばせるであろう

三原選手の入団交渉は藤本定義監督にとって簡単な仕事ではなかった。満州遠征（八月二十二日、対大連満鉄クラブ戦が最後）を終えて帰国するやいなや、藤本は、さっそく三原宅へおもむいた。藤本の回想をのぞいてみよう。[3]

三原は、巨人軍の契約選手第一号であったが、昭和九年末、一年志願兵として軍隊へ入隊するため退社した。しかしこのころには、軍隊から帰って、東京成城の家で、ゆうゆう自適の生活を送っていた。私の家は当時中野駅前にあったので、三原の成城の家はさして遠くない。三原に手助けをしてもらおうと意を決すると、私はさっそく出かけて行った。だが三原は頑として復帰を承知せず、あっさり断られてしまった。

三原はなぜ巨人への復帰を頑強に断るのか。私の聞いた話では、昭和九年度結成された全日

本軍が、ベーブ・ルース一行との試合を終わって解散するとき、苅田、田部といった選手たちに、二百円在中の金一封を出した。

このとき三原には、この金一封を出さなかった。理由は、三原は高松の素封家《そほうか》で財産家である、金一封などの必要はないだろうというにあったということだ。

こういう差別扱いに、三原がいや気がさしたというのである。

〈中略〉

三原も、私のあとへ引かない決意を読みとったのであろう。あるいは、それほど困っているならと、先輩(4)の私に同情したのかもしれない。……〈中略〉とうとう〝うん〟といってくれた。

さっそく助監督ということで助けもらうことにした。


東京巨人軍は、九月五日から、群馬県館林《たてばやし》市茂林寺《もりんじ》(5)の分福《ぶんぷく》球場において、のちに「茂林寺の猛練習」と語り継がれる猛特訓を行なった。とくに巨人軍の大きな弱点のひとつは内野の守備力で

(1)昭和六年(一九三一)六月十四日の早慶二回戦、2対2の同点で迎えた七回表(二死満塁)で行ったホームスチール(セーフの判定・相手投手は水原茂)。
(2)東京六大学野球リーグ史上初の三冠王の打力を誇る、小島利男選手。小島選手のロマンスエピソードなどは第四章で後述。
(3)『プロ野球風雪三十年の夢』(二二一―二二頁)。
(4)両者とも早大OB。
(5)曹洞宗の寺。寺宝に分福茶釜(「文福茶釜」とも表記)の伝承のある茶釜がある。茶釜に化けたタヌキが福をあたえたという伝説の童話『分福茶釜』の舞台。

ある。九月十一日付読売新聞には、「烈々・更生を誓う　猛練習！選手はヘトヘト　さすがに光る三原」の見出しの記事が載っている（資料3―15）。ちなみに、藤本監督による千本ノックで、選手たちがヘドを吐くような練習が行われた場所は、現在、学校法人関東学園のグラウンドになっている（資料3―16）。

〝秋〟に備へる職業野球團 1

巨人軍

烈々・更生を誓ふ

猛練習！選手はヘトヘト

さすがに光る三原

［資料3-15］昭和11年9月11日　読売新聞

記事内容をみてみよう。

記事（資料3―15）内容を以下紹介する。

春〔七月の連盟結成記念大会を指す〕の巨人軍は凡《あら》ゆる点に於て多くのファンを期待を裏切った、陣容に相当の変動はあろうとも職業野球の先覚者であり二度のアメリカ遠征から帰朝早々という名の前に余りにも失望した成績であった

新任したばかりの藤本監督もこの成績にはいささか意外の思《おもい》をしたらしい――満鮮遠征から

帰って約一週間休養してのちとりかゝった去る五日からの上州館林分福球場に於ける合同練習は、従来の欠陥を徹底的取除くべく情実や容赦のない猛練習である、練習時間は午後二時から五時までの三時間しかないが各選手は藤本監督のノックバットの前にヒョロヒョロ泳ぎ出す有様で、何れも「巨人軍はじまって以来の猛練習だ」と汗だらけの顔もふけずハーハー言っている

藤本君は「春の欠陥である打撃と内野守備に練習の重点を置いています、内部的にもよくまとまっているのでだんだん好くなりつゝあります、特に三原が二塁に入ったので内野も緊《しま》って、この分なら秋の試合は相当やれると信じています」と語ったが、記者が観た十日の練習振りからみても、それは単なる月並的言葉ではない……〈後略〉

［資料3-16］（上）分福球場跡地・現在は学校法人関東学園大学附属高等学校グラウンド［群馬県館林市堀江・最寄駅は東武伊勢崎線「茂林寺前」駅］（下）東武鉄道館林駅前（いずれも筆者撮影）

［写真は（上）伊藤のバント練習と（下）三原の守備練習］

茂林寺での練習について、藤本定義氏はのちに、つぎのように述べている。長い引用であるが重要なところであるので出来るだけくわしく記す[1]（傍点中西）。職業野球《プロ》リーグ発足元年、藤本定義監督は、今まさに職業野球《プロ》がつぶれるか存続するのかの瀬戸際に立っていることを自覚していた。当リーグを主導した東京巨人軍がしっかりしなくてはならぬ、という強い使命感を抱いていた。

　三原を口説き落すと、私は選手全員を連れて、群馬県館林の茂林寺球場[2]へ乗り込んだ。満州遠征から帰って、五日間の休養をとらせた九月初めであった。

　この日から、今は伝説的物語になっている〝茂林寺の猛練習〟をやったのであった。

　このときの練習は、実際のところ、私にとっても背水の陣であった。もし練習の成果があがらず、私が選手に負けるようならいさぎよく退陣しようと、私は辞表をふところにしていた。

　練習をはじめる前夜、私は東鉄大宮からいっしょに連れてきた前川[3]と伊藤[4]を自室に呼んだ。

「こんどの練習は、選手が倒れるか、わしが倒れるか、思い切って対決する。選手の中にはきっと不平をいい出すものが出るに違いない。しかし、お前ら二人は、ぶっ倒れてもわしについてきてもらいたい。巨人軍再建の犠牲になるつもりで頑張ってくれ」

　私は二人にこんこんと頼んだ。次の日から練習をはじめた。……〈中略〉巨人軍は内野に弱点のあることがわかっていたので、一塁永沢富士雄(5)、二塁三原、三塁筒井修(6)、前川八郎、遊撃白石(7)という布陣にして、一人二百本と決めてノックした。

〈中略〉

ノックしながら見ると、投手たちは外野の芝生に腰を下ろして、のんびり練習を見物して、ときどき思い出したように軽いピッチングをしている。

〈中略〉

この日二千本前後のノックをやったろう。……〈中略〉三原に、

「どうだ、キツすぎるか」

と聞くと、

「まだ大丈夫です。もっとしぼりましょう」

と答えた。私は明日からの練習に自信が湧いてきた。そこへ選手たちの話し声が聞こえてきた。

「オレたちは中学生とは違うんだ。こんな無茶な練習ってあるかい。ま、体をこわさんように適当にさぼるんだなあ」

（1）『プロ野球風雪三十年の夢』（三二一―三一頁）。　（2）分福球場、または茂林寺球場と言われたりする。

（3）前川八郎＝既出（七一頁の注）。　（4）伊藤健太郎＝既出（七一頁の注）。　（5）永沢富士雄＝既出（九九頁）。

（6）筒井修＝既出（一〇〇頁）。　（7）白石勝巳《かつみ》＝既出（一〇〇頁）。

声の主は沢村、スタルヒン(1)、畑福などの投手たちであった。

〝だいぶ不平をいってるな。よし、ストライキでもなんでも、やるというならやってみろ〟

私は激しい闘志を燃えたたせた。

〈中略〉

二日目、二百本ノックの雨を降らせている最中のできごとであった。……〈中略〉私は彼らが体力の限界ギリギリまで、ノックに挑戦していることを知った。

かたわらを見ると、沢村、畑福、スタルヒン、青柴などという投手たちが、ポカンとした表情で松林の中へ目をやっていた。

ろくに練習をしようとしない投手たちを、ホームプレート近くに集め、

「練習がいやならやらなくていい。そのかわり、立って見物していろ。動くことは許さん」

と命じて見物させていたのである。この投手たちの目の色が変わってきたのは白石がコメカミに死球を食ってからであった。私としては、どうしてもここでチームにカツを入れなくては、あとはすべてだめになるような気がしていたからだ。無理を承知でやったことである。

〈中略〉

レギュラー・バッティングの投手には、今まで三塁を守らせて、さんざんしぼった前川を立てた。

トップ・バッターに予定している白石がバッター・ボックスにはいった。前川が投げた三球

目、高めのシュートが、ガツンとにぶい音を立てて白石の左のコメカミに当たった。

〝アッ〟と声を立てたのは、私ばかりではなかった。……〈中略〉

だが、白石は倒れなかった。なおも前川に向かっていこうとしているのである。……〈中略〉

「もっと打たせてくれ」

といきりたつ白石を、三原と中島(2)が、やっとベンチへ連れ込んで、陽の当たらぬところへ寝かせた。

「監督さん、ぼくらにも練習やらせてください」

〈中略〉

沢村、スタルヒンなどの投手たちがいい出したのは、白石がベンチへ去った直後だった。

茂林寺の練習がフル回転をはじめたのは、それからであった。

その日の夜も一時間以上にわたって講習会を開いた。私は、その冒頭で次のような話をした。

(1) ヴィクトル・スタルヒン（1916-1957）。旭川中を中退して第二回日米野球の第十七戦（大宮球場）に初登板（一回を二つの四球も無安打無失点）。戦前・戦後と活躍しプロ野球初の三〇〇勝投手（実働一九年、殿堂入り、一九六〇年）。ロシア帝国生まれ、北海道育ち。
(2) 中島治康《はるやす》＝既出（九九頁）。藤本監督、三原、中島は早大ＯＢ。

「プロ野球はいま、つぶれるか存続できるかの瀬戸ぎわに立っている。[1] そしてつぶすのも、存続させるのも、選手の心がまえひとつにかかっている。……〈中略〉とくに巨人軍が強くなるかどうかということが鍵だ。巨人軍が春[2]と同じような成績だったら先の希望はない。われわれはせっかくプロ野球に生きようと決心したものだが、巨人軍も解散しなければならないかもしれない。

巨人軍が強くなり優勝するようになれば、プロ野球の前途は明るい。私はなんとしても巨人軍を強くして、プロ野球をものにするつもりだ。練習はもっときつくする。私の方針に不満のある者は申し出てもらいたい。すぐにやめもらうことにする」

前夜と違って、こんどは私語をする者わき見をする者もなかった。

「おい、みんなやろうぜ」

三原が発言すると、「やろう」「やろう」期しずして選手の中から明るい声があがった。

〈中略〉

この茂林寺の練習中に、水原君が、故小野三千麿氏[3]を通じて帰参を申し込んできた。正力さんは復帰させろという腹であったが、一度反旗をひるがえした[4]水原を復帰させるのは、部内の統制上どうかという論もあり、けっきょく監督にまかせるということになった。

ぼくは三原に相談してとにかく使ってみるということで帰参を認めた。

〈中略〉

とにかくこうして巨人軍が、プロ野球のパイオニヤたらんの決意に燃えているとき、台頭してきたのが、タイガースであった。

〈後略〉

当時、実際に、「茂林寺の猛練習」でしごかれた選手の声をきいてみたい。後年、前川八郎は、高橋安幸氏のインタビューにつぎのように答えている。(5)

……〝千本ノック〟を浴びた選手たちが嘔吐して倒れたことから、「茂林寺ヘドの練習」とも

(1)昭和十一年当時、「プロ野球」という言葉は用いられていないはず(「職業野球」といわれていた)。藤本の回想録(一九六三年刊行)のなかでの記述ゆえ「プロ野球」になっていると思われる。

(2)米国遠征から帰国後の七月一日〜十九日の連盟結成記念全日本野球選手権を指す。七月の大会であるが、しばしば「春」が使用される。五月(実際の「春」)の初の公式戦には巨人軍は米国遠征中のため不参加。

(3)小野三千麿《みちまろ》(1897-1956)。神奈川師範学校から慶大へ(剛球投手として鳴らす)。卒業後、慶大OBを中心としたクラブチームである「三田倶楽部」に所属。大正十一年(一九二二)十一月、三田倶楽部の投手として、米大リーグ選抜チームを相手に初の白星をあげた。また、日本野球史上二番目の職業野球チーム「天勝野球団」のコーチを経てセミプロチーム「大毎野球団」に所属。大阪毎日新聞社に入社し、同社主催の都市対抗野球の育成・発展に多大な尽力。「小野賞」が設置される(殿堂入り、一九五九年)。神奈川県出身。

(4)昭和十一年一月、東京巨人軍が第二次米団遠征をまえに静岡で合宿を行っていた時の連判状事件を指す。水原茂と田部武雄(のちに退団、職業野球界の復帰叶わず)が中心となって、浅沼監督(当時)の退陣と三宅大輔前監督、および苅田久徳選手の復帰を要求した事件。

(5)『伝説のプロ野球選手に会いに行く』(三一七―一八頁)。

称される伝説の猛練習。文献によれば、前川さんも猛ノックを受けてヘドを吐いていた。

「茂林寺の猛練習がどれほど厳しく辛いものだったか、ぜひうかがいたいと思います」

「うーん。あのねぇ、あのぐらいの練習は、あの当時、どのチームもやっとったはずです。特に、中学、今でいえば高校ですな。すごい中学なら、あのぐらいの練習はもうしょっちゅう。ただ、大学とノンプロになるとしないだけで、本当はあれが普通の練習です」

僕は思わずその場でのけ反った。伝説の猛練習が「普通の練習」とは……。しかし、それが実際に経験した前川さんの印象なのだ。つまり、普通の練習さえできていないチーム状態だったから、惨敗を喫したとも考えられる。……〈後略〉

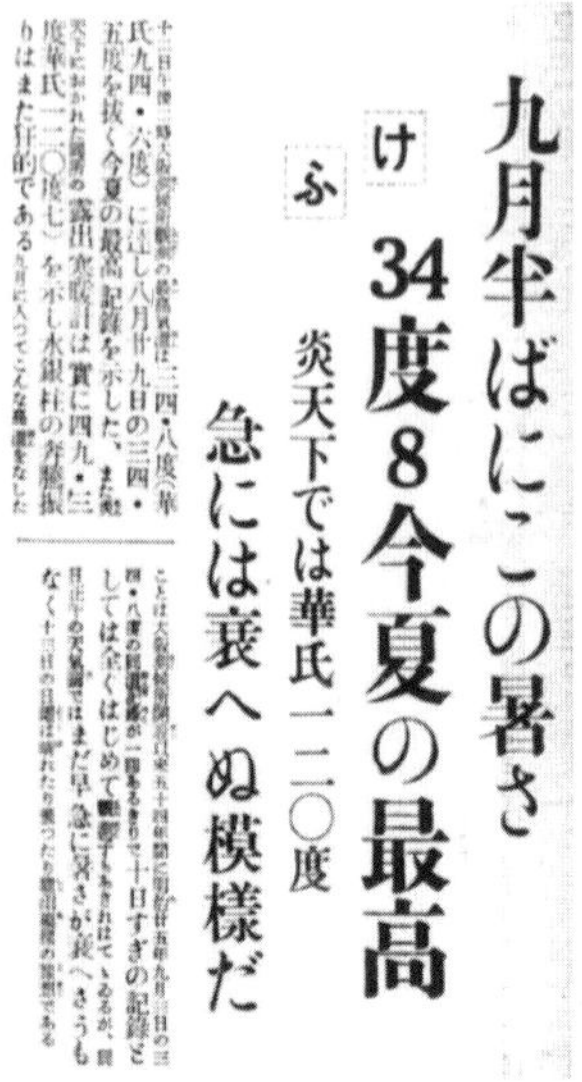
九月半ばにこの暑さ

けふ 34度8 今夏の最高

炎天下では華氏一二〇度

急には衰へぬ模様だ

［資料3-17］昭和11年9月13日　大阪毎日新聞（国立国会図書館所蔵）

季節の風景（9）九月半ばにこの暑さ（34度8分）

近頃、地球温暖化の影響なのか、しばしば、猛暑に見舞われるようになった。九月に入ってからでも、三十五度を超える猛暑日になることもめずらしくない。では、むかしは、どのようであったのだろうか。昭和十一年九月十三日付大阪毎日新聞には、「九月半ばにこの暑さきょう　34度8今夏の最高　炎天下では華氏120度[1]　急には衰えぬ模様だ」の見出し記事が掲載されている（資料3—17）。現代が特別暑いわけでもなさそうだ。

初のペナントレースはじまる（第二回全日本野球選手権）

さて、関西の球団も秋季ペナントレース開幕にむけて準備に余念がない。九月十七日付読売新聞には、つぎのような見出し、【秋に備える職業野球団④】タイガース、阪急軍「物凄し阪急の打撃線　タ軍の守備補強成る　大阪に対立する両豪」の記事（資料3—18）が出ている。いよいよ本番を待つのみである。

初年度の職業野球秋季公式戦[2]は六つの期間から成る。すなわち、四つのリーグ戦と二つのトーナメント大会が組まれていた。各大会の名称や球場が多岐にわたるのでまとめておく。

（1）華氏120度は、34.89℃に相当。
（2）日本職業野球連盟主催による昭和十一年度の公式戦は三つの時季に開催された。春季の「第一回日本職業野球リーグ戦」、夏季（当時の新聞資料などでは「春」の呼称もある）の大会を「連盟結成記念全日本野球選手権」（本書では「連盟結成記念大会」と略記）、そして秋季大会を「第二回全日本野球選手権」と呼ばれたりして名称が複雑である。本書では秋の大会を基本的に「秋季リーグ戦」と呼ぶ。

▽九月十八日～二十九日　大阪大会（第一次甲子園リーグ戦）　甲子園球場
▽十月四日～六日　名古屋大会（トーナメント大会）　鳴海球場
▽十月二十三日～二十七日　大阪大会（トーナメント大会）　宝塚球場
▽十一月三日～十二日　東京大会（第一次東京リーグ戦）　上井草球場
▽十一月十四日～二十三日　大阪大会（第二次甲子園リーグ戦）　甲子園球場
▽十一月二十九日～十二月七日　東京大会（第二次東京リーグ戦）　洲崎球場

秋季リーグ戦において、前半は、関西・中京地方で開催され、後半（十一月、十二月）はおもに東京で行われる日程になっている。東京での開催は、新装のプロ専用球場の上井草球場と洲崎球場（翌月の十月半ばに落成予定」が舞台となる。

優勝者をきめるルールは勝ち点制による。(1) 各球場ごとの大会において、一位チームには、勝ち点1が与えられる（同率一位が二チームの場合、それぞれ0・5点を付与）。合計六回の大会における通算の勝ち点をもって最終的な優勝チームを決定する。開催期間は、九月十八日に始まり十二月七日に終わる八十日間にもおよぶペナントレースである——期間の途中、球団同士の非公式戦も予定される（たとえば、タイガース対阪急定期戦など）。

いよいよ、プロ野球史上初のペナントレース（第二回全日本野球選手権）が九月十八日に開催される。その開幕を告げる記事を示す（見出し「覇権目指す七巨豪　秋の職業野球開幕　きょう甲子園で第一戦」、資料3―19）。

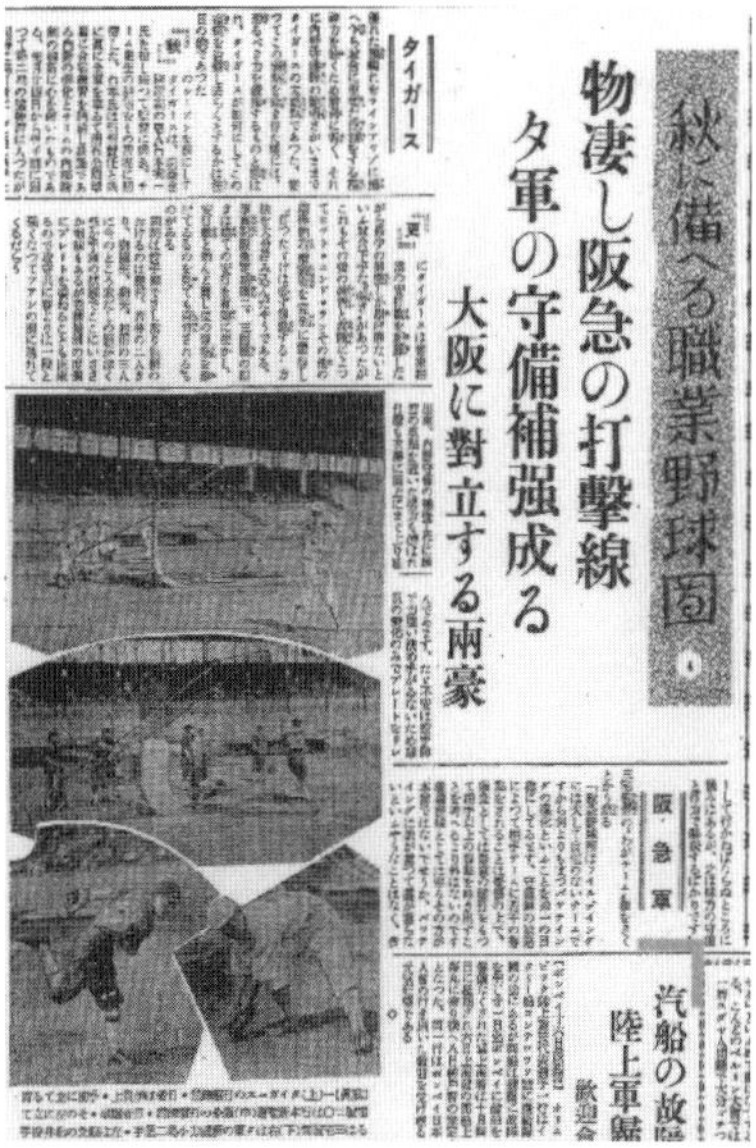
秋に備へる職業野球團
物凄し阪急の打撃線
タ軍の守備補強成る
大阪に對立する兩豪
タイガース
阪急軍

[資料3-18] 昭和11年9月17日 読売新聞

覇權目指す七巨豪
秋の職業野球開幕
けふ甲子園で第一戦

[資料3-19] 昭和11年9月18日　国民新聞（国立国会図書館所蔵）

スポーツ紙面のなかの職業《プロ》野球の位置づけ

当時のスポーツ界あるいは野球界において、職業野球というコンテンツのあつかいはどのような

（1）勝ち点制は東京六大学野球リーグ戦にならったものと思われる。

國民新聞
附録
秋のリーグ戰　特輯評判號

［資料3-20］昭和11年9月11日附録　国民新聞（国立国会図書館所蔵）

位置を占めていたのだろうか。職業野球熱が高まってきた、とは言ってもまだまだ駆け出しの身である。当時の野球界では学生野球、とりわけ、東京六大学野球が頂点に君臨していた。九月になると、六大学秋季リーグ戦の話題が取りあげられるようになってくる。九月十一日付国民新聞附録——国民新聞は職業チーム大東京軍を有している——には、「東京大学野球連盟　秋のリーグ戦　特集評判号」が大きく写真入りで掲載されている（資料3—20）。

新聞のスポーツ面全体のなかでの職業野球の話題は、どの程度の面積を占めているのであろうか。九月二十四日付国民新聞をみてみよう（資料3—21）。トップに大きく出ているのは、「秋季六大学リーグ戦」の明大対慶大戦の記事である。職業野球は、そのころ、「職業野球大阪大会　四日」、つまり、甲子園球場における大阪第一次リーグ戦が行われていた。しかしながら、そのあつかいは、紙面中央下の位置に置かれている程度である（職業団を有する国民新聞でさえである）。メディアにおける注目度は、なんといっても、学生野球（とくに東京六大学野球リーグ戦）に軍配があがっている。

［資料3-21］昭和11年9月24日　国民新聞（国立国会図書館所蔵）
太線枠で囲った領域が職業野球についての記事。

戦時体制への道（4）満州事変五周年・防空演習

さて、野球からはなれて社会の諸相、それも、迫りくる戦時体制がすすんでいく様子を写す記事紙面をいくつか取りあげてみる。昭和六年九月十八日、満州事変の発端となった柳条湖事件が勃発して以来まる五年が過ぎようとしていた(1)。昭和十一年九月十八日、満州事変五周年記念日として各地で行事が行われた。関連記事を示す（九月十九日付東京朝日新聞、見出し「満州事変五周年」「想起す五年

（1）塘沽《タンクー》停戦協定（昭和八年五月三十一日）以降も抗日戦線が止まずますます激化していた。

前　きょう数々記念の催」資料3―22）。
記事（資料3―22）内容の一部を記す。

満州事変五周年記念日――憶《おも》えば柳条溝(1)の鉄路爆破が導火線となった同事変は早くも今十八日をもって五周年の歳月を迎え全国民はこの記念日を想起すると共に同夜は寺内陸相、植田関東軍司令官が電波によって九・一八記念の交換放送をなす外、同日午前十時からは靖国神社で事変戦死者の慰霊祭、或は九段遊就館(2)における同事変記念展覧会、または同夜六時半から軍人会館(3)における事変記念舞踊と映画の会その他各所における講演など数々の催し物に全国津々浦々ではこの日を追憶したが、この日上野不忍池畔では本社賜号、プスモス(4)の二機参加して払暁六時から朝露を踏み精鋭七千五百在郷軍人模擬動員演習が下谷区(5)主催で行われ、落語家連中も神田立花亭(6)に勢揃いして愛国行進を行い靖国神社に参拝した

九月から十月にかけて、「満州事変五周年」にあわせて全国各地で防空演習が行われていた。資料3―23は、大阪市内の防空演習の様子である。女性も子供も犬（軍用犬）も動員されて、一斉に演習に参加している。写真は、右側上から下へ「隔離式防毒面」「直結式防毒面」「防毒面をした軍用犬」、中央上は「セロファン蚊帳《かや》に避難する小学生」、中央円内は「陸軍が指導して今年初めてデビューした消毒車」、中央下は「玩具の防毒面ばやり」、左「毒瓦斯避難の小学生」、左下は「今

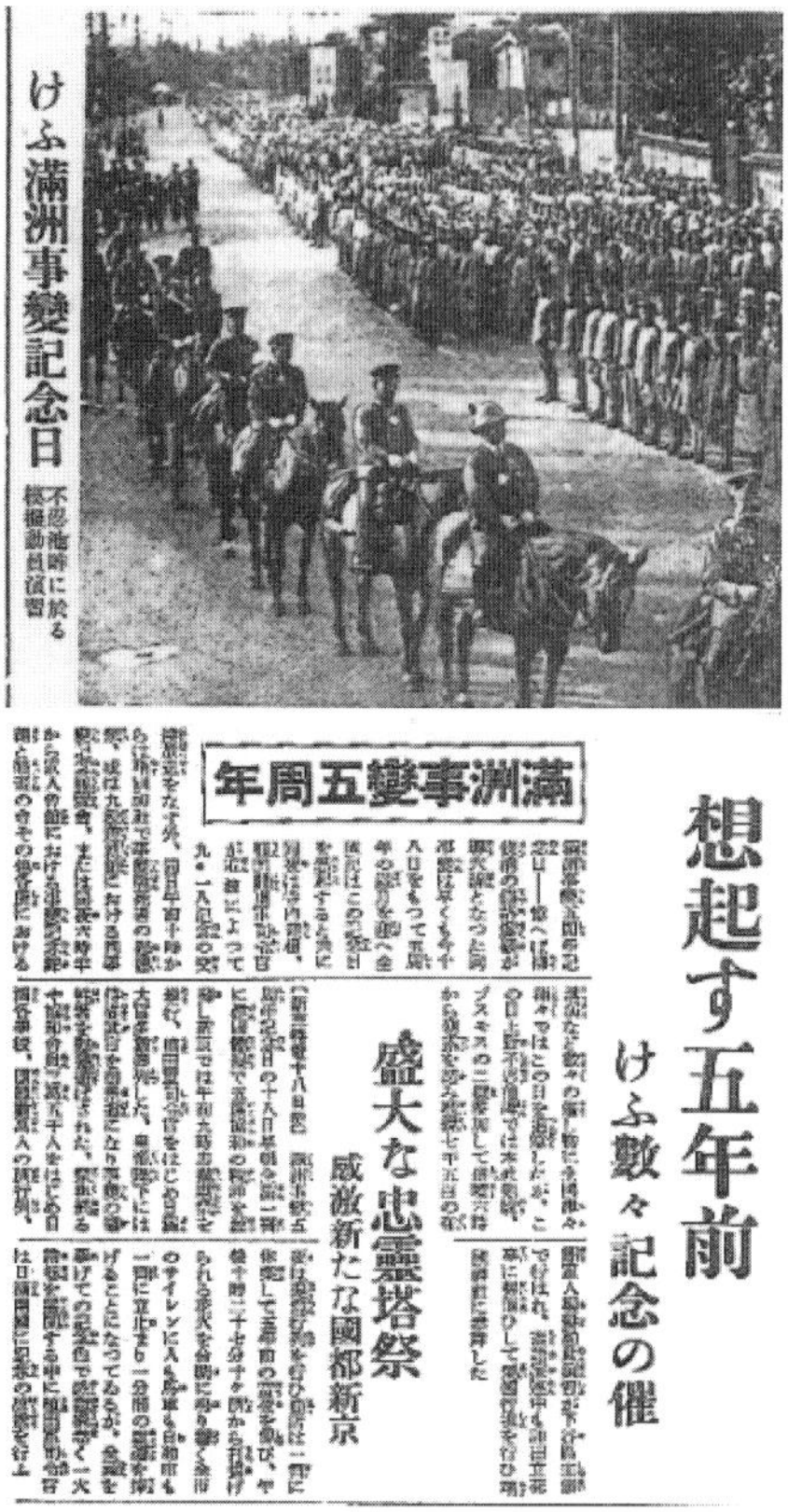

けふ滿洲事變記念日 不忍池畔に於る模擬動員演習

想起す五年前

けふ數々記念の催

年周五變事洲滿

盛大な忠靈塔祭

感激新たな國都新京

［資料3-22］昭和11年9月19日 東京朝日新聞（鶴舞中央図書館所蔵）

年初めて考案された阪大[7]式軽便担架」および「同担架で患者を避難させるところ」である。また、標語「防火防毒洩らすな燈火　断じて護れ国の空」（資料3―24）が、ひとびとの眼にうったえかける。

さらに、名古屋における訓練を表わす記事も紹介する（資料3―25）。見出しの言葉は力感がある。戦時にそなえる気

（1）本来の発生地名「柳条湖」の表記が定着したのは昭和五十六年（一九八一）以降。
（2）遊就館《ゆうしゅうかん》＝靖国神社境内に併設された宝物館。
（3）のちの九段会館。軍人会館については既出（一一〇頁）。
（4）東京朝日新聞の社機。Puss Moth（英国のデ・ハビランド・エアクラフト社で設計）。
（5）下谷《したや》区は東京府東京市に当時存在した区。現在の台東区の西部。
（6）須田町交差点の一角（現・東京都千代田区神田須田町一丁目）にあった寄席。靖国神社まで約2・5キロメートル、靖国通り沿いに徒歩で30～40分くらいか。
（7）大阪帝国大学（昭和六年設置）を指す。

防火防毒
洩らすな燈火
断じて護れ国の空

[資料3-24] 昭和11年9月20日　大阪毎日新聞（国立国会図書館所蔵）

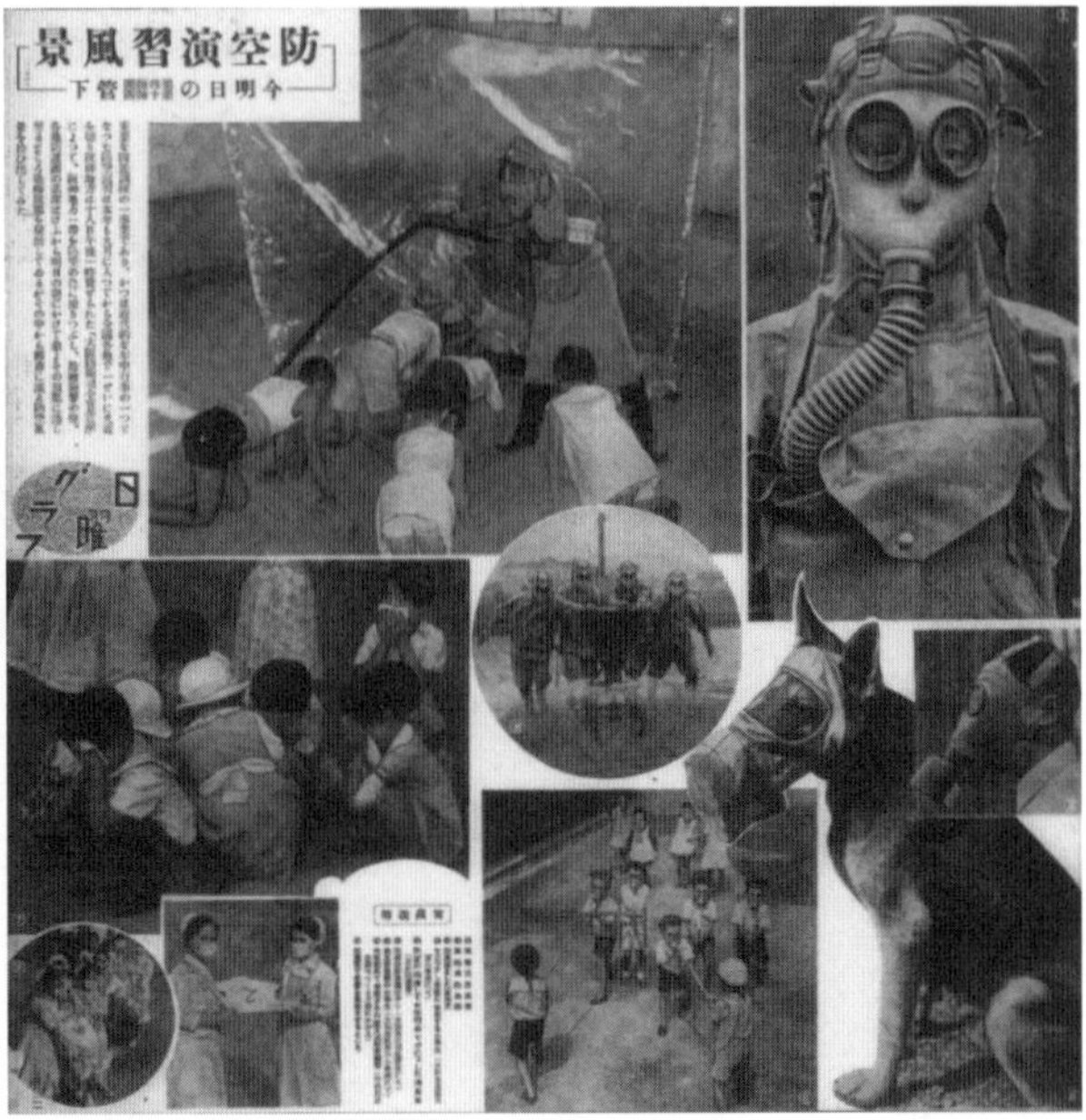
防空演習風景
日曜グラフ

[資料3-23] 昭和11年9月20日　大阪毎日新聞（国立国会図書館所蔵）

持ちを強く自覚させられてしまう。身体の訓練だけでなく精神の規律・訓練も同時にうながされていく——【空に躍る魔陣の襲撃にわれらが郷土の護り固し！】「そらッ爆弾投下だ　壮烈な大防護陣展く」「『みこ』(1)さえ交り雄々し神苑(2)に大活躍！　熱田神宮(3)の演習」「毒瓦斯《ガス》中に働くマスクの婦人　〝空の護りは女性の手で〟…と　救護や炊出しに必死」。

九月から十月にかけて、大陸の各地で抗日のエネルギーが充満していた。日本兵を襲う事案が発生し、日中はまさに一触即発の状況下におかれていた（資料3－26）——翌十二年、七月七日、盧溝橋事件に端を発し、全面的に日中が激突していく。

そらッ爆弾投下だ
壯烈な大防護陣展く
百万一心 大都の意氣昂し
空に躍る魔陣の變擊に
"みこ"さへ交り
熱田神宮の演習
緊張する警電
毒瓦斯中に働く
マスクの婦人
救護や炊出しに必死
福徳生命

[資料3-25] 昭和11年10月23日夕刊 新愛知新聞(鶴舞中央図書館所蔵)

國民新聞
日支關係遂に重大化!
上海にまたも不祥事件
外出中我が陸戰隊の
三水兵狙擊さる
一名即死二名負傷す
犯人は支那人數名
海軍省より發表
明白な對日挑戰
戰時配備に就く
我が陸戰隊意氣軒昂
陸戰隊〇〇名上陸
增遣部隊も上陸
牢戒嚴措置
重大訓を發す
及川第三艦隊司令長官
戰慄の刹那!
無我夢中だつた
背後關係は未だ不明

[資料3-26] 昭和11年9月24日　国民新聞(国立国会図書館所蔵)

(1) 巫女(神子)を指す。 (2) 神社の境内。
(3) 主神は、草薙剣《くさなぎのつるぎ》を神体とする熱田大神。古来、皇室・武家が尊崇(所在地は名古屋市熱田区新宮坂町)。

時代の情景（12）オリンピック選手、けさ帝都へ凱旋

ベルリン・オリンピックで多くの成果をのこし、十月に入って選手団一行は凱旋帰国した（資料3―27）。オリンピックは、たんにスポーツイベントにとどまらず政治的利用の対象になり得る性格をもつ。写真の説明には、「先ず宮城を遥拝　オリムピック凱旋本部隊更に明治神宮へ向う」と記されている。オリンピック選手や役員は、天皇を中心とする国家体制や神国日本を印象づけることに、はからずも、寄与することになったともいえる。

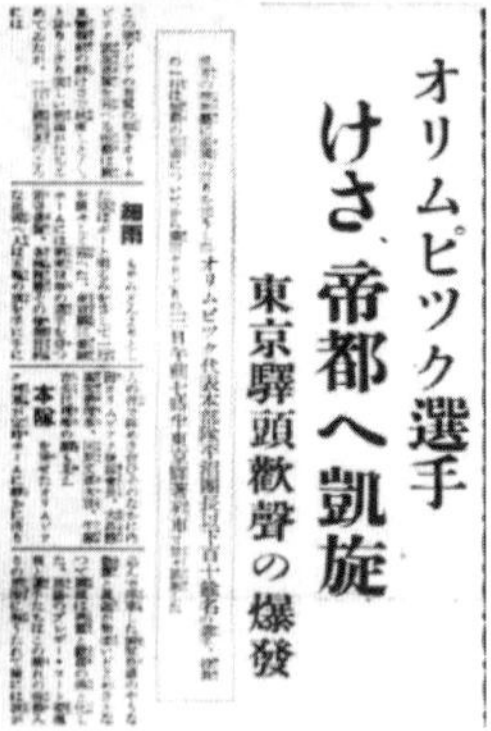
オリムピック選手
けさ、帝都へ凱旋
東京驛頭歡聲の爆發

［資料3-27］昭和11年10月4日夕刊　国民新聞（国立国会図書館所蔵）

記事（資料3―27）内容を以下記す。

……本隊を乗せたオリムピック列車が定時ホームに静かに滑り込んで停車した瞬間怒涛のような歓声と万歳が物凄いどよ

めきとなって駅頭は興奮と歓喜の渦と化した、恩賜(1)のブレザー・コート姿颯爽と選手たちはこの晴れの帝都入りの感激に胸うたれて瞳には涙が光っている、水の女王前畑嬢が増結車の二両目からホームに立てば「有難度う」「嬉しいわ」「前畑万歳」と流石に凄い歓呼と感謝が殺到する、駅が白熱的な歓迎を予期して一般の交通を一時止めて降車口につくった凱旋路を一行は堂々と抜けて駅前広場に集結歓迎の群集は夢中になって後を追い警戒線などはジリジリ押しつけられ一万近い眼が代表選手の姿を灼《や》けつくように求めその心臓は感謝と歓迎に波打つ細雨がこの燃えさかる熱狂にそゝぐ油のように降る中を四列縦隊となった一行は竹内蹴球軍主将の捧持する大日章旗も誇らかに宮城前まで豪華な行進を行い二重橋前で遥拝《ようはい》、続いて自動車、バスを連ねて明治神宮に参拝、厳粛な凱旋報告を行った

〈後略〉

［写真　先ず宮城を遥拝　オリムピック凱旋本部隊更に明治神宮へ向う］

戦時体制への道（5）日支開戦なしと断言は出来ない

昭和十一年の秋、満州の地において日中間の緊張が極度に高まり、いつなんどき全面衝突が起

（1）天皇や君主から物を賜ること。また、その物。

日支開戰なしと斷言は出來ない
重大使命を果して　桑島局長語る
までは恐らく行くまいと思ふが然し最近又復抗日テロが漢口に頻發してゐるから南京政府は速かに徹底的取締を行はぬ限り或は最悪の場合が來ぬとも斷言出來ぬ

［資料3-28］昭和11年10月12日　国民新聞
（国立国会図書館所蔵）

こっても不思議ではない状況下にあった。十月十二日付国民新聞の見出し「日支開戦なしと断言は出来ない　重大使命を果して桑島局長語る」（資料3―28）の文言は、迫りくる戦争を予感させる。

記事（資料3―28）内容を以下記す（傍点中西）。日本政府が対峙している相手（国民政府）の背後にひそむ英国の思惑の顕在化が示唆される。日中全面戦争のあと、英・米との戦いに発展していくことは必然的な成りゆきなのだろうか。

［長崎発］政府の重要訓令を携行して渡支、川越駐支大使(1)に伝達すると共に陸、海、外三省出先機関より詳細現地情況を聴取した外務省東亜局長桑島主計氏(2)は十一日午後一時四十分上海より長崎入港の日華連絡船上海丸で帰国同五時出港の同船で海路東上した、同氏は着京後直に陸、海、外三省首脳部会議開会を求める支那出先機関の意向及び支那現地事情を報告し重大化しつつある日支両国交渉の全般的検討を行うこと、なっている同氏は船中において左の如く語った

川越大使に伝達した訓令、川越蒋両氏の直接交渉(3)の内容については一切話す訳に行かぬ、川越大使は勿論須磨南京総領事(4)及川第三艦隊司令官、近藤陸戦隊司令官とも会見現地の事情を詳細に聴取したが其話によっても今回の日支両国交渉が如何に重大であるかの念をより一層深めた、今後の対支交渉は円滑に行くかどうか自分一個の考えもこの際語る訳に行かぬ、日支開戦と言う最悪の所まで恐らく行くまいと思うが然し最近又復抗日テロが漢口に頻発しているから南京政府は速かに徹底的取締を行わぬ限り或は最悪の場合が来ぬとも断言出来ぬ

英米の出先機関は日支両国交渉に非常な関心を以て各種の情報を集めている空気は十分に察せられるが或る種の策謀を行っているかどうかは知らない、唯ロンドンタイムスと上海デイリーニュースが、申し合せたように時を同じうして支那に同情的論評を掲げたのは英国政府の意向が或る程度かで反映したものとして注目すべきである、勿論帰任と共に陸、海、外三省首脳部に対し現地報告を行う心算だ

---

(1) 川越茂（1881-1969）。東京帝大卒。満洲国参事官を経て、昭和十一年五月、駐華大使に就任。蒋介石率いる国民政府との国交調整のため交渉を重ねていたが、軍部の干渉もあり決裂。宮崎県出身。

(2) 桑島主計《かずえ》(1884-1958)。早大卒。東亜局長を務めたのち、駐オランダ公使(昭和十二年)、駐ブラジル大使(十三年)就任。香川県出身。

(3) 川越茂大使と蒋介石との直接交渉。

(4) 須磨弥吉郎《やきちろう》（1892-1970）。中央大卒。外国語六ヶ国語に通じていた。昭和七年、在上海日本公使館情報部長就任。対国民政府の情報収集に努める。南京総領事を経て、内閣情報部（情報収集・宣伝活動を旨とする）を設立。十四年、国民にたいする宣伝を活発化（報道・芸術の統制）、十五年、総力戦体制構築のため情報局（二十年末廃止）を設立。秋田県出身。

【コラム4】「日本の転換点としての日支事変」

名城大学外国語学部准教授・野球文化學會会長　鈴村裕輔

国民の待望論が根強かった近衛文麿が組閣したのは、昭和十二年六月のことだった。しかし、新内閣の発足直後の七月七日に起きた盧溝橋事件を契機として、日本と中華民国は事実上の全面戦争に突入する。日支事変である。

事態の収束が見通せない中、近衛は昭和十四年一月に退陣し、平沼騏一郎、阿部信行を経て、昭和十五年一月十六日には米内光政内閣が発足した。

昭和十五年二月二日に立憲民政党の衆議院議員であった斎藤隆夫は「支那事変処理に関する質問演説」（反軍演説）を行い、米内内閣の日支事変への対応を質した。しかし、内容が反軍的であるとして軍部や親軍的な諸政党などの反発を受けて、三月七日に衆議院を除名されたことは、日本の憲政史の汚点となった。

一方、一九三一（昭和六）年九月十八日の柳条湖事件に端を発する満州事変を受け、一九三三（昭和八）年に国際連盟からの脱退を通告したことは、日本が国際社会から孤立する過程の第一歩であった。

この間、日本国内では、昭和十三年四月の国家総動員法の制定、十一月の「東亜新秩序建設」を戦争目的とする「東亜新秩序声明」の発表、昭和十五年十月の大政翼賛会成立などが起き、戦時体制は一応の完成を見ることになる。

昭和十六年十二月十二日に東条英機内閣が米英との戦争及びこれに付随して生じる戦争を日支事変も含めて「大東亜戦争」と呼ぶと閣議決定したことは、日支事変が日本の大きな転換点となったことを、われわれに教えるのである。

初のノーヒット・ノーラン試合（沢村栄治投手、対大阪タイガース戦）

満州での戦況が泥沼化しつつあるなか、国内の職業野球界は初のペナントレースが進行していた。東京巨人軍は、「茂林寺の猛練習」で生まれ変わったかのように好調だ。あの沢村投手が初のノーヒット・ノーラン試合を達成した（資料3—29）。相手はその後、ライバルとしてしのぎを削ることになるタイガースであった。

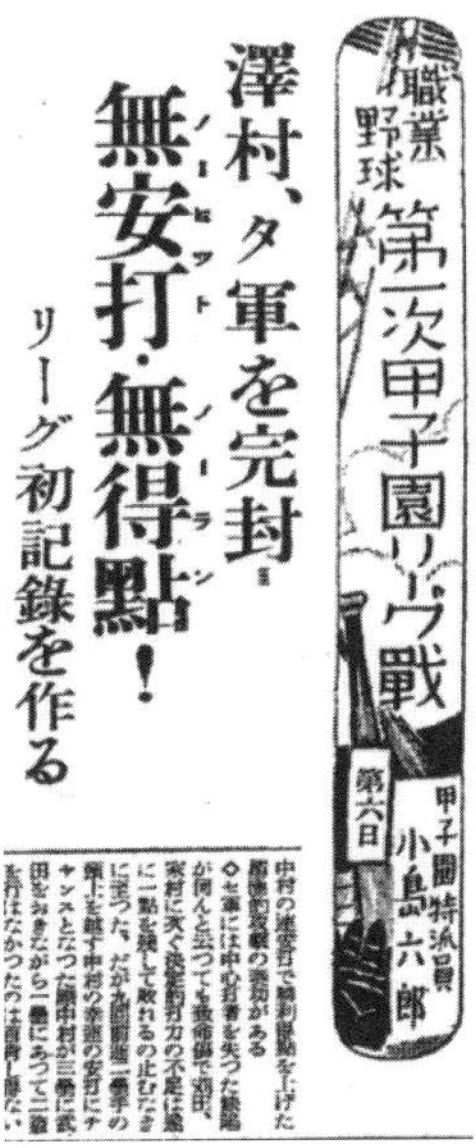

［資料3-29］昭和11年9月26日 読売新聞

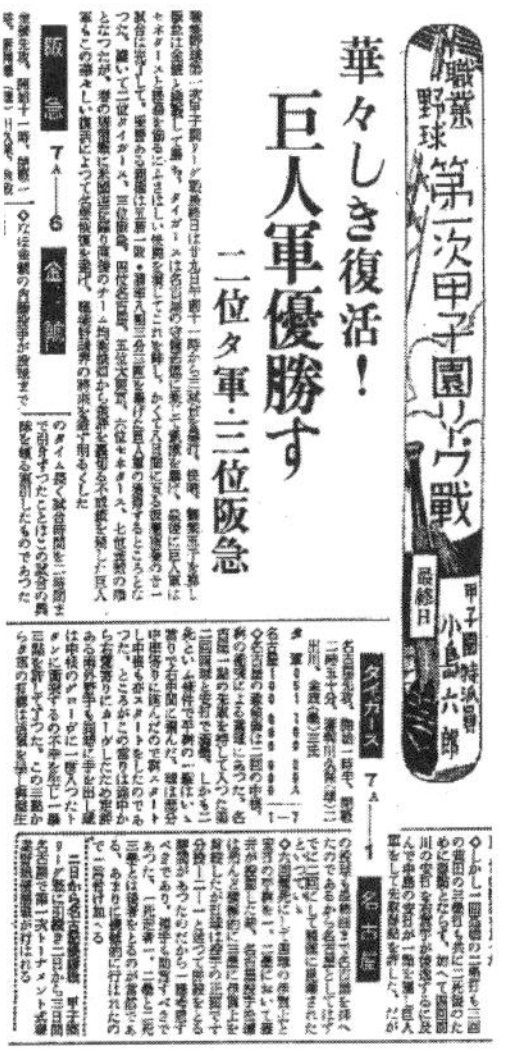

［資料3-30］昭和11年9月30日 読売新聞

秋季リーグ戦の「第一次甲子園リーグ戦」は、東京巨人軍が優勝し（五勝一敗）、巨人軍の復活を印象づける大会であった（資料3—30）。そして二位は大阪タイガース（四勝二敗）、三位は阪急（三勝二敗一分け）であった。最初のリーグ戦は、九月二十九日に終了し巨人軍が勝ち点1を獲得。翌月（十月）の一ヶ月間は、総当りリーグ戦を休止して、中京地区（鳴海球場）と関西地区（宝塚球場）において、単発的に、トーナメント大会が開催されることになっていた。秋季リーグ戦の再開は、十一月三日からの第一次東京リーグ戦（上井草球場）を待つことになった。

秋季の第一次甲子園リーグ戦は、公式戦としてプロ野球史上最初の長期興行だった。参考までに、入場者数をあげるとつぎのようになる。[1]

	（内野）	（外野）
九月十八日（金）	一九七	二、一五六
十九日（土）	二三四	一、七〇一
二十二日（火）	五〇三	三、一六〇
二十三日（祭）	二、五〇五	一三、七六〇
二十四日（木）	七五	九五九
二十五日（金）	三二一	三、一七〇
二十八日（月）	四五九	三、六三四
二十九日（火）	二九九	二、二五〇
〔計	四、五九三	三〇、七九〇〕

第一次甲子園リーグ戦の試合開催日は八日間であった。内外野の入場者の合計は、内野＝四、五九三人、外野＝三〇、七九〇人で、合わせて三五、三八三人、一日あたり約四、四二〇人であった。当時の甲子園での職業野球の観客数は一日数千人といったところであろうか。沢村栄治投手がプロ野球史上初のノーヒット・ノーラン試合を達成した日（九月二十五日）は、内野＝三二一人、外野＝三、二七〇人で、計三千五百人くらいの観衆だった。二十六日（土）と二十七日（日）は週末の書き入れ時だったが残念ながら雨のため中止。二十八日（月）、二十九日（火）に順延された。それにしても、九月二十四日の入場者数は少ない（内野＝七五人、外野＝九五九人）。その日の第一試合は、名古屋金鯱軍対大東京軍戦、そして第二試合に東京巨人軍対名古屋軍戦が組まれていた。在阪チームの出場がなかったのでファンの関心が球場にむかなかったためであろうか。

季節の風景（10）秋の東京スナップ

季節はすすみ秋涼の候、街の景色は変貌していく。昭和十一年十月、東京朝日新聞の写真付きコラム【東京の感情】からいつくか拾いあげてみた（資料3―31〜資料3―35）。水揚げされたサンマを取引きする「市場の秋」、いまではすっかり少なくなった「街頭の靴磨き」、神宮球場で応

（1）『東京読売巨人軍50年史』（一九七頁）。

援（?）する女性ファンの「スタンド風景」、社内運動会での「青春の爆発！」、東京の大根畑を写す「村娘にも都会色」の順で。

東京の感情
市場の秋

［資料3-31］ 昭和11年10月1日 東京朝日新聞（鶴舞中央図書館所蔵）

東京の感情

［資料3-32］ 昭和11年10月2日 東京朝日新聞（鶴舞中央図書館所蔵）

東京の感情
スタンド風景

［資料3-33］ 昭和11年10月8日 東京朝日新聞（鶴舞中央図書館所蔵）

【東京の感情】「市場の秋」

秋刀魚《さんま》はおなじ秋刀魚でもそれがさみしい夕食の膳にのっかって床下に蟋蟀《こおろぎ》でもないていれば佐藤春夫(1)のあの有名な「秋刀魚のうた」も生れるだろう、朝も四時中央市場(2)の秋刀魚市とくるとこいつ断じて春夫型の詩にならぬ、詩にならぬ代りに画になった、とにかく――けさも四十万の秋刀魚が出て行った、大東京秋の食欲よ……

【東京の感情】「街頭の靴磨き」

人は、立場によって他人《ひと》を分類する仕方が違う、街頭の靴磨き諸君は、人類を、五銭白銅(3)に一銭のつり銭を要求する動物とせぬお方とに分ける、この諸君の説によるにこの前者の範疇に帰属せしむべき胸糞の悪い人類がだん〳〵増えて来るそうじゃ、「東京の感情」か、「東京の勘定」か？……

【東京の感情】「スタンド風景」

野球を観に来ているのだろうか？ 鏡を見に来ているのだろうか？ などというのは第一余計なお世話である上に、皮肉の形式としても既に陳腐である。いうまでもなく時に鏡を見、時に野球も観るのである。苟《いやし》くも近代の女性にとって大切なのは「雰囲気」ということじゃ。華やかな興奮にかこまれつゝ、のぞき込むときに、この小さな一片のガラスのいかに魅力的であることかよ！ あゝ、なんとあたしの顔は、きょうは一《ひと》しお(4)あのマーナ・ロイ(5)に似ているではない

（1）佐藤春夫（1892-1964）。詩人・小説家。近代人の倦怠と鬱屈した自意識をその詩情の核とする。『殉情詩集』、小説『田園の憂鬱』『都会の憂鬱』など。和歌山県出身。
（2）築地市場を指す。昭和十年（一九三五）開設、平成三十年（二〇一八）営業を終了。
（3）白銅＝「白銅貨」の略。白銅は銅とニッケルの合金。　（4）ひとしお（一入）＝いっそう。ひときわ。
（5）米国の女優（Myrna Loy 1905-1993）。『結婚クーデター』（一九三六）、『我等の生涯の最良の年』（一九四六）、『エアポート'75』（一九七四）など。

［資料 3-34］昭和 11 年 10 月 11 日
東京朝日新聞（鶴舞中央図書館所蔵）

［資料 3-35］昭和 11 年 10 月 27 日
東京朝日新聞（鶴舞中央図書館所蔵）

か！［神宮球場にて］

【東京の感情】「青春の爆発！」

あるデパートの運動会だ――この風景を「イデオロギー」なしに見よう、「近代資本主義」との連関なしに見よう。彼女の旗はあまりに朗かに振られている。狭い鉄の部屋[1]を動かして、一階――屋上の垂直な百メートルを毎日上下しつゞけることによって、その青春を磨り減らしている娘達が、アレあんなに楽しそうに百メートルのコースを走って行った。地面の上の百メートルを……。

【東京の感情】「村娘にも都会色」

大東京[2]は板橋、江戸川、葛飾、滝野川等の広大な農村[3]を包容する、何町何丁目が行って見ると草茫々たる野っ原だったり一面の大根畑であったりする掘りたての練馬大根を山と積んで自転車で行く村娘——いや町の娘——後押しする親爺の頭にはその市場価値が計算されている、手脚絆[4]深ゴムの大根娘にもレンズを向けると自転車の上であるポーズを造る所などいかにも都会的農村の娘らしい［写真は自転車で大根を運ぶ娘達］

プロ専用球場へのうごき（4）洲崎球場落成

野球の話に切りかえよう。職業野球《プロ》専用球場の一刻も早い建設が渇望されていた。とくに、東京では球場建設は喫緊の課題であった。夏の終わりの八月二十九日、西武沿線上井草の地に東京セネ

（1）エレベーター。「彼女」「娘達」はエレベーターガールのことを指す。
（2）「大東京」は、東京十五区——明治十一年から昭和七年まで東京府に存在した行政区域群、つまり東京中心部——に加えて、隣接五郡（荏原郡・豊多摩郡・北豊島郡・南足立郡・南葛飾郡）などを包含するエリア。なお、東京市（三十五区）は、東京府（現東京都）東部に明治二十二年から昭和十八年まで存在していた市——現在の東京都二十三区に相当。
（3）記事中の「板橋、江戸川、葛飾、滝野川」は隣接五郡に位置する農村地域——板橋（北豊島郡）、江戸川（南葛飾郡）、葛飾（南葛飾郡）、滝野川（北豊島郡、昭和七年滝野川区として東京市に編入）。
（4）旅や作業をするとき、足を保護し、動きやすくするために臑《すね》にまとう布。

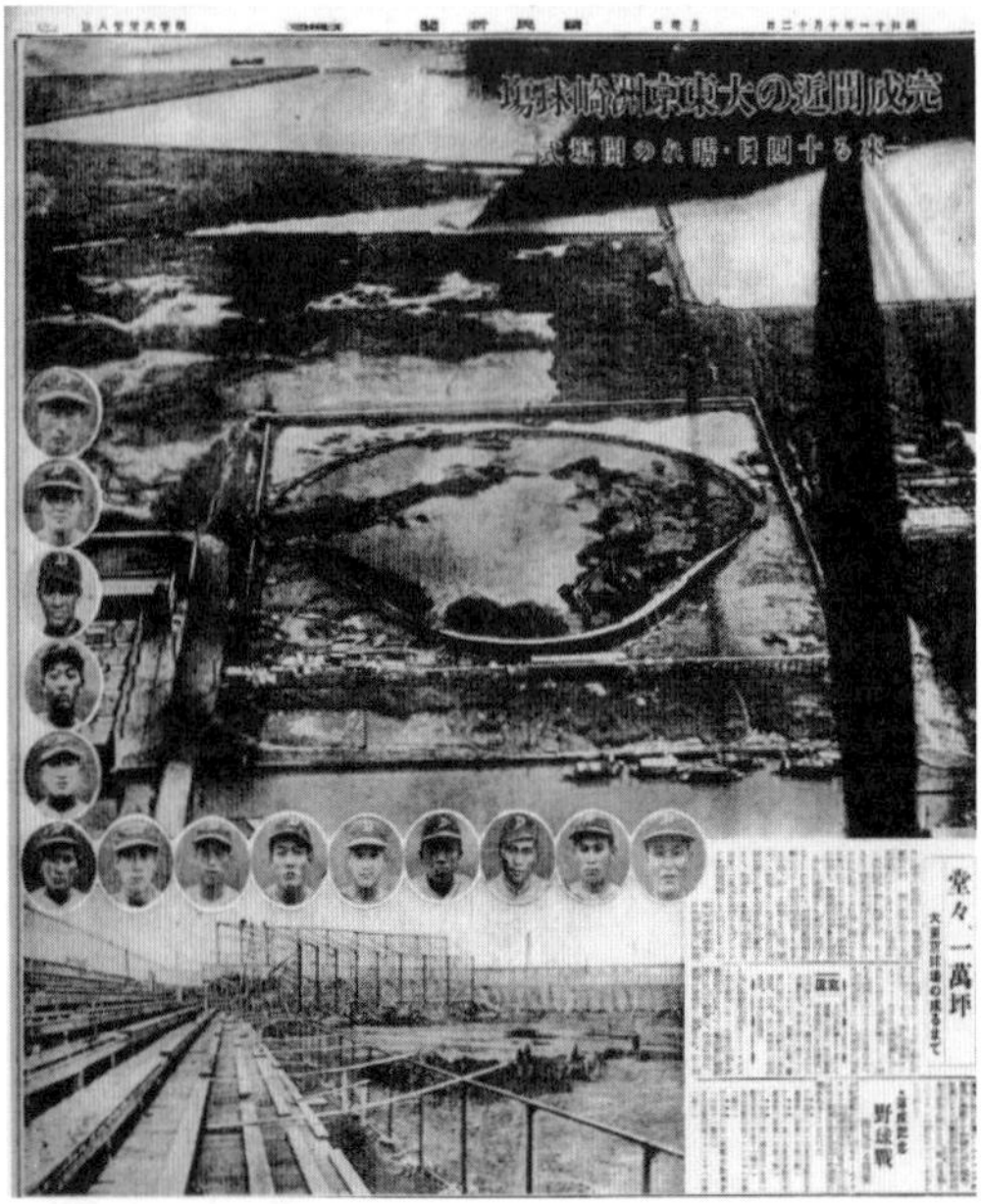
完成間近の大東京洲崎球場
来る十四日・晴れの開場式
堂々一萬坪
野球戦

［資料 3-36］昭和 11 年 10 月 12 日　国民新聞（国立国会図書館所蔵）

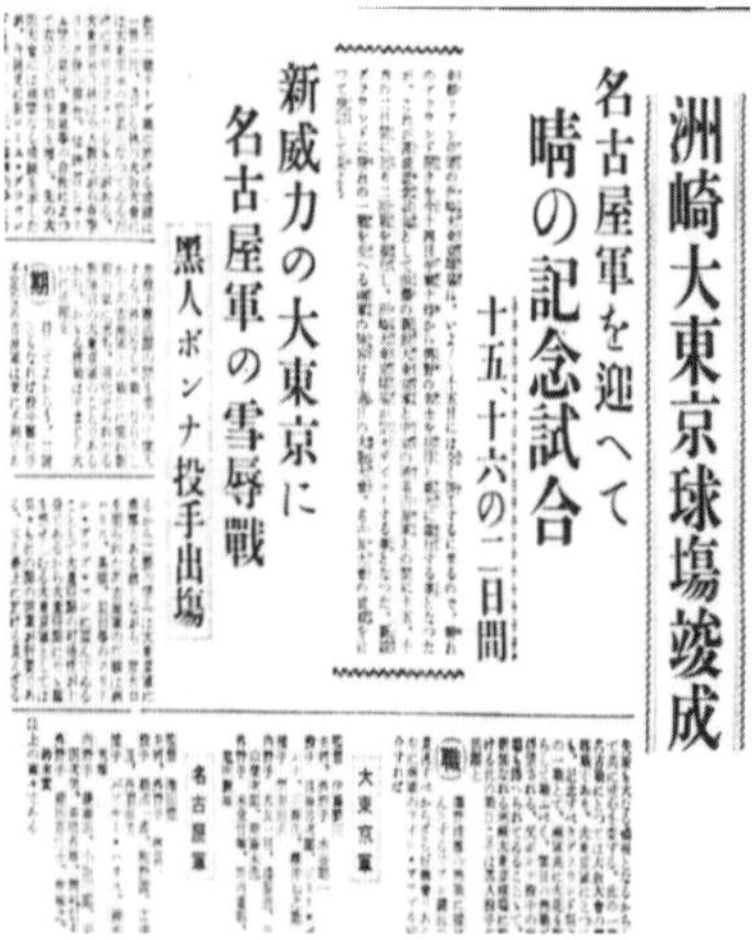
洲崎大東京球場竣成
名古屋軍を迎へて
晴の記念試合
十五、十六の二日間
新威力の大東京に
名古屋軍の雪辱戦
黒人ボンナ投手出場
大東京軍
名古屋軍

［資料 3-37］昭和 11 年 10 月 14 日　国民新聞（国立国会図書館所蔵）

タースの球場の落成をみたことは、先に紹介したとおりである。それつづき、大東京軍の国民新聞（＝田中斉）は、自前の球場建設を急いでいた。結果として、八月二十四日の起工式からかぞえてわずか五十日ほどの工期で、新球場（洲崎球場）を完成させた。ペナントレースの最後の大会として当球場をあてるという田中斉の執念の現れであった（用地借用の件など大東京軍の副会長森岡二[1]朗の尽力が大）。十月十二日付国民新聞には、「完成間近の大東京洲崎球場　来る十四日・晴れの開場式」「堂々、[2]一万坪大東京球場の成るまで」の見出しの記事が大々的に掲載された（資料3―36）。写真の上部には

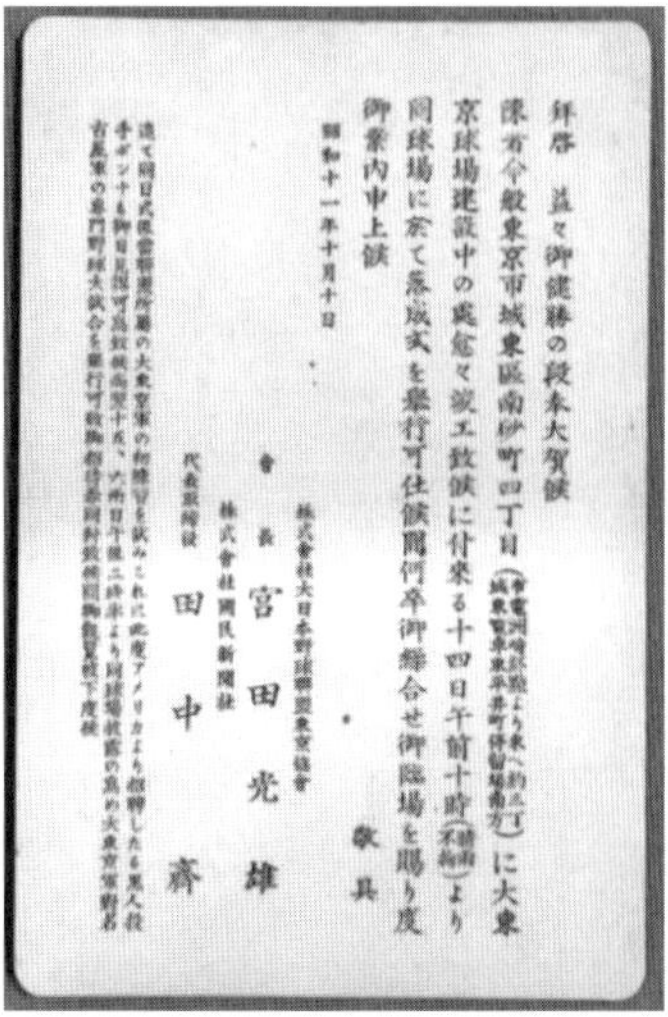
拝啓　益々御健勝の段奉大賀候
陳者今般東京市城東区南砂町四丁目に大東京球場建設中の處愈々竣工致候に付来る十四日午前十時より同球場に於て落成式を挙行可仕候間何卒御繰合せ御臨場を賜り度御案内申上候　敬具
昭和十一年十月十日
株式会社大日本野球聯盟東京協会
会長　宮田光雄
株式会社國民新聞社
代表取締役　田中斎

［資料 3-38］洲崎球場落成式案内状（野球殿堂博物館所蔵）

東京湾が見える。

［写真　上は本社機より見たる球場の全景（池田写真部員撮影）下は竣成した内野スタンド、円内は上から伊藤監督、[3]水谷主将（投手）ジミー・ボンナ、[4]遠藤、近藤、桜井（捕手）筒井（内野手）大友、漆原、片山、伴（外野手）坪内、[5]鬼頭、木全の各選手[6]］

（1）森岡二朗（1886-1950）。郡山中、四高を経て東京帝大へ。卒業後内務省入り、警保局長、台湾総督府総務長官（昭和十一年九月二日就任のゆえ洲崎球場落成時は当職）を歴任。森岡を球界に引っ張ったのは当時の大東京軍の球団代表、鈴木龍二。洲崎球場の開設は森岡の尽力によると言われる。昭和十六年、「日本野球連盟」初代会長に就任、戦時下の野球存続に努めた（殿堂入り、一九六九年）。奈良県出身。

（2）東京ドーム（広さ単位としての）は約一万五千坪。

（3）伊藤勝三《かつぞう》＝既出（二四頁）。

（4）ジミー・ボンナ（1912-不詳）。日本のプロ野球に所属した初めての黒人選手。

（5）坪内道則《つぼうちみちのり》（1914-1997）。松山商、天王寺商を経て立教大へ。大東京軍結成時に立大を中退して入団《プロ》。昭和二十三年に史上初の一〇〇〇試合出場と一〇〇〇本安打。この記録は巨人軍川上哲治に先行するもので、坪内の職業野球草創期への貢献度の大きさを物語る。二十四年中日に移り（助監督兼外野手）、自己最多の一七七安打を記録（実働十五年）。二十七年〜二十八年中日監督（殿堂入り、一九九二年）。愛媛県出身。

（6）水谷、近藤、筒井、大友、漆原、木全の各選手情報は既出（二一五―二一六頁）。

十月十四日付の国民新聞には洲崎球場の竣工をつげる記事が出た（資料3―37）。見出しには、僚友の名古屋軍を迎えて記念試合を行うこと、新戦力の黒人ボンナ投手が出場することが伝えられ、帝都の野球ファンにアピールした。洲崎球場落成式の案内状を資料3―38に示す。案内状左下に差出人の名が記されている。

株式会社大日本野球連盟東京協会(1)
会　長　宮田光雄(2)
株式会社国民新聞社
代表取締役　田中　斉

大阪タイガース対阪急軍の定期戦

十月は、リーグ戦はひと休み。名古屋と宝塚でトーナメント大会（いずれも公式戦）が予定されている。また、その合間をぬって、タイガースと阪急軍との第二回定期戦（十月十七日から三連戦）が宝塚球場において行われることになっていた。ちなみに、第一回定期戦は、秋季リーグ戦開幕まえの九月十二日から十四日の三連戦で行われ（甲子園球場）、結果は阪急軍の二勝一敗だった。

颯爽　職業野球スタープレイヤーの熱闘譜
宝塚原頭　意気と熱の火花散る　新日本球界名物
阪急軍　タイガース　定期野球戦
大懸賞
何れが優勝？　阪急軍か、タイガース軍か
賞品　一等　ナショナル受信機　二等　サインボール　三等　サンデー毎日

［資料3-39］昭和11年10月14日　大阪毎日新聞（国立国会図書館所蔵）

十月十四日付大阪毎日新聞には、第二回定期戦開催を大きく取り上げていた（資料3―39）。おもな見出しは、「颯爽　職業野球スタープレイヤーの熱闘譜」「宝塚原頭　意気と熱の火花散る　新日本球界名物」「阪急軍　タイガース　定期野球戦」。参考までに、これまでの両軍の対戦成績をあげておく。

五月一日　3―2　阪急軍勝利
甲子園球場（第一回日本職業野球リーグ戦）
五月十七日　3A―2　タイガース勝利
鳴海球場（同右）
五月二十四日　10―2　阪急軍勝利
宝塚球場（同右）

（1）大東京軍の「友軍」と称される名古屋軍の正式名称は、「株式会社大日本野球連盟名古屋協会」。
（2）宮田光雄（1878-1956）。愛知一中（現・旭丘高）、三高を経て帝大（明治三十年京都帝国大学創立以後、帝大は「東京帝国大学」と改称）へ。貴族院官僚として奉職後、勅撰貴族院議員。福島県知事、内閣書記官長を経て第三十一代警視総監。三重県出身。

七月十九日　11―7　タイガース勝利　山本球場（連盟結成記念全日本野球選手権）
九月二十八日　2A―0　タイガース勝利　甲子園球場（第二回日本職業野球選手権）

〈第一回定期戦〉
九月十二日　8―1　阪急軍勝利　甲子園球場（非公式戦）
九月十三日　16―3　タイガース勝利　甲子園球場（非公式戦）
九月十四日　12―11　阪急軍勝利　甲子園球場（非公式戦）

関西のライバルチームどうしの通算対戦成績は、公式戦・非公式戦をあわせて四勝四敗の五分であった。また、関西（甲子園・宝塚）での六試合中、阪急軍が四勝二敗でタイガースを凌駕していた。

第二回定期戦は、タイガースが二勝一敗。第一回定期戦の雪辱を果たした[1]。

戦時体制への道（6）海軍対学生、柔剣道・相撲対抗試合

スポーツの秋たけなわ、野球以外の運動競技も盛んに大会が開かれた。十月二十五日付大阪毎日

新聞記事（資料3—40）をみてみる。見出しは、「海軍対学生柔剣道、相撲対抗試合」「宝塚に開くスポーツ大絵巻」と記されている。格技を競う大会が宝塚一帯で開催される。軍隊（海軍）と学生チームとのあいだの対戦である。大会に先立ち催される歓迎会の会場略図が示されている（資料3—41）。

海軍對學生柔劍道、相撲對抗試合（上）

全艦隊の精鋭を迎へ

寶塚に

開くスポーツ大繪巻

學生軍また堂々の陣容

期待さる龍攘虎搏の快戰

相撲大會

劍道大會

柔道大會

［資料3-40］昭和11年10月25日　大阪毎日新聞（国立国会図書館所蔵）

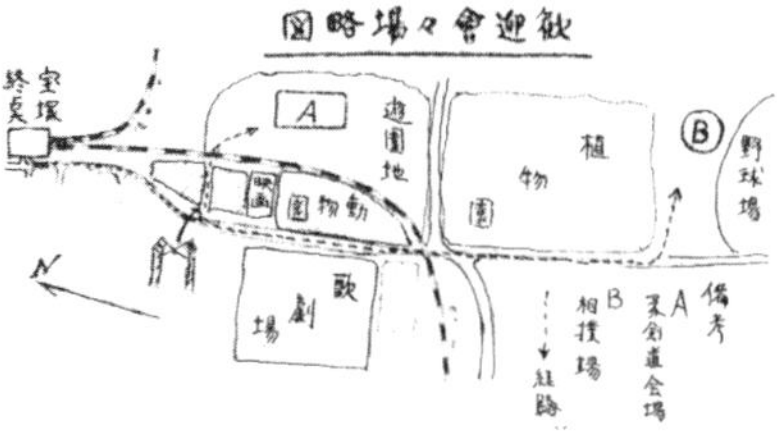

［資料3-41］昭和11年10月27日　大阪毎日新聞（国立国会図書館所蔵）

（1）大阪タイガースの阪急軍への対抗意識は激しいものがある。第二回定期戦をまえに、「タイガースは選手に対して『勝てば五百円の賞金を出す』と告げ、その奮起を促した。若林で、大事な緒戦を落としながら御園生、景浦で連勝したので、本社筋はもちろん球団役員も大喜びで、二十日のゲームが終わったあと、鳴尾・みやこ旅館で祝勝会が催された」（『阪神タイガース　昭和のあゆみ』二五頁）。

宝塚球場は宝塚新温泉の名勝地

海軍対学生の格技の大会会場が宝塚であることから、関連して「宝塚球場」について調べてみる。地図イラスト（資料3－41）の右端に〈野球場〉と書いてあるのが見える。この略図をもとに宝塚球場の位置づけをこころみる。阪急宝塚駅から図の右側一帯が、いわゆる宝塚新温泉エリアである。小林一三氏[1]は、大衆娯楽のメッカとして、歌劇場（少女歌劇団）、遊園地、動植物園、そして運動場（含野球場）などをそなえたエリアを展開した。

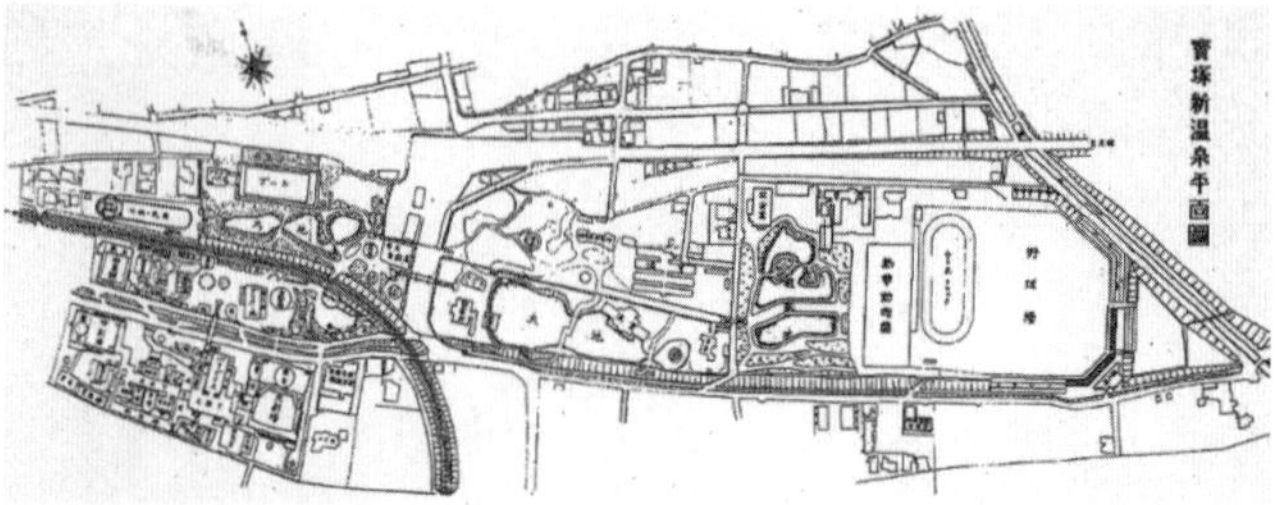

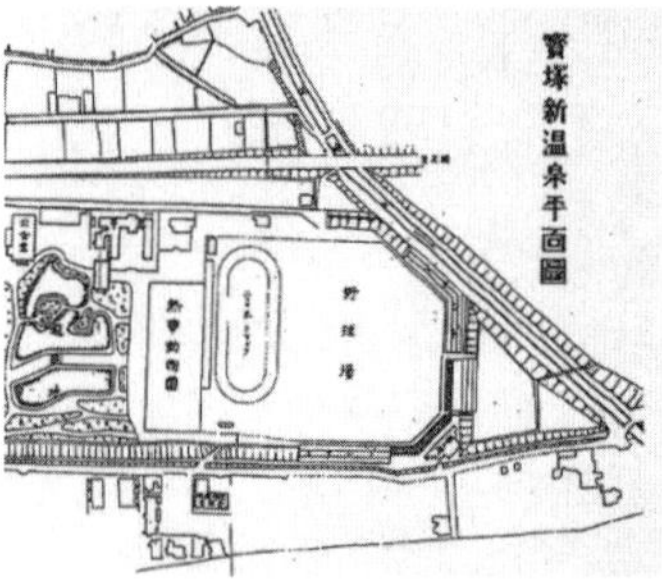

［資料 3-42］宝塚新温泉平面図（昭和10年）・下は拡大図（宝塚市立中央図書館所蔵）

［資料 3-43］宝塚球場跡地・現在は関西学院初等科グラウンド［兵庫県宝塚市武庫川町］（筆者撮影）

［資料3-44］『宝塚新温泉遊覧アルバム』（大正15年刊）表紙（宝塚市立中央図書館所蔵）

資料3―42は、宝塚新温泉平面図（昭和十年）である。右端に〈野球場〉があるが、二百《メートル》トラックを含んだ場所が宝塚運動場である。宝塚球場は宝塚運動場のなかに位置している。しかし、残念ながら宝塚球場は現存していない。代わりに、その跡地近辺の写真を示しておく（資料3―43）。球場跡地の後方にみえるのが、関西学院初等科の校舎である（当時の地図では熱帯動物園辺りと思われる）。

かつて、宝塚運動場をふくむ場所全体が一大エンターテーメントゾーンであった。ちなみに大正期には、娯楽施設を愉しむための観光案内冊子が刊行されている（『宝塚新温泉遊覧アルバム』、資料3―44）。往時の野球場の面影を示すものとして宝塚運動場の絵葉書（資料3―45）がのこされている（絵葉書の上部には「宝塚名勝　宝塚グランド」と記されている）。「宝塚球場」はまさに宝塚名勝のひとつとして数えられていた。すなわち、宝塚球場自体が、観光地としての宝塚新温

（1）小林一三《いちぞう》（1873-1957）。慶大卒業後すぐに実業界入り。のちに阪急電鉄の前身となる箕面有馬電気軌道を興す。大正十二年、関東大震災で本拠地・芝浦運動場を失った〈日本運動協会〉を引き取り〈宝塚運動協会〉（天勝野球団に次いで日本の三番目の職業野球団）を結成。昭和十年九月、阪急電鉄会長として欧米視察中、関西の電鉄のライバル・阪神電鉄が球団設立にうごくという情報を得るや、ただちに阪急軍編成と新球場（阪急沿線・西宮）建設を電報にて指令（殿堂入り、一九六八年）。山梨県出身。

泉エリアのなかに位置していたのだ[1]。

連盟主催試合（大阪大会、宝塚球場）

野球の話にもどる。十月二十七日、宝塚球場では、大阪トーナメントの最終日をむかえていた。先に開催された名古屋大会（鳴海球場）の一位チームはタイガースで、勝ち点1が与えられていた。そして宝塚では東京巨人軍が制覇した（資料3―46）。秋季リーグ戦のこれまでの三つの大会――第一次甲子園リーグ戦、鳴海球場および宝塚球場でのトーナメント大会――を終えた時点での通算勝ち点は、巨人軍2、タイガース1である。ペナントレースは折り返し点にさしかかっていた。

［資料 3-45］【絵葉書・宝塚名勝】（大正末期～昭和初期）宝塚グランド（宝塚市立中央図書館所蔵）

職業野球寶塚大會（四日）
3―1
阪急復仇成らず
巨人軍優勝す
好投 石田に惜しき凡失

［資料 3-46］昭和 11 年 10 月 28 日　国民新聞（国立国会図書館所蔵）

プロ専用球場へのうごき(5)後楽園球場発起人会

東京市内にプロ専用球場が八月に上井草において、十月には洲崎にてそれぞれ落成をみた。上井草球場は東京セネタースの、洲崎球場は大東京軍のそれぞれの本拠地であった。のこされたのは、東京巨人軍である。もうひとつの球場設立の話は球団の親会社の読売の主導というよりも、別のルートからのうごきが水面下ですすんでいた。上井草も洲崎も、実際のところ、東京の中心からはなれた所に位置している。(2) 交通至便な地で、神宮球場に負けないくらいの立派なプロ野球用のスタヂアムがのぞまれていた。

ここにおいて、河野安通志(3)らの有志による、かねてからの夢の実現にむけての計画が最終段階にきていた。河野らは大正九年(一九二〇)――今からちょうど一〇〇年まえ――に、わが国初の職

(1) このような事情をふまえて、小林一三氏は、職業野球時代の到来を見越して、プロ専用球場建設は、宝塚エリアとは別の地、すなわち、交通至便の西宮における用地をえらんだのであろう。

(2) 東京瓦斯《ガス》の資材置き場だった低地(海抜六〇cm)の洲崎球場。洲崎はかならずしも不便な場所というわけでもなかった。亀戸から洲崎方面へは城東電車が走っていた。また当時、帝都には34系統にもおよぶ市電が運行していた(『東京・市電と街並み』七八―七九頁)。洲崎停車場へは錦糸堀から二駅の近さ。早稲田からは飯田橋、神保町、大手町、日本橋、永代橋を経由して洲崎が終点(日本橋からは四つ目という近さ)。洲崎は東京市内のターミナル駅であった。洲崎にくらべれば、上井草球場は郊外に位置していた。

(3) 河野は当時、名古屋軍の総監督であった――球団役員(常務取締役)でもあった――が、名古屋軍のための専用球場の建設を構想していたのではない。押川清をはじめ河野らの有志の関心は名古屋ではなく東京にあった(両者とも翌年名古屋を去り、新球団「後楽園イーグルス」を設立)。

業野球団「日本運動協会」を結成し、翌年には専用球場（芝浦球場）を設けた。関東大震災後には、球場を失った河野は小林一三の援助をうけて、「宝塚運動協会」（宝塚球場を本拠）として再生させ、短いながらもプロ球団の運営というものを経験していた（当協会は昭和四年解散）。河野らの実践には共通して、チームと球場は一体化すべきという理念があった（彼らには、自チーム専用とまでいかないが「芝浦球場」や「宝塚球場」といった本拠地があった）。十月三十一日付国民新聞の記事（見出しは、「〃後楽園球場〃具体的準備に来月二日発起人会開催」、資料3—47）には、小石川砲兵工廠跡地での後楽園球場建設計画が具体的に述べられている。「既に設立を伝えられ小林一三氏のスポーツ界乗出しとして注目をひいた小石川砲兵工廠跡後楽園球場建設計画は其後順調に進み、発起人の顔触れも決り資本金二百万円の『株式会社後楽園スタディアム』がいよいよ実現の第一歩を踏み出した。…〈後略〉」

〃後樂園球場〃
具體的準備に
來月二日發起人會開催

[資料3-47] 昭和11年10月31日　国民新聞（国立国会図書館所蔵）

十一月二日、後楽園球場の建設のための発起人総会が開かれ、本格的にスタヂアム建設にむけて始動した（資料3—48）。

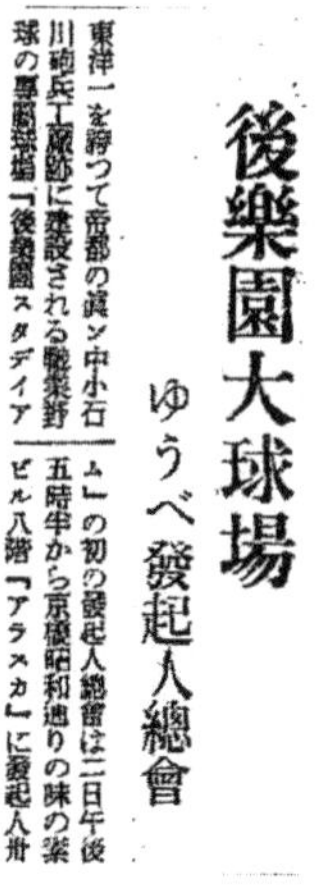

後樂園大球場
ゆうべ發起人總會

東洋一を誇つて帝都の眞ン中小石川砲兵工廠跡に建設される職業野球の專屬球場「後樂園スタディアム」の初の發起人總會は二日午後五時半から京橋昭和通りの味の素ビル八階「アラスカ」に發起人卅

［資料 3-48］昭和11年11月3日 読売新聞

記事（資料3―48）内容を以下示す。

東洋一を誇って帝都の真ン中小石川砲兵工廠跡に建設される職業野球の専用球場「後楽園スタディアム」の初の発起人会は二日午後五時半から京橋昭和通りの味の素ビル八階「アラスカ」に発起人三十八名出席して開催、早川芳太郎氏議長となって挨拶をのべ押川清氏[1]からスタディアム建設の決定に至るまでの経過を報告、ついで議題に入り満場一致で定款を承認、最初発起人、賛成者で全部引受ける予定であった株式の一部は一般のファンの要望に応じて公募することになり次の八氏を創立委員に選任、創立総会に至るまでの創立業務執行について打合せ七時過ぎに散会した

◇創立委員　東京米穀取引所理事長早川芳太郎、東京電燈社長小林一三[2]、山二商店主片岡辰次

（1）河野安通志の球友の押川清――名古屋軍を経営する球団の相談役に就任していた――は、発起人会の場で「スタディアム建設の決定に至るまでの経過を報告」するが、河野・押川両者とも創立委員として名を連ねてはいない。政財界人と野球人は別次元の存在であることを示している。これは、「親会社（資本家）―子会社（球団）」の構図を表わし、その関係が長くプロ野球界を支配することになる。

（2）企業体としての「株式会社後楽園スタディアム」の創立委員に小林一三が加わっていた。阪急電鉄総帥として関西に拠点をおく小林氏の存在は、東京への進出企図への意欲のあらわれとして理解することができよう（昭和九年一月、東京宝塚劇場を開場、宝塚少女歌劇団の東京進出）。

郎、東京電燈常務河西豊太郎、衆議院議員田辺七六(1)、日本放送協会関西支部理事長松方正雄(2)、森永製菓社長松崎半三郎、読売新聞社長正力松太郎

第三章は球場の話題にはじまり球場の話題におわる、と本章の冒頭で述べていた。秋季リーグ戦が進行していくなか、職業《プロ》野球選手の晴れの舞台となる〈野球場〉そのものへの関心を終始意識しながら記述をすすめていった。次章（第四章）では、おもに東京で新装になった二つの球場（上井草球場・洲崎球場）に焦点を当てながらペナントレースを追っていきたい。

（1）田辺七六《しちろく》（1879-1952）。明治法律学校（現・明大）卒。大正～昭和期の政治家（衆議院議員当選七回）、実業家。小林一三の異母弟。実弟は田辺宗英（1881-1957 殿堂入り、一九六八年）。山梨県出身。
（2）大阪タイガース会長の松方氏も加わり、関西の野球界もかかわっていることを示すが、創立委員として名古屋勢の人物が見当たらない。

【初冬の熱戦譜】

第四章　職業野球《プロ》初年度の王座決まる

職業野球《プロ》、帝都初のリーグ戦（上井草球場）

連盟主催のリーグ戦は、東京と関西でそれぞれ二回ずつ、計四回にわたって開催されることになっている。

一回目は第一次甲子園リーグ、二回目は第一次東京リーグ（上井草球場）、三回目は第二次甲子園リーグ、四回目は第二次東京リーグ（洲崎球場）。

十一月にはいり、九月以来のひさびさのリーグ戦がはじまる。いよいよ東京においての争覇戦だ。それも、上井草の地において新装の舞台での対戦が組まれている。帝都の野球ファンの期待は大きくふくらんでいた。第一次東京リーグ戦は、十一月三日から十日までの日程で上井草球場にて開かれる予定であった（資料4―1）――実際は、雨天順延による日程変更のため十二日まで実施。

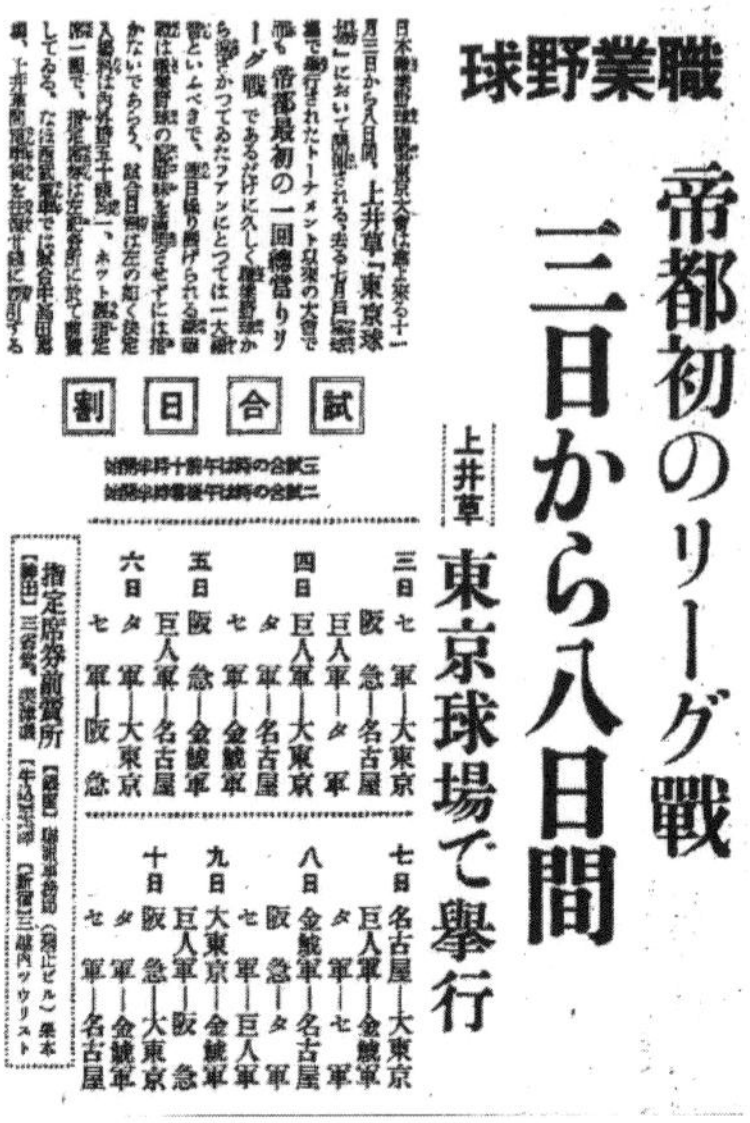

職業野球
帝都初のリーグ戦
三日から八日間
上井草 東京球場で擧行

試合日割

三試合の時は午前十時半開始
二試合の時は午後一時半開始

三日 セ軍—大東京　阪急—名古屋　巨人軍—タ軍
四日 巨人軍—大東京　タ軍—名古屋　セ軍—金鯱軍
五日 阪急—金鯱軍　巨人軍—名古屋
六日 タ軍—大東京　セ軍—阪急
七日 名古屋—大東京　巨人軍—金鯱軍　タ軍—セ軍
八日 金鯱軍—名古屋　阪急—タ軍　セ軍—巨人軍
九日 大東京—金鯱軍　巨人軍—阪急
十日 阪急—大東京　タ軍—金鯱軍　セ軍—名古屋

指定席券前賣所

[資料4-1] 昭和11年10月28日 読売新聞

記事（資料４—１）内容を以下記す。

日本職業野球連盟東京大会は愈《いよい》よ来《きた》る十一月三日から八日間、上井草「東京球場[1]」において開催される、去る七月戸塚球場で挙行されたトーナメント以来の大会で而も帝都最初の一回総当りリーグ戦であるだけに久しく職業野球から遠ざかっていたファンにとっては一大福音というべきで、連日繰り広げられる豪華戦は職業野球の醍醐味を満喫させずには措《お》かないであろう、試合日割は左の如く決定入場料は内外野五十銭均一、ネット裏指定席一円で、指定席券は左記各所に於て前売している、なお西武電車では試合中高田馬場、上井草間電車賃を往復二十銭に割引する

学生野球に慣れ親しんできた帝都の野球ファンにとって、職業野球の球場風景はいささかこれまでとはちがった趣を呈していたようだ。十一月四日付読売新聞記事（資料４—２）——見出し「職業野球東京リーグ戦第一日」「独特のスタンド風景」——をみてみよう。観客が球場にもちこんだ

物の種類と量が、学生野球の神宮球場とはちがうようだ。また、職業野球はスピーディーだという面も出ている（一日に三試合、それも四時間半で）。

記事（資料4―2）内容を以下記す。

職業野球
東京リーグ戦
第一日
獨特のスタンド風景
【寫眞はきのふ球場を埋めた大觀衆】

[資料 4-2] 昭和 11 年 11 月 4 日 読売新聞

秋の球界を飾る職業野球の東京リーグ戦は三日、沸きかえる上井草球場でまずセネタース、名古屋、阪急が名をなして第一日を終ったが、この日ファンの遺品が四台のオート三輪車に満載されるというスタンドに異風景が描かれた、ファンの遺品とは一升ビンが四十本、ビールビンが百二十本、仕出し弁当の空箱とお尻の下のクッション代用新聞紙（オート三輪車に三台）である、その一升ビンにはまだ多分に液体が残されているもったいなさ！であったが、これはバタンバタンと三段返し式に三試合が僅か四時間半で終ってしまった丶ために惜しくも液体を残塁に終らしめたので、学生

（1）上井草球場のこと。新聞記事（資料4―1）の見出しには「東京球場」と記載。当時、しばしばその球場名で呼ばれたことを示す。

のスロー野球になじんだファンは此三段返し型にはいさゝか面喰い気味の風情であったがスタンドにかかる遺品の残されたものはおそらく我球界の初現象、職業野球独特の点景だ、さてきょうは大東京対巨人軍、タイガース対名古屋、セネタース対金鯱の一戦だ、スタンドにはなにが残るか！〔写真はきのう球場を埋めた大観衆〕

シーズン中の監督人事（大東京軍新監督に小西得郎氏）

秋季ペナントレースたけなわの時期に監督人事がみられた。大東京軍の監督交代の発表があった（十一月十二日付国民新聞）。

大東京軍は二月十五日に創立して以来わずか九ヶ月のあいだに、これで三人目の監督をすえることになった。永井武雄監督(1)（開幕前解任）にはじまり、伊藤勝三監督(2)（選手兼任）、そして小西得郎監督(3)（選手兼任）。大東京軍の監督人事は当初、慶大出身（永井、伊藤とも慶大出）でかためられていたが、こんどは、オーナーの田中斉（明大出）のラインなのか、明治出身の小西氏がえらばれた。職業野球団勃興期、監督、選手とも多くの東京六大学出身者で構成されていた。球団によって特定の大学カラーを見出すことができる。創立当初の大東京軍が慶大系の監督をすえたことは、東京と名古屋の早慶戦――名古屋（＝早大）・東京（＝慶大）――をイメージしたものであろう。事実、大東京軍と「友軍」関係にある名古屋軍の首脳陣が早大系（河野総監督・池田監督）である。くわえて、大東京軍の東京巨人軍（首脳陣は市岡忠男をはじめ早大系）への対抗意識、いいかえれば、田中斉の正力松太郎への対抗意識も反映されているといえそうだ。

　小西得郎氏が大東京軍の三人目の監督に就任したいきさつについて、鈴木龍二（4）の回想をたどってみよう（5）。

（1）永井武雄（1904-1938）。第一神港商から慶大へ。早慶戦復活後初の勝利投手。卒業後は全大阪や東京倶楽部でプレー。大東京軍結成時に監督就任。シーズンまえのノンプロ東京瓦斯戦（昭和十一年四月五日）に大敗、監督を解任。十三年応召、同年四月十九日中国にて戦没。慶大野球部ＯＢ最初の戦死者。兵庫県出身。

（2）伊藤勝三＝既出（二四頁）。

（3）小西得郎《とくろう》（1896-1977）。父親（京都帝大教授）の反対を押し切り三高（現京都大）から明大へ。小柄ながら俊足の外野手として活躍。十一年大東京軍の監督のあと、名古屋軍（十四～十六年）を指揮。戦後、松竹の監督としてセ・リーグを制覇（昭和二十五年）。三十年からＮＨＫ解説者、志村正順アナウンサー（後述）との名コンビで、「何と申しましょうか…」の小西節が人気を呼んだ（殿堂入り、一九七一年）。東京都出身。

（4）鈴木龍二（1896-1986）。海城中を経て東京工業学校へ。大正十年、国民新聞社へ入社、政治部・社会部記者を歴任し社会部長。この記者時代に政官界を中心に広い人脈を築いた。国民新聞が新愛知新聞社の傘下へ入ったことを契機に退社。時事新報社を経て昭和十一年、国民新聞主幹・田中斉の要望を受けて、同新聞社が創設した職業野球団大東京軍の球団代表・常務へ就任。十六年代表を辞して日本野球連盟事務総長に就任。職業野球全般の運営に当たり、戦時下や戦後の困難な時期にプロ野球を維持・発展に尽力。二リーグ分立後三十二年の長きにわたってセ・リーグ会長（殿堂入り、一九八二年）。東京都出身。

（5）『鈴木龍二回想録』（五〇―五一頁）。

若気の至りで、一試合やっただけで監督をクビにしたぼくは、同じ慶応出身の伊藤勝三君に監督を任せた。だがまもなく小西得郎君に監督を依頼した。当時大東京の事務所は西銀座の国民新聞社の一室にあった。

明大教授[1]の田中斉の関係で、明大出身の原田勇造という男がマネージャーをしていた。そういう関係で、小西君はよく事務所に遊びにきていた。小西君は神楽坂で芸者屋の主人に納まっている。歌舞伎の六代目菊五郎[2]と仲がよくて、歌舞伎の世界に出入りをしているような粋人だった。ぼくとは不思議に気があって、苗字など呼ばない。「得《とく》ちゃん」「龍ちゃん」と呼び合う仲になったが、監督になったときは「どうだい、監督やってみないか」「そうだな、やってみるか」というような形で、いつのまにか監督になった。このときから〝得ちゃん〟は生涯プロ野球の中で過ごすことになる。

この時期に、大物選手の東京巨人軍への中途入団が報じられた。十一月三日の連盟理事会において、水原茂選手の登録が承認され巨人軍に入団した。十一月四日付読売新聞にはつぎにように記されている。「今更説明するまでもなく今春まで巨人軍の三塁手、否全日本随一の名三塁手の名をほしいまゝにしていた水原である。しばらく巨人軍のメンバーから抜けていたが今回復活したのである」。水原選手の加入によって、二塁手は三原、三塁手は水原におさまり、内野の布陣が強固なものになった。巨人軍は、内野守備の弱点を克服することになった」。

上井草球場における、（第一次）東京リーグ戦は十一月十二日をもって終了した。一位チームは名古屋軍と大阪タイガース（資料4―3）。それぞれのチームに、勝ち点0・5点が与えられた（タイガースの通算勝ち点は1・5点）。十四日からは会場を甲子園球場に変えて、大阪大会（第二次甲子園リーグ戦）が開催される。

職業野球 東京リーグ戦終る
首位は名古屋とタ軍
あすから第二次甲子園リーグ戦

［資料4-3］昭和11年11月13日 読売新聞

ペナントレースの途中経過

これまでに、秋季リーグ戦は甲子園リーグと東京（上井草）リーグの二回実施された。七球団参加して総当りの試合を行い（一回のリーグ戦で各球団六試合実施）、これまでに各チームは計十二試

（1）田中斉の明大教授就任は昭和三十一年（当回想録の刊行は昭和五十五年）。戦前期には明大講師を務めていたが昭和十一年の時点では大学職の有無は不明。いずれにせよ、小西の大東京軍入りは明大出身の田中の影響があったとみるのが自然であろう。

（2）六代目尾上菊五郎（1885-1949）。大正・昭和時代に活躍した歌舞伎役者。あらゆる役柄をこなし、歌舞伎の新しい演技術をつくりあげた。本名は寺島幸三。宝塚公演の際に、すぐ側のグラウンドで練習をしていた職業野球団「宝塚運動協会」を見て大の野球好きとなり、自身の本名を冠した「寺島ベースボールクラブ」を結成。東京都出身。

甲子園と東京

兩リーグ戰の綜合成績では

巨人軍と夕軍が同率一位

兩リーグ戰綜合成績

打撃ベストテン

（打數24以上）

［資料4-4］昭和11年11月13日 読売新聞

職業野球

第二次甲子園リーグ戰

優勝爭ひの双壁

巨人軍と夕軍

興味深い〝黒馬〟阪急

けふ開く

［資料4-5］昭和11年11月14日 読売新聞

合を戦ってきた。

戦績は、東京巨人軍と大阪タイガースがそれぞれ九勝三敗ずつ、勝率が七割五分で同率一位である（資料4―4）。一方、勝ち点――最終的には勝ち点合計で優勝者が決定――はトーナメント大会（名古屋・宝塚）も含めるため、これまでに巨人軍が2点、タイガースが1・5点を獲得していた。二つのリーグ戦での打撃成績（打数24以上）は、首位打者は四割五分八厘で阪急軍の宮武三郎、二位は三割九分で名古屋軍の中根之《すすむ》、三位は三割八分六厘でタイガースの景浦将であった。

秋季リーグ三回目のリーグ戦が、十一月十四日からふたたび甲子園球場で開催された（第二次甲子園リーグ）。十一月十四日付読売新聞の見出しにはつぎのように記されている。「優勝争いの双壁　巨人軍と夕軍　興味深い〝黒馬〟阪急」（資料4―5）。

秋季の公式戦では、巨人軍とタイガースが戦力を充実させていて、選手も好調を維持している。また、「〝黒馬〟阪急」の見出しが目につく。阪急軍は、東京リーグ戦では調子を落としていた（二勝四敗）が、地力があるのでダークホース的な存在として注目されていた。

季節の風景（11）あすはうれしいな〝七五三〟のお祝い

少し野球をはなれて社会の諸相をのぞいてみたい。十一月半ばには、恒例の家庭の年中行事「七五三」が行なわれる。十一月十四日付国民新聞の記事（資料4―6）を示す――見出しは、「あすはうれしいな〝七五三〟のお祝い　子供さん達はあんなに飛んだり跳ねたりして燥《はしや》いで喜んでいます」「お母さん達・御馳走は…」。

記事（資料4―6）内容の一部を以下記す。

明日は七五三のお祝です、お祝の年であるなしに拘らず子供さんのためにこの夜のご馳走をこしらえてあげたらどんなによろこぶことでしょう、見た目にもきれいでおいしいお献立を…

[資料4-6] 昭和11年11月14日　国民新聞（国立国会図書館所蔵）

こんな献立は如何です
◇菊花芋　おさつ[1]を蒸して、裏漉しにかけ、塩と砂糖、片栗粉少々をよくまぜ合せて少しねり煮をし、茶きんしぼり[2]のようにして平たくつぶして菊の花のような型につくり菊の葉をよく洗ってそこへ花の真中には別のおいもに少し黄色い色をつけたものにのせます、なお一色でなしに三色位になされば一そうきれいです、それにははじめ裏漉ししたものを三つに分け、その一つは前と同様、一つはひき茶の粉を、後の一つは食紅で色をつけます
◇フルーツサラダ　食後によろこぶもので、簡単な作り方はまずリンゴの上をそぎ取って中をくりぬき身を蓋のように作り、身の方は細く刻みます、梨、パイナップル（缶詰）も同様
〈後略〉

戦時体制への道（7）健康日本の韻律・兵隊さんの凱旋

戦争の遂行のためには戦闘員だけではなく、戦線の後方で支援するシステム、すなわち、「銃後の守り」を隅々まで構築しなければならない。いわゆる〈女性や子供〉がそのような目的のもとに諸行事に参加させられていく。

ここで紹介するのは、三万人もの女学生や小学生を動員した大合唱を神宮外苑競技場――神宮

球場（職業野球は排除されている）や陸上競技場をそなえたまさに〈聖地〉――で挙行するというものだ。音楽と運動場とはなんとも奇妙な組み合わせのようにみえる。「スポーツ日本」や「軍国日本」の掛け声勇ましく身体的運動が奨励されていた時代のなかで、合唱など大人数が参集する場面が〈活用〉されたとみることができる。十一月十二日付東京朝日新聞の記事（見出し【三万人の大合唱】「神宮外苑を圧して健康日本の韻律」「秋雨に凛然大輪の花」、資料4―7）を紹介する。記事内容を以下示す（傍点中西）。「健康日本」という言葉は、「街に湧くオリンピック景気」（資料2―30）の記事中にもみられた。神宮外苑競技場（七年後の昭和十八年十月二十一日、出陣学徒壮行会が挙行）と「健康日本」言説がむすびついていく。

第四回音楽週間の女子連合音楽体育大会は十一日午後一時から神宮外苑競技場で挙行され我国最初の「三万人の大合唱」が雨空を破って高らかに唱われた

この日正午ごろから晩秋の冷雨をものともせず都下五十五高女(3)三十九高等小学校約三万人の合唱団は続々入場競技場をとり巻くスタンドと芝生を埋め尽くしグラウンド中央に整列した東

（1）御薩。サツマイモのこと。おもに女性がいう。
（2）茶巾絞り。あん状のものを布巾などで包んでひねり、絞り目をつけたもの。
（3）高女＝高等女学校。女子に必要な高等普通教育を授けた旧制の中等学校。「高等女学校令」（明治三十二年公布）にもとづき各都道府県で創設、昭和二十三年学制改革で廃止。

二萬人の大合唱

神宮外苑を壓して
健康日本の韻律
秋雨に凜然大輪の花

［資料 4-7］昭和 11 年 11 月 12 日 東京朝日新聞
（鶴舞中央図書館所蔵）

京音楽学校(1)吹奏楽団、陸海軍軍楽隊を囲んで華やかな大輪の花を開く

定刻軍楽隊の勇壮な連隊行進曲と共に日本体育会体操学校(2)女子部を先頭に各校代表の入場行進によって大会の幕は落された

国旗掲揚、宮城遥拝《ようはい》(3)の各式が厳かに行われた後愈《いよ》〱三万人の合唱である「君が代」「国旗掲揚の歌」「伸びゆく日本」の各合唱だ、女軍三万人が一団となった画期的なコーラスが競技場を圧し更に神域の森に反響し健康日本の力強い叫びを挙げこの時本社の放鳩三百羽は秋空に華やかな色彩を交錯させた……〈後略〉

満州警備の任に就いていた河村部隊(4)が六ヶ月ぶりに帰国(5)したときの新聞報道を示す（十一月十八日付東京朝日新聞、見出し「【菊日和に凱旋譜】「市民の熱狂的歓迎　兵隊さんも喜び顔　半年ぶりに原隊へ」」、資料4―8（1））。ここでも〈女性や子供〉が動員される。

【凱旋グラフ】（資料4―8（2））の個々の写真の説明を記す――［上］国防婦人の歓迎＝品川駅にて［下右］可愛い弟達の歓迎［同左］孝行兵士のお母さん＝○印［下］歓迎の愛宕小学校(6)のブラ

ス・バンド。

市民の熱狂的歓迎
兵隊さんも喜び顔
半歳ぶりに原隊へ

菊日和に凱旋譜

"兵は皆元氣"

赤飯とお

[資料 4-8（1）] 昭和 11 年 11 月 18 日 東京朝日新聞（鶴舞中央図書館所蔵）

[資料 4-8（2）] 昭和 11 年 11 月 18 日 東京朝日新聞（鶴舞中央図書館所蔵）

（1）明治二十年に創立された官立音楽学校。洋楽の紹介、音楽家・音楽教員養成を目的とした。昭和二十四年東京美術学校と合併、東京芸術大学（音楽学部）となる。

（2）日本体育会体操学校（明治三十三年創立）の前身は日本体育会体操練習所。源流は「日本体育会（明治二十五年）」——明治二十四年日高藤吉郎氏設立の「体育会」による）。現・日本体育大学。

（3）遠く離れた所から神仏などをはるかにおがむこと。宮城遙拝は皇居（宮城）の方向に向かって敬礼（拝礼）する行為。

（4）河村恭輔《きょうすけ》（陸軍中将）は、二・二六事件後の昭和十一年三月、第一師団長に親補（旧制で天皇が特定の官職を親任）され満州へ駐留。

（5）河村部隊は昭和十一年五月に満州へ出征（第一章の資料1―8参照。五月九日付国民新聞夕刊「輝く出征・われらの部隊」）

（6）旧愛宕高等小学校。

河村部隊一部の凱旋兵士は秋空一碧の十七日満々たる元気を湛えて帝都に凱旋した、品川、渋谷、赤羽(1)各駅をゆるがす歓呼のどよめき、日の丸小旗の波、物凄いばかりの歓迎陣だ、駅頭では目頭を熱くした父や母や姉などが、この熱狂する人、日の丸の小旗の渦に近寄ることも出来ず、わが子、わが弟の姿を求めている、一切の歓迎準備を整えた原隊では嬉しさに顔をほころばした兵士達が戦友遠方より帰る喜びに胸を躍らせながら今か今かと首を長くして待ち受けた、そこには夥《おびただ》しい家族の群も待受けている、やがて瀏喨《りゅうりょう》(2)たるラッパの響き、大地を踏む軍靴の音、営外に溢れた市民の群からは早くも万歳の声が盛り上る、喜びの爆発だ

〈後略〉

冬近づく
ストーヴの砲列

[資料 4-9] 昭和 11 年 11 月 19 日 東京朝日新聞（鶴舞中央図書館所蔵）

季節の風景（12）冬支度、ストーブの準備

季節はすすみ、十一月半ばを過ぎて向寒の候、東京ではそろそろ暖房の用意が必要な時季だ。役所における冬支度（ダルマストーブの準備）の様子をえがいたコラムを示す（十一月十九日付東京朝日新聞、見出し「冬近づく　ストーヴの砲列」、資料4―9）。

武蔵野を歩けばひら〳〵と頭上にかゝる落葉朝夕の通勤にも思わずオーバーの襟を立てる今日この頃、冬はそっと近づいています、火鉢やストーヴを囲んで話のはづむのもこれからです、市役所でも早々と冬の支度に倉庫からストーヴを取り出しました、古くさい建築物である市庁舎はいまだこれ等のストーヴが唯一の冬の友です、如何にも悠々とした市役所の冬支度です
[写真は勢揃いしたストーヴ陣]

時代の情景（13） 今年は新人当り年（銀幕）

今年は
新人当り年
銀幕を賑はす三十名
初名乗り
スター一連

[資料4-10] 昭和11年11月22日 国民新聞（国立国会図書館所蔵）

昭和十一年当時、映画は人気の大衆娯楽であった。十一月二十二日付国民新聞には、「今年は新人当り年 銀幕を賑わす三十名」の見出しの記事がある（資料4―10）。

（1）「赤羽」は市電の赤羽橋駅（昭和十一年の東京市電気局発行の電車運転系統図にて確認。『東京・市電と街並み』七九頁参照）。現在の都営地下鉄大江戸線赤羽橋駅の位置にほぼ相当。
（2）楽器・音声がさえてよく響くさま。

記事中には、佐野周二[1]（写真一番上）や、高峰三枝子[2]（写真右端）らが写っている。

職業野球第二次 甲子園リーグ戦終る

7—2

巨人軍、タ軍を破り 共に同率で首位

澤村快投・13安打放つ

タイガース	1	0	0	0	1	0	0	0	0	
巨人軍	0	0	1	3	1	0	0	0	2	7—2

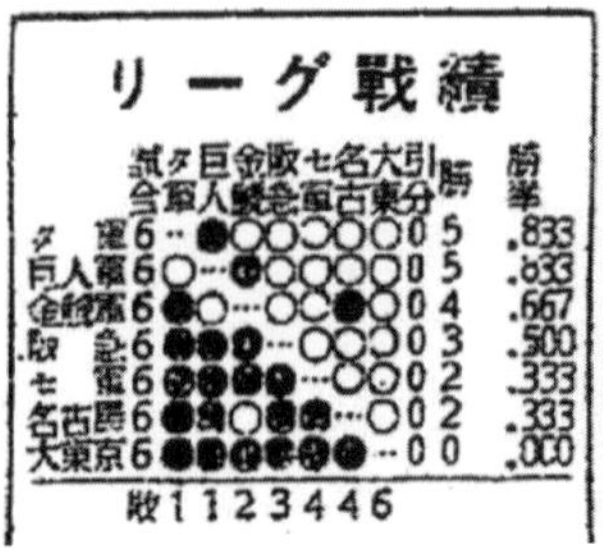

リーグ戦績

	試合	タ軍	巨人軍	金鯱軍	阪急	セ軍	名古屋	大東京	引分	勝	勝率
タ軍	6	…	●	○	○	○	○	○	0	5	.833
巨人軍	6	○	…	●	○	○	○	○	0	5	.833
金鯱軍	6	●	○	…	○	○	●	○	0	4	.667
阪急	6	●	●	●	…	○	○	○	0	3	.500
セ軍	6	●	●	●	●	…	○	○	0	2	.333
名古屋	6	●	●	○	●	●	…	○	0	2	.333
大東京	6	●	●	●	●	●	●	…	0	0	.000
敗		1	1	2	3	4	4	6			

［資料4-11］昭和11年11月24日 読売新聞

第二次甲子園リーグ戦終わる（巨人軍とタイガース同率首位）

第二次甲子園リーグ戦は十一月二十三日でもって終了した。最終日には、巨人軍とタイガースとの直接対決があり、7—2で巨人軍が勝利した（資料4—11）。沢村栄治投手の調子がすこぶる良いようである。甲子園リーグでの成績は、やはり巨人軍とタイガースがすぐれ、勝率はトップであった（それぞれ五勝一敗で、勝率八割三分三厘）。なお、勝ち点は両チームに0・5点ずつ与えられ、通算で巨人軍は2・5点、タイガースは2点となった。それにしても、大東京軍は、監督交代の効き目もなく低迷した（〇勝六敗）。つぎの第二次東京リーグ戦は、大東京軍の本拠地洲崎球場で開催されるというのに…。

第二次東京リーグ戦開幕（洲崎球場）

けふ・第二次東京リーグ戦開幕

"熱球譜"高らかに
豪華・東京"冬の陣"
新装の洲崎大東京球場に
満都ファンの血沸く

巨人軍―金鯱軍
澤村を起用せば
巨人軍に勝味
金鯱は内藤を先發か

セネタース―名古屋
攻守勝る名古屋
試合巧者のセ軍に期待

帝都に誇る偉容
大東京球場

大東京
強化

［資料4-12］昭和11年11月28日　国民新聞（国立国会図書館所蔵）

帝都で読売新聞に対抗する国民新聞は、野球には特段力を入れていた。また、十月半ばには大東京軍用に国民新聞（＝田中斉）肝いりの洲崎球場(3)を落成させている。秋季ペナントレースの最後をかざる試合会場となる洲崎球場は、たとえ自チーム（＝大東京軍）は弱くても親会社にとっての晴れ舞台であった。第二次東京リーグ戦（洲崎球場）は、晩秋から初冬にかけての十一月二十九日から十二月七日まで行われる。十一月二十八日付国民新聞には〈洲崎リーグ〉開幕を告げる記事が大きく掲載された（資

（1）佐野周二（1912-1978）。昭和八年立教大卒業。『Zメン青春突撃隊』（昭和十一年・佐々木康監督）で俳優デビュー。翌年（昭和十二年）、『婚約三羽烏』（島津保次郎監督）で、上原謙（立教大出）、佐分利信とともに「松竹三羽烏」として共演、スターへと駆け上った。長男は関口宏氏、孫は関口知宏氏。東京都出身。

（2）高峰三枝子（1918-1990）。東洋英和女学院（高等女学校）を卒業。『母を尋ねて』（昭和十一年・佐々木康監督）で女優としてデビュー。『婚約三羽烏』では佐野周二らを相手にマドンナ役を演じた。東京都出身。

（3）タイガースの主将松木謙治郎は、洲崎球場（起工式からわずか五十日ばかりで落成）についてつぎのように記している。い

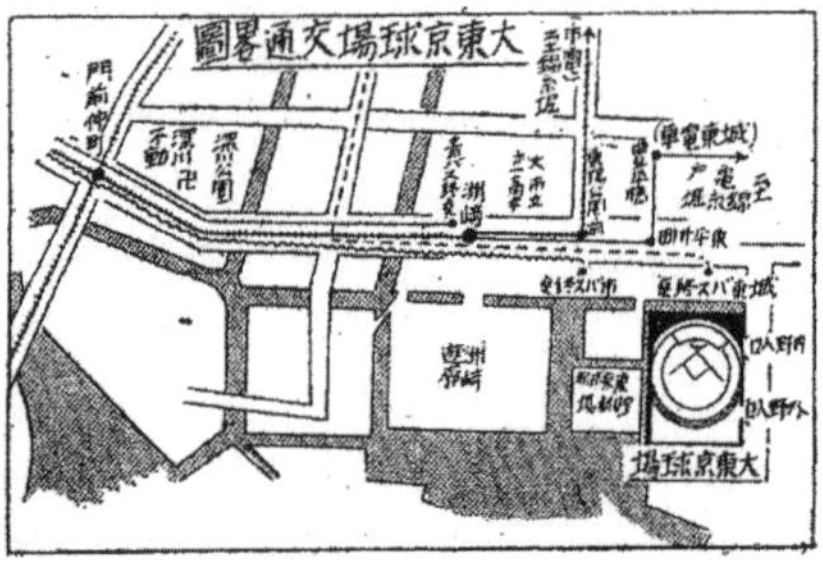

［資料4-13］昭和11年11月28日 読売新聞

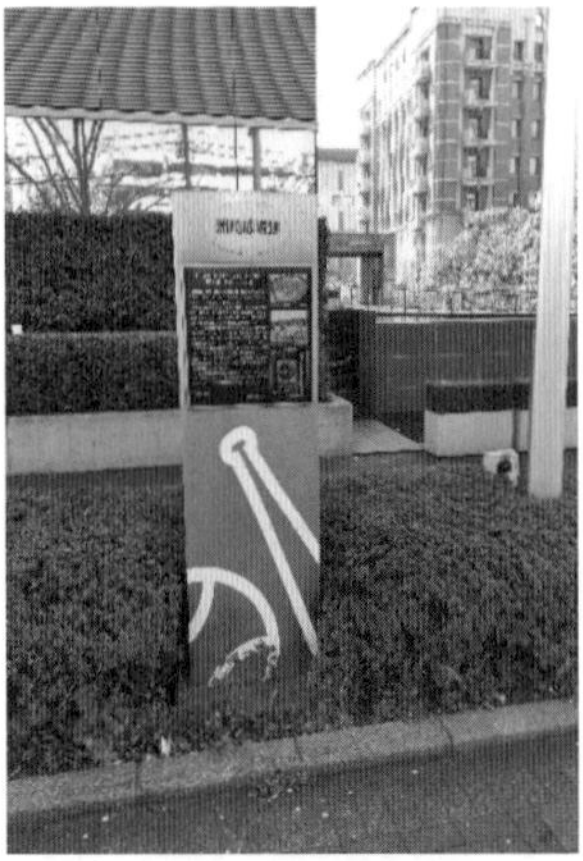

［資料4-15］洲崎球場跡・記念碑［東京都江東区新砂］（筆者撮影）

［資料4-14］昭和11年当時の洲崎球場近辺地図［発行所・東京地形社］（江東区立深川図書館所蔵）

料4―12）――見出し、「きょう・第二次東京リーグ戦開幕」「〝熱球譜〟高らかに　豪華・東京〝冬の陣〟新装の洲崎大東京球場に満都ファンの血沸く」。

記事（資料4―12）内容を以下示す。

きょうぞ、我等が待望の職業野球第二次東京リーグ戦開幕の日だ！東から西へ、西から東へと息をもつかせぬ矢継早やの連戦に疲労の色さえ見せぬ七球団強者が初冬の寒気を吹き飛ばして向う九日間、洲崎大東京球場に描く雄と豪の白兵戦を見よ、東都に屹立する巨人、大東京、セネタースの三豪、関西に対峙する阪急、タイガースの両雄、中京に相呼応する名古屋、金鯱の双璧……、これら七強豪が入り乱れて相搏つ絢爛の大舞台は甲子園から洲崎大東京球場に移り、本年掉尾《ちょうび》(2)の争覇戦はファンを無限の陶酔境に誘い込むであろう、球場また内外野の新装全く成り、観衆二万を呑吐《どんと》(3)し得る大設備を施して全帝都ファンの殺到を待つ、さぁ行こう！洲崎球場目指して！

洲崎球場にかんする資料を示す（資料4—13、資料4—14、資料4—15）。

かに急ごしらえの球場であったかが分かる。「この洲崎球場は、地理的には、日本橋からタクシーで八分、銀座から十二分と宣伝したとおりたしかに近く、またバスや市電でもあまり時間はかからなかったが、とても球場といえるものではなかった。大東京の代表だった鈴木竜二氏（現・セリーグ会長）が、ホームグラウンドとして東京瓦斯から埋立地を一時的に借用したものである。金網を張りめぐらせて仕切りはしてあったが、右翼の後方は金網をとおして海が見え、強い浜風が吹いてきた。スタンドは約千人近くが坐れる木製のものが、一、三塁側にあった。下から風が吹き込む状態で、またスタンドのすぐ前に木製のベンチがならべられていた。どこまでがベンチか、まるでスタンドの一部といえるもので、試合中はファンと選手がともにベンチにいるような気がした。また満潮時になるとグラウンドに海水がジワジワとふきあがってくるので、スパイクがペタペタ音をたてる始末だった」（『タイガースの生いたち』一二六頁）。

（2）掉尾＝事の終わり。物事が、最後になって勢いの盛んになること。

（3）呑吐＝「呑むことと吐くこと」の原意から、入ったり出たりすること。

職業野球《プロ》中継は新人アナウンサーの仕事

洲崎での第二次東京リーグ戦において、職業野球の中継放送がひさびさにに行われることになった。戸塚球場で開催された連盟結成記念大会（七月一日〜）以来の放送であった。東京放送局（JOAK）による、プロ専用球場での中継ということにかぎれば洲崎球場が最初であった。十一月二十八日付読売新聞には、「職業野球中継に五新人アナウンサー初陣」の見出しの記事が出ている（資料4—16）。職業野球は、神宮球場での学生野球や甲子園での中等学校野球大会にくらべて、放送メディアにおける位置づけは、けっして、高いものではなかった。七月初旬の結成記念大会以降、職業野球の公式戦の実況中継がなかったのだ。晩秋になって、ようやく、第二次東京リーグ戦

洲崎大東京球場から初中継
毎日午前十一時五十五分より
職業野球中継に
五新人アナウンサー初陣
福岡、志村、高橋、小川、波木井君
初陣の抱負をきく

[資料4-16 (1)] 昭和11年11月28日 読売新聞

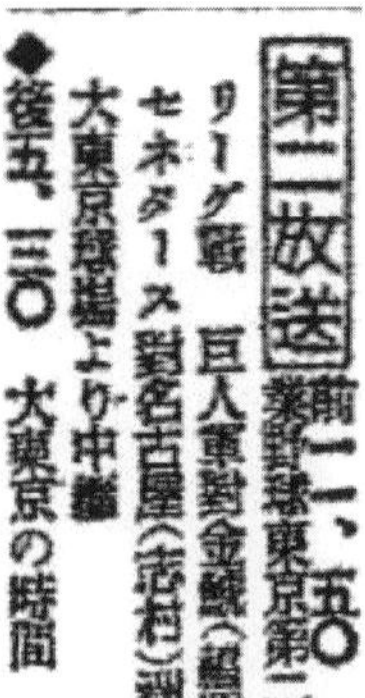
第二放送 前一、五〇 職業野球東京第二次リーグ戦 巨人軍対金鯱戦（福岡）セネタース対名古屋（志村）洲崎大東京球場より中継
◆後五、三〇 大東京の時間

[資料4-16 (2)] 昭和11年11月28日 読売新聞

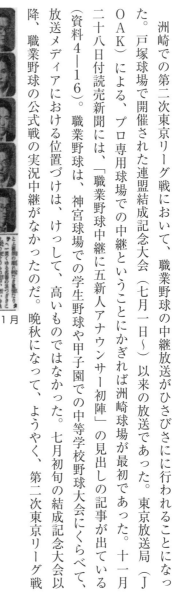

の中継がなされることにはなったのだが、担当アナウンサーは十一年度入局の新人が務めることになっていた。そのなかに、志村正順(1)アナウンサーがいた。

記事(資料4―16(1))内容の一部を以下記す(傍点中西)。沢村栄治投手のプロ公式戦でのプレーを、ラジオで最初に実況(十一月二十九日、巨人軍対セネタース)したのが志村正順であった。記事の「第二放送番組欄」(資料4―16(2))には、志村の担当する試合は、セネタース対名古屋軍(十一月二十八日)と記されていた。実際は、二十八日は雨天中止、そのため順延による日程変更が生じた。

職業野球東京第二次リーグ戦はきょうから九日間洲崎大東京球場で行われるがＡＫでは次の十二試合を毎日午前十一時五十分から今春入局した新アナウンサー福岡幸成、志村正順、高橋博、小川和夫、波木井醇の五君によって中継放送する。新人アナウンサー五君ともこれがスポーツ放送の初陣なので野球中継にフレッシュなアナウンスをしようと張切っている。尚洲崎

(1)志村正順《まさより》(「せいじゅん」、1913-2007)。明大卒。昭和十一年十一月二十九日、洲崎球場での東京巨人軍対東京セネタース戦で、沢村栄治投手のプロ専用球場での活躍をラジオで初めて伝えた。また、十五年に大相撲中継の担当。十八年十月二十一日、出陣学徒壮行会(明治神宮外苑陸上競技場)のラジオ実況を務めた。戦後、昭和二十七年(一九五二)のヘルシンキ五輪の実況中継を現地で担当。三十年からは小西得郎氏を解説者にむかえ、実況と情景描写に「会話」を加えたやり取りで人気を集めた(殿堂入り、二〇〇五年)。東京都出身。

大東京球場からの中継も最初である［写真は上から福岡、志村、高橋、小川、波木井君］
◇今二十八日　巨人軍対金鯱（福岡）　セネタース対名古屋（志村）
◇三十日　阪急対金鯱（高橋）大東京対タイガース（小川）
◇十二月一日　セネタース対金鯱（波木井）巨人軍対タイガース（高橋）

初陣の抱負をきく

福岡幸成君曰く…

抱負はあります、併し現在これを生かすだけの技術がありませんから技術的に進歩するまで先輩の放送にならってやるつもりです

志村正順君曰く…

初めてのスポーツ放送ではあり、さっぱり勝手が判らずどんな放送をやるか心配でたまりません、うまくやろうなんて事は問題外でマイクの前で舌が運動して呉《く》れ、ばとそれだけを念じて居ます

〈後略〉

東京放送局（現ＮＨＫ）による職業野球中継放送の実現にこぎつけるまでの奮闘ぶりについて、鈴木龍二の回想（傍点中西）をたどってみたい(1)。

われわれはＮＨＫがプロ野球［職業野球］を取り上げてくれたことに、大いに意を強くしたのであるが、プロ野球の結成大会［昭和十一年七月一日〜］というので取り上げてくれたＮＨＫも、その後は放送してくれない。なんとかＮＨＫにやってもらいたい、というのが、われわれの念願であった。……〈中略〉当時放送局長をやっていたのは　矢部謙次郎さんといって時事新報の社会部長をやっていた人だ。ぼくも短期間だが時事新報にいたからよく知っている。それから放送局次長が宝田通元さんといって、これは国民新聞にいた人だ。だから宝田さんもよく知っている。運動部長が飯田次男君だ。これらの人を訪ねて「なんとか放送をやってくれ」と頼み込む。松内則三、和田信賢というＮＨＫでも名うての名アナウンサーによって、戸塚の大会はカケ合い放送されたが、これは特別の企画であって、ＮＨＫで常時プロ野球を取り上げるようになったわけではない。プロ野球としては、なんとか運動部の放送スケジュールの中に、プロ野球を加えてもらいたいというわけだ。

この願いがようやく実って、プロ野球公式球場の試合が、初めて放送されたのは、十一年の十一月二十九日であった。……〈後略〉

昭和十一年度に新人アナウンサーとして東京放送局に入局した志村正順にかんする資料をひも解

（１）『鈴木龍二回想録』（三六―三七頁）。

いてみる。(1)

……放送局でもプロ野球を中継することはしたが、回数は少なく、三カ月に一回程度だった。また松内則三などのベテランアナウンサーは放送せず、もっぱら若手と新人が担当した。プロ野球は新人アナウンサーにとっていわば練習台だったのである。

ただし、新人アナが放送する際に、松内則三が必ずかわらについて監督した。志村正順も、最初のころはあがったりとちったりして、しょっちゅう隣に座っている松内に肘でドンと突っつかれた。

〈中略〉

志村たちが初めて洲崎球場へ行った際、河西三省が教えた名文句がある。「右の目でランナーを追い、左の目で球を追え」というのである。いうは易いが至難の技で、無理をすると斜視になりそうだが、要するに、広角レンズのように全体を視野に入れて、どんな動きも見逃してはいけないという意味であろう。この言葉はその後も先輩が後輩に伝える際にしばしば引き合いに出されて有名になった。

当時の洲崎球場の最大のヒーローは東京巨人軍の沢村栄治である。……〈中略〉

その沢村の公式戦に活躍ぶりを初めてラジオで伝えたのが新人アナウンサーの志村正順だった。昭和十一年十一月二十九日である。

「沢村、左足を思い切り上げて、第一球のモーション。靴底のスパイクがはっきり見えるほど、高々と上げました」——しゃべった途端、すぐ近くで「そのとおり！」と威勢のよいかけ声が聞こえた。背後に立って聞いていた観衆の一人、木場職人風の若者だった。洲崎球場には放送席はなく、ネット裏の観客が回りを囲むようにして聞いているわけである。そのかけ声は、いってみれば舞台上の役者に「成駒屋！」とファンから声援が飛んだような趣があり、志村を非常に勇気づけた。……〈後略〉

志村アナウンサーは、野球実況中継を円滑に行うため、日常生活のなかで不断の努力をしていた。引きつづき、鈴木の回想をみてみる(2)。

プロ野球は非常にスピーディだ。テンポが早い。この早いテンポにどうしたらついていけるか、ということを志村君は考えた。それで次のようなことを実行した。当時NHKは芝の愛宕山の上(3)にあった。志村君は東京の下町浅草の花川戸に住んでいた。市内電車で愛宕山のNHKへ通う。電車から見ると呉服屋がある。隣に本屋があって次に漬物屋がある。電車の窓から見

(1)『志村正順のラジオ・デイズ』(六一—六二頁)。
(2)『鈴木龍二回想録』(三七頁)。
(3)大正十四年(一九二五)、愛宕山(現・東京都港区愛宕)にて東京放送局(JOAK)のラジオ本放送がはじまった。現在はNHK放送博物館。

える一軒一軒の家の変化を「あっ本屋です。次は漬物屋さん、隣は――」というぐあいに、電車のスピードに負けずに、口の中でずっとやる。そうやって勉強した、ということを後になって聞いた。志村君はアナウンサーの中でも早口で知られるほうだが、こうした努力で、テンポの早いしゃべり方ができるようになったのかもしれない。

とにかく、最初の和田、松内さんのカケ合い、それから志村君の放送、これが非常に受けた。プロ野球をファンに知ってもらうのに効果があった。だからNHKには日本の職業野球、プロ野球の開拓ということについて、プロ野球は恩義がある。

いよいよ、職業野球《プロ》リーグ戦元年の最後をかざる、第二次東京リーグ戦が十一月二十八日より洲崎球場にて開始されることになっていたが、雨天順延で二十九日からの開幕に変更された（資料4―17、資料4―18）。

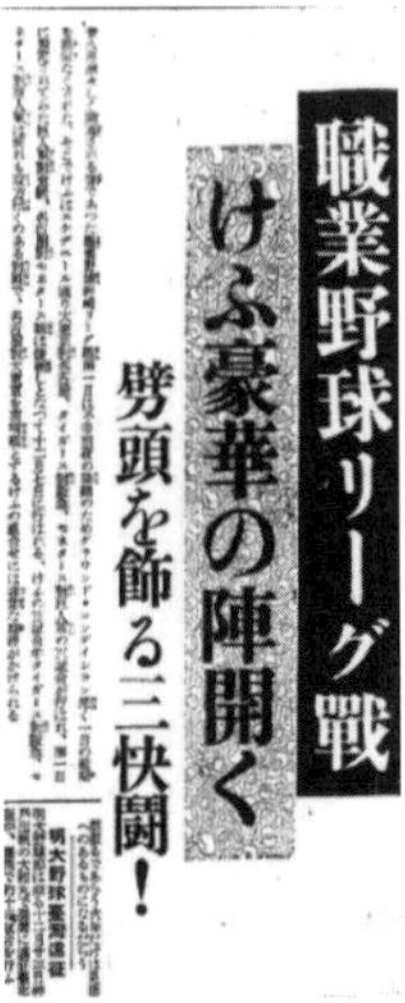
職業野球リーグ戰
けふ豪華の陣開く
劈頭を飾る三快鬪！

［資料4-17］昭和11年11月29日 読売新聞

記事（資料4―17）内容を以下記す。

二十八日華々しく開催される筈であった職業野球洲崎リーグ戦第一日は不幸前夜の降雨のためグラウンド・コンディション悪く一日の延期

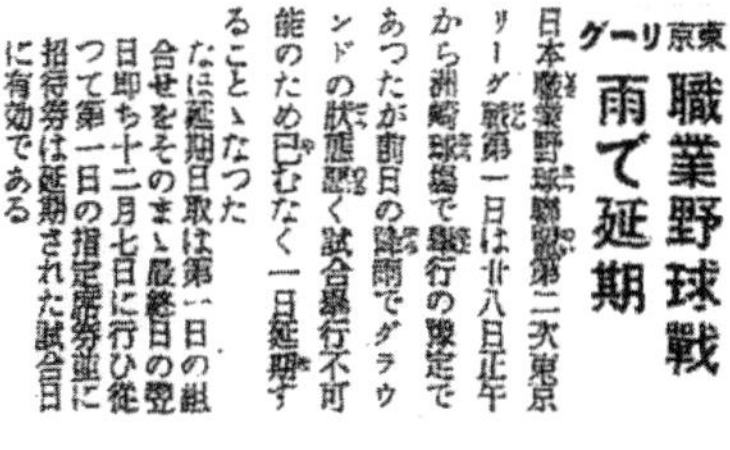

東京リーグ
職業野球戦
雨で延期

日本職業野球聯盟第二次東京リーグ戰第一日は廿八日正午から洲崎球場で擧行の豫定であつたが前日の降雨でグラウンドの狀態惡く試合擧行不可能のため已むなく一日延期することゝなつた
なほ延期日取は第一日の組合せをそのまゝ最終日の翌日即ち十二月七日に行ひ從つて第一日の指定席券並に招待券は延期された試合日に有效である

［資料 4-18］昭和 11 年 11 月 29 日夕刊 読売新聞

を余儀なくされた、そこできょうはスケジュール通り大東京対名古屋、タイガース対阪急、セネタース対巨人軍の三試合が行われ、第一日に予定されていた巨人軍対金鯱、名古屋対セネタースは後回しとなって十二月七日に行われ、きょうの三試合中タイガース対阪急、セネタース対巨人軍は何れも双方曰くのある対戦で、名古屋対大東京を前哨戦とするきょうの組合せには非常な期待がかけられる

記事（資料4―18）内容の一部を以下記す。

日本職業野球連盟第二次東京リーグ戦第一日は二十八日正午から洲崎球場で挙行の予定であったが前日の降雨でグラウンドの状態悪く試合挙行不可能のため已《や》むなく一日延期することゝなった……〈後略〉

十一月二十九日のタイガース対阪急軍戦は、前日の雨でひどくぬかるんだ悪条件のグラウンド上で行われた。結果は、タイガースが1対3で阪急に敗北。関西のライバル球団は東京でも火花を散らしていた。緒戦の一敗はタイガース球団首脳と監督には大きなショックだったようだ。その夜、選手一同は長々と説教されることになった。優勝をかけた大事なリーグ戦で、しかも宿敵阪

[資料4-19] 昭和11年11月30日　国民新聞（国立国会図書館所蔵

急軍に敗れたことからであるが、ほかにも理由があった。主将の松木謙治郎は述懐する。「二十八日は雨で延期となり、各選手がそれぞれ外出したが、十時半の門限に遅れたものが数名いたためである。この数名中に私も入っているが、これは小島の入営送別会のためであった。小川、平桝、小島など大学出はこの東京遠征を最後に兵役に服することになっているため、友人、知人などと別れを惜しんだのである。私と景浦が待つ場所に小島がきたときは、相当酔いが回っていたので、とても門限など聞き入れる状態ではなかった。入営前の心境は当人でなければわからぬものがあり、どうせすぐ兵隊だからといわれれば大目にみるより仕方なかった。しかしこれが直接の動機となり翌年小島がイーグルスに移されたとすれば、私に大きな責任がある」（『タイガースの生いたち』一三八頁）。松木主将はこのように述べ、小島選手の移籍に責任を感じているようだが、実際はほかにも原因があるようだ。小島選手（早大出身）は、慕っていた初代監督の森茂雄氏（早大出身）が七月に更迭された直後に入団（八月）。また、景浦選手（森前監督と同様松山商出身）は入団時に世話になった森氏の退団にショックをうけ、小島選手とともに後任の石本監督とのあいだに確執があったといわれている。森茂雄氏は翌十二年、新球団後楽園イーグルスの監督に就任、小島選手のイーグルスへの移籍と符合する。

雨天による試合開始日の仕切り直し、翌十一月二十九日は好天に恵まれ、洲崎球場には多くの野球ファンが詰めかけた。洲崎球場を運営する国民新聞は大々的にその模様を写真で報じた。写真説明「職業野球　第二次東京リーグ戦」写真〔1〕本社機上から見た超満員の球場〔2〕未明から押しかけて入場先陣争い〔3〕超々満員のスタンド風景〔4〕大観衆を彩る女性ファン〔5〕本社機の祝賀飛行（資料4―19）。

5―3 形勢五転して巨人軍勝つ

延長十回・セ軍潰ゆ

セネタース 020 000 001 0

巨人軍 000 001 110 2

5―3

［資料4-20］昭和11年11月30日 読売新聞

洲崎球場でのリーグ戦初日、息詰まる熱戦がくり広げられた。在京チーム同士による好カード、巨人軍対セネタース戦（志村アナウンサーのラジオ実況）。巨人軍が勝利したのであるがシーソーゲームであった（資料4―20）。

職業《プロ》野球の印象記

読売新聞は、洲崎球場での東京リーグ戦について、特段、力を入れて報じていた。東京の城東地区において、読売新聞と国民新聞は、読者獲得にむけてライバル関係にあった。読売にとっては敵地の球場ではあったが、そこでの野球が盛り上がるかどうかは、今後の職業野球の成否をうらなう試金石にもなりえた。読売主導で立ち上げた職業野球が新たなファンを獲得するのか、それとも失望させるのかを左右するリーグ戦であったのだ。球場に閑古鳥が鳴いているようだと淋しい。職業団による野球がいかに面白いのかの宣伝をしなければならない。十一月三十日付読売新聞には、第一回直木賞受賞作家の川口松太郎氏[1]によるコラムが登場した（「素人の暴論　面白かった職業野球」、資料4―21）。野球関係者とはちがった視点からの観察が興味を引く。読売新聞は、このような著名人――林芙美子[2]「素人ファン」（十二月一日）――による職業野球観戦記を積極的に展開した。また、六大学野球部の現役選手による洲崎球場での観戦評も掲載している。たとえば、「はじめて味わった―見る野球の熱烈さ」（十一月三十日・立教大野球部

素人の暴論
面白かった職業野球
川口松太郎

［資料4-21］昭和11年11月30日 読売新聞

主将　杉田栄）、「満塁本塁打の感激と敬服する水原の美技」（十二月二日・法政大野球部主将　藤田宗一）、「精進する職業野球に双葉山の出現を望む」（十二月三日・早大野球部選手　長野茂）がみられる。記事（資料4―21）内容を以下記す。

「素人の暴論　面白かった職業野球」（川口松太郎）

洲崎の野球場と聞いたので、入りが薄いのではあるまいかと案じながら出かけて見ると、どうしてどうして、大した大入りだ。設備の小さい臨時の野球場でさえもこんなに観客が集まるのだから、水道橋(3)が完成したらどのくらい繁昌するか判らぬ。職業野球が出来てから、学生リーグがつまらなくなったという事を聞く。競技のスピードを尊ぶ職業チームの統制ぶりが成功しているのだ

少し遅れて出かけたら、阪急対タイガースの二回戦から間に合う。三回目で若林が阪急軍の内野凡打を軽く受け止めると、ボールについた砂を悠々と払いながら一塁送球。大投手の貫録を見せるのか、学生リーグならスタンドプレーとして卑《いや》しめられるのも、職業選手の有難さに

（1）川口松太郎（1899-1985）。昭和九年『鶴八鶴次郎』で菊池寛に認められ、『明治一代女』（昭和十年）などで第一回直木賞を受賞。『愛染かつら』（昭和十七年）、『新吾十番勝負』（昭和三十二～三十四年）など。昭和四十年芸術院会員、四十八年文化功労者。東京都出身。
（2）林芙美子（1903-1951）小説『放浪記』がベストセラーとなり、続く『清貧の書』（昭和六年）で作家としての地位を確立。
（3）後楽園スタヂアムを指す。

は一種の愛嬌を添えて満場哄笑《こうしょう》。

七回目で、阪急軍のチャンスに三塁側スタンドから「宮武を出せ、宮武を出せ」と云う声が起ると、三宅監督はすかさずお客様の御注文に応じて宮武をピンチヒッターに出したところなぞ、甚だ我が意を得て観客も拍手をおくれば、人気者宮武も頗《すこぶ》る好い心持そうだった。

〈中略〉

巨人軍対セネタースの一戦も却々《なかなか》好試合で、九回目に放った苅田の一撃なぞは今日中の見事なプレイだと思う。澤村の第一球が、やや低めだと思われたが二出川球審が「ストライク」と何時もの調子を張上げると、苅田の顔色がさって変ったような気がした。ストライクが少し甘かったのだろう。大阪では、同じ二出川審判に喰ってかゝって退場を命ぜられた苅田だから⑴いくらか恨みを残していたのかも知れぬ。唇を噛みしめて次を待つと、澤村のドロップが見事にきまって二ストライク。と、第三球、カーンと音がしたかと思うと右中間の大きな当り、見事なヒットだ。走者が一人還って三対三の同点に漕ぎつけて、これが為めに補回戦⑵に入った。

塁に出た苅田の得意さや思うべしだが、学校にいる時分からの名選手が、職業団に入ってもよく守り、よく打ち、野球選手としては代表的な名人だと思う。苅田のような選手が十人もいたら、野球はもっともっと面白くなる。……〈後略〉

洲崎球場の風景

［資料4-22］昭和11年11月30日
読売新聞

神宮球場での六大学野球もいいが、下町風情のある洲崎球場での職業野球見物も面白そうだ。東京湾に近い埋め立て地に球場を作ったものだから、野球ファンが入場する際、洲崎特有の風景が出現していた——十一月三十日付読売新聞記事（資料4—22）の見出し、「珍・野球見物かたぎ」「猪牙でゆく球場通い　陸の通行止めに小伝馬船(3)で海へ盗塁　洲崎リーグ、氾濫する哥兄連(4)」。

（1）十一月二十日の大阪タイガース対東京セネタース戦（第二次甲子園リーグ戦）で、セネタースの苅田二塁手はクロスプレーの二出川審判の判定に激高。プロ野球史上初の〈退場〉となっていた伏線がある。

（2）延長戦のこと。（3）小型の和船。普通、本船に搭載され岸との間の荷物の積み降ろしに用いられた。

（4）哥兄《あにい》＝威勢がよく、弱気を助け強きをくじく気質（任侠の気風）の人。このような表現は洲崎球場近辺の土地柄を示す（木場の職人、日雇い労働者や求職者を斡旋・手配するその筋の者、博徒、洲崎遊郭に生きる女たち等）。詳細は『洲崎球場のポール際』六六—六九頁参照）。なお、大東京軍の会長（宮田光雄）・副会長（森岡二朗）とも警察大物ＯＢ。洲崎関連でいえば、当遊郭のさまざまな女たちを描いた短編小説として『洲崎パラダイス』（芝木好子著　集英社文庫　一九九四年）が刊行されている（一九五五年刊の講談社版が元）。またその小説をもとに制作された日活映画『洲崎パラダイス 赤信号』（一九五六年・川島雄三監督）を観ることができる（ＤＶＤ版有り）。当映画は、売春防止法の施行（昭和三十二年＝一九五七年）の一年前の公開作品である。同法により廃止された「赤線地帯」に生きる女を中心に描く（撮影は当地帯の外側）。

記事（資料4―22）内容を以下示す。

プロ野球リーグ戦は上井草からこんどは洲崎球場へと場所を変えて二十九日初日の蓋をあけたが、凄い景気で球場前が通行止めになったため陸の野球戦を船で行くという野球見物の珍記録が作られた

下町ッ子は気が早く午前六時ごろから集まりはじめ肝腎の例のカーキ服（整理員）がまだ顔を出さないうちに海ッぷちまで行列が続いた

その為洲崎あたりには男と名のつくものはチンコロまでいなくなってしまったという評判、マサカ…

× ×

「べらぼうめ、開けろ〳〵」が土地柄、威勢のいゝ巻舌にまくし立てられ予定を繰あげ七時半に開門したが、すぐスタンドの半分が埋まり初ッ鼻の大東京と名古屋軍の試合半ばにはもう内野が札止、するとこんどは球場付近の電信棒が満員、続いて一時間後には球場前が通行止め、と内も外も満塁でこれ以上止めるところがなくなった、この球場は海抜実に二尺［＝約六〇センチ］、外野（センター）裏がすぐ海続きである

〜猪牙(1)でサッサ、行くのはヤキュウ通い…
通いつめた連中でもあるまいが、陸で通行止めをくらった頭のい丶のが、猪牙で裏側へ続々と上陸して見事な盗塁をした
さすがに土地柄、ファンはなれたもので警官も整理員も海上止までは気がつかなかったらしいが舟でヤキュウ場へ乗り込んだのはおそらく徳川幕府以来これがはじめてだろう
〈後略〉

熱情！職業野球ファン
冬晴れ洲崎球場に競技はスピーデー

[資料4-23] 昭和11年12月1日 国民新聞（国立国会図書館所蔵）

職業野球のモットーは、まさに「スピーディーと真剣さ」である。十一月三十日、快晴の野球日和の観戦模様、十二月一日付国民新聞が伝えている（資料4―23）―「熱情！職業野球ファン　冬晴れ洲崎球場に競技はスピーデー」。

記事（資料4―23）内容を以下示す。

（1）猪牙《ちょき》＝猪牙船。屋根がなく，へさきのとがった細長い軽快な小舟。

▽…雲雀《ひばり》が囀きそうな小春日和——と四州氏(1)の評にもあったが、職業野球団リーグ戦第二日も絶好の冬晴れに恵まれた、もっともこの日は師走を明日にひかえた晦日だったし休日でもなかった〔十一月三十日、月曜日〕から入場者の数こそ少なけれ、内野スタンドは八分通り熱心なファンでうづまり緊張した二試合の経過にエキサイトした、中には第一日に入場出来なかった、め出直してきたという熱烈な職業野球ファンも少なくない、職業野球が生まれてから一年、この短い間にもうこんなに立派なファンが出来、そのファンヒイキ〳〵の職業チームを声援するようになったことは職業野球の前途に洋々たる希望を抱かせる

▽…一塁側スタンドに咲いた二輪の花は、SSK（松竹少女歌劇）の小倉峰子さん(2)と石上都さん、舞台稽古の暇を見て駆けつけて「冬の野球なんて洒落てるワ」と観戦していたが、試合が如何にもスッキリとスピーディに運ばれるところが気に入って「流石ネ」と囁やき合っていた

▽女人風景といえば作家林芙美子さんもオペラグラスを片手にお寿司かナンカパクつきながら頻《しき》りに作家らしい神経で職業野球を味わっている姿も見えナカ〳〵の風情であった

▽…いよ〳〵今日は第三日目、晴れの三試合が帝都ファンを待って居り、人気はます〳〵沸騰、洲崎リーグも高調に達した感がある【写真はスタンド前列の踊子さんは右が石上都さん、左が小倉峰子さん】

松竹歌劇の人気女優、小倉峰子（みね子）は、恋人のタイガースの小島利男選手(3)——例の入営

前の送別会の夜（雨天中止の二十八日夜）での門限破りの当事者のひとり——目当てに観戦していた。小倉の応援の声が届いたのか、小島選手は殊勲打を放って気を吐きタイガースを勝利にみちびいた。その試合の結果を示す記事を資料4—24に示す。この試合、タイガースは勝利したが主

職業野球 第二次 東京リーグ戦 第二日

7—0

前半健闘の大東京
タ軍の打力に屈す

運命の七回 小島、景浦の殊勲打

大東京	000	000	000	
タイガース	000	000	430	7—0

試合経過

[資料4-24] 昭和11年12月1日 読売新聞

砲松木謙治郎選手にアクシデントがあった。大東京軍の遠藤投手(4)から膝にデッドボールを受けてしまった。当たり所が悪かった。これがため、のちの東京巨人軍との優勝決定戦において、タイガースにとっては大きな戦力ダウンとなってしまう。

タイガース主将松木謙治郎の後日談を引く。

（1）四州＝太田四州（本名：太田茂　1881-1940）。高松中から和仏法律学校（現法大）を経て国民新聞紙上で健筆を揮った。大正十年雑誌『運動界』の発行人兼編集者となり、本格的な野球論を展開。また設立したばかりの放送局のラジオ中継で野球批評を担当、〈野球解説者〉のパイオニア（殿堂入り、一九七二年）。香川県出身。

（2）小倉峰子（みね子）。本名は小島千鶴子（1914-2006）。松竹歌劇団第一期生（同期には水の江滝子、小野小夜子ら）。東京都出身。

（3）小島利男（1913-1969）。愛知商業を経て早大へ（東京六大学野球でリーグ史上初の三冠王）。卒業後三菱鉱業に勤めるが、昭和十一年八月大阪タイガースに入団。翌十二年イーグルスに移籍。戦後、西日本パイレーツで選手兼任監督。現役引退後は実業界に転ずる（フジテレビ専務などの要職を歴任）。妻は女優の小倉みね子。愛知県出身。

（4）遠藤忠二郎《ちゅうじろう》（1917-不詳）。浜松一中（現・浜松北高）、早大（中退）を経て大東京軍へ。エースと内外野手として活躍（実働　投手三年・野手四年）。昭和十四年、引退後応召。戦没。静岡県出身。

「さて私はこの試合の三回表、遠藤投手からヒザに死球をくらったが、カーブだったのでたいしたこともないとランナーになり、その裏守備についた。何かちがう痛みがあり、一度ヒザを折るとあと痛くて足がのびないほどだった。余程交代を申出たかったが、まだ両チーム無得点のうえ、昨夜の説教のこともあり、そのまま最後まで出場した。これが結果からみて入院にむすびついたのである。…〈中略〉…いざ食事がすんで立とうとしたが、足が延びないどころか、ヒザが針をさされるように痛んで動けなくなった。選手たちにかかえられて自動車に乗り、駿河台の名倉病院に行った。診断の結果、膝関節（サラ）が割れているという。すぐ入院となった。…〈中略〉…約一ケ月入院し、正月前にはまだむりだったが退院して帰阪した。このため東京第二次リーグと巨人との決戦は出場できなかった」（『タイガースの生いたち』一三九―一四〇頁）。

さて、小倉峰子と小島利男選手とのロマンスについての記述を引いてみたい[1]。

十一月三十日にはＳＳＫ（松竹歌劇）の人気女優、小倉峰子と石上都が舞台稽古の合間を縫って観戦したが、これには訳があった。小倉峰子（本名・浅井〔原文ママ〕千鶴子）は、タイガースの四番・小島利男の恋人だったのだ。

2人の交際は、昭和9年10月、早大の看板選手だった小島が、小倉の稽古場に顔を出したことからスタートした。人気者同士の2人はデートにも神経を使ったが、ＳＳＫの公演が中止となった二・二六事件の日は、小倉は小島に会うため、戒厳令の中をタクシーで出かけた。早大卒業後、小島は大阪タイガースに入団し、2人は遠距離恋愛となったが、小島はSSK大阪公演中には毎晩劇場に駆けつけた。この日はこの逆で、東京にやってきたタイガースの試合を小倉が見に来たのだ。恋人の見守る中、第2試合の大東京戦に「四番・セカンド」で出場した小島は、4打数1安打2三振という成績だった(2)。

季節の風景（13）師走の風物詩

職業野球は第二次東京リーグ戦がたけなわであるが、師走に入り、街は年の暮れの装いに変わりはじめていた。街の情景は一気に師走気分がただよってきた（資料4―25）。

〈師走四景〉（1）「歳末売出しの店飾り（新宿）」（2）「街に躍るサンタクロース（人形町）」（3）「お飾りづくり（江戸川）」（4）「クリスマス支度」。

師走四景にかんする記述を以下に示す。

（1）『洲崎球場のポール際』（一四五―四六頁）。
（2）小倉の声援が届いたのか、七回に殊勲打（2打点）を放ち、気を吐いた。

［資料 4-25］昭和 11 年 12 月 1 日夕刊 読売新聞

師走の東京鬼よりこわい、強盗強盗で夜が明ける…その師走月の、あしたがその第一頁である、小春日和に日向ぼっこばかりしては居られなくなって来た

〔正月に掻廻される十二月（古川柳）〕

正月どころか借金に神経を掻き廻されるこの師走、町には「買え！買え！」とばかり人の気も、ふところも知らぬ気に大売出しの飾りがデコデコと木枯しに吹かれているし、家に帰れば帰るで女房がボーナスの催促をするし…

〔分別の底叩きけり年の暮れ（芭蕉）〕

忙しそうなのはクリスマスの飾りつけ屋にチンドン屋に注連縄《しめなわ》つくりのお百姓さんに、郵便局、それから掛取り(1)…それも裏からのぞいてみると、どの商売も口を揃えて「今年や不景気ですよォ、どうにもやりきれませんなあ」というのだから、それを本音とするならば、この師走「やり切れる」というのはどこの国のどのような人種であろうか？という疑問を持ちたくなって来ようというものではないか！

〔流る、や師走の町の煤の汁（智月）[2]

「ホ」「ー」「ム」「ラ」「ン」「三」「銃」「士」

洲崎球場の興奮〝職業野球なればこそ〟

ホームランに気を吐く三選手

[資料4-26] 昭和11年12月2日　国民新聞（国立国会図書館所蔵）

洲崎球場の興奮（ホームラン三銃士）

職業野球の醍醐味のひとつは、ときに卓越した打力が披露される瞬間を目の当たりにすることである。洲崎球場を彩る長打力が示された場面が、十二月二日付国民新聞に取りあげられている（資料4―26）――「ホームラン三銃士」「洲崎球場の興奮〝職業野球なればこそ〟」（写真）上から阪急の山下（実）、金鯱の古谷、セネタースの苅田。

（1）掛取り＝掛け売り（「後払い」）の代金を回収してまわること。また、その人。借金取り。

（2）河合智月《ちげつ》。近江における松尾芭蕉の門人グループ（近江蕉門）の一人。

戦時体制への道（8）日独防共協定

[資料 4-27] 昭和 11 年 12 月 3 日夕刊 読売新聞

洲崎球場での「ホームラン三銃士」に湧いていた翌日の新聞紙面には、日独協定の調印式を伝える記事が出ている。ヒトラー政権と日本の軍部とが接近していく。

日独防共協定は、昭和十一年（一九三六）十一月二十五日、共産勢力に対抗して日本とドイツとのあいだで結ばれた協定である。資料4―27は、調印式を伝える記事。その協定は正式には、「コミンテルンに対する日独協定」と、（ソ連を仮想敵国とする）「秘密付属協定」の総称である。日本は、ドイツとのつながりを深めていった。昭和十五年（一九四〇）九月には、当協定をさらに強化した軍事同盟、「日独伊三国同盟」が締結され、英米との戦争に突き進んでゆくことになる。

初のペナントレース終わる

十二月七日をもって、第二次東京リーグ戦（洲崎球場）が終了した（資料4－28）。九月十八日にはじまった秋季リーグ戦は全日程を終えて閉幕。洲崎リーグでは大阪タイガースと阪急軍の関西球団が奮闘し、それぞれ五勝一敗、勝率八割三分三厘で同率一位であった（両チームには勝ち点0・5点が与えられた）。また、いつもは下位に低迷する大東京軍は、地元開催で奮起し、三勝三敗でセネタースとともに二位になった。一方、巨人軍は調子を落としていて、二勝四敗でふるわなかった。第二次東京リーグ戦の打撃上位は、阪急の山下実が一位、二位がセネタースの高橋輝彦、三位がタイガースの藤村富美男であった。

秋季の公式戦のうち、リーグ戦が東京と大阪で二回ずつ計四回が行われた（名古屋と宝塚ではトーナメント大会が別途開催）。すべてのリーグ戦をまとめた成績は、一位チームは大阪タイガース（勝率七割九分二厘）、二位は東京巨人軍（六割六分七厘）、三位は阪急軍（五割六分三厘）であった（以下、名古屋軍、東京セネタース、名古屋金鯱軍、大東京軍とつづく）。合計四回行われたリーグ戦を通じての首位打者は、名古屋軍の中根之《すすむ》が獲得した（三割七分六厘）。二位は阪急軍の山下実（三割四分三厘）、三位は名古屋軍のバッキー・ハリス（三割四分二厘）とつづいた。

さて、秋季シーズンの公式戦の優勝チームは、四回のリーグ戦と二回のトーナメント大会をあわせた、勝ち点の最も多い球団が該当することになっていた。果たして、第二次東京リーグ戦終了時、

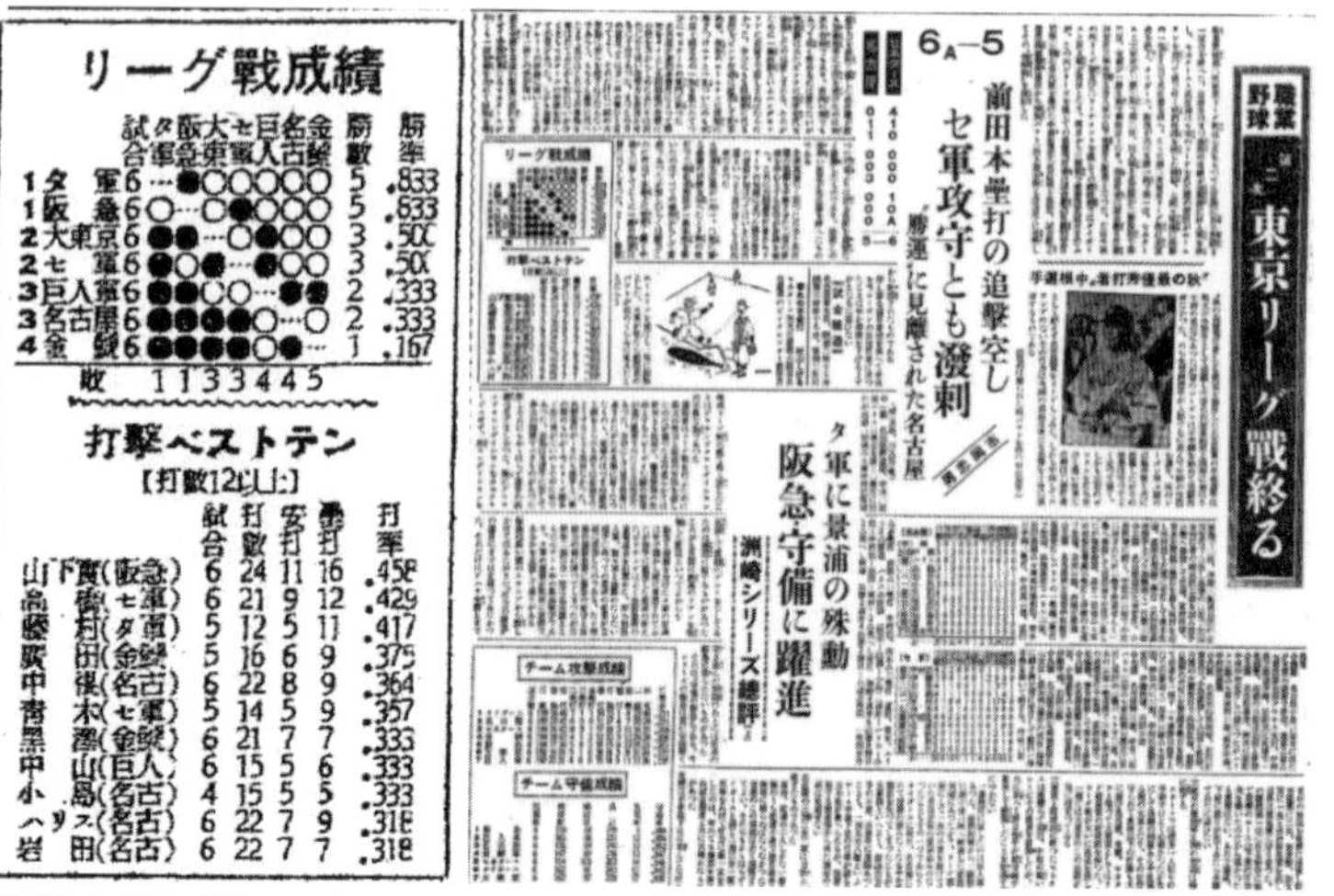

職業野球 東京リーグ戦終る

6A—5 前田本塁打の追撃空し セ軍攻守とも溌剌 〝勝運〟に見離された名古屋

タ軍に景浦の殊勲 阪急守備に躍進 洲崎シリーズ總評

リーグ戦成績

	試合	タ軍	阪急	大東	セ軍	巨人	名古	金鯱	勝数	勝率
1 タ軍	6	…	●	○	○	○	○	○	5	.833
1 阪急	6	○	…	○	●	○	○	○	5	.833
2 大東京	6	●	●	…	○	●	○	○	3	.500
2 セ軍	6	●	○	●	…	●	○	○	3	.500
3 巨人軍	6	●	●	○	○	…	●	●	2	.333
3 名古屋	6	●	●	●	●	○	…	○	2	.333
4 金鯱	6	●	●	●	●	○	●	…	1	.167
敗		1	1	3	3	4	4	5		

打撃ベストテン

【打数12以上】

	試合	打数	安打	塁打	打率
山下實(阪急)	6	24	11	16	.458
高橋(セ軍)	6	21	9	12	.429
藤村(タ軍)	5	12	5	11	.417
阪田(金鯱)	5	16	6	9	.375
中根(名古)	6	22	8	9	.364
青木(セ軍)	5	14	5	9	.357
黒澤(金鯱)	6	21	7	7	.333
中山(巨人)	6	15	5	6	.333
小島(名古)	4	15	5	5	.333
ハリス(名古)	6	22	7	9	.318
岩田(名古)	6	22	7	7	.318

[資料4-28] 昭和11年12月8日　読売新聞

タイガースの通算勝ち点は2・5点となって巨人軍の勝ち点とならんでいた。ならば、真の優勝チームをきめなければならない。そこで、中一日をあけて、十二月九日から、三回戦（二戦先勝）のプレーオフを、またもや洲崎球場にて行われることになった。

昭和十一年度の職業野球《プロ》元年において、最後の最後の場面で洲崎球場が晴れの舞台を提供することになった。この意味で、国民新聞や大東京軍、すなわち、オーナーの田中斉や実務責任者の鈴木龍二らの果たした功績は大きい。大東京軍はチームとしては戦力が劣り成績がふるわず(1)、一年で三人もの監督が務めるなど低迷したけれども…。

新装洲崎球場での熱をおびた職業野球秋季リーグ戦は、ともあれ、無事終了した。十二月八日付国民新聞は、観戦を終え、球場を出る野球ファンを写した記事（資料4—29）を載せている（見出しは、

また會ふ日まで
フアンと選手
別れの握手
球技滿喫・陽焼け顔の土産

［資料4-29］昭和11年12月8日
国民新聞（国立国会図書館所蔵）

「また会う日まで　ファンと選手別れの握手　球技満喫・陽焼け顔の土産」）。職業野球を堪能し、満足そうな表情をした人びとが目につく（本書でしばしば触れているが、当時は今とちがって、着帽者が多いのも興味を引く）。

戦時体制への道（9）東京オリンピック〝日本流でやれ〟（陸軍）

二・二六事件以降、陸軍は、さまざまな場面で発言力を増しつつあった。四年後の昭和十五年、

（1）秋季リーグ戦における大東京軍の通算成績は、五勝（このうち三勝が洲崎リーグ戦）二十一敗二引き分け（勝率一割七分九厘）。さらに、さかのぼっていえば、春季と夏季の公式戦において、一勝もしていない。第一回日本職業野球リーグ戦では〇勝八敗一引き分け、連盟結成記念全日本野球選手権では〇勝五敗。

〝東京大會〟懇談會
陸軍側の態度闡明
〝日本流でやれ〟
意見一致のスタート

［資料4-30］昭和11年12月8日　国民新聞（国立国会図書館所蔵）

夏季オリンピックが東京で開催されることをうけて、陸軍は注文をつけてきた。十二月八日付の国民新聞記事（資料4―30）の見出し、「〝東京大会〟懇談会」「陸軍側の態度開明　〝日本流でやれ〟」の文言が目にはいる。軍部からは、「日本流」、「全国民の体育向上」、「日本精神」などの言葉が声高に叫ばれる。東京オリンピック開催を機に、国民にたいして規律訓練を強いるための新たな言説をつくりあげようとしているようだ。

記事（資料4―30）内容を以下示す（傍点中西）。

「今回の東京大会は単に競技のみが対象ではない、このオリムピックを機会に世界に我が国民精神並《ならび》に文化を知らしめ日本の実相を知らしめるところに真の目的がなくてはならない、どうかこの精神に立脚あって協力一致東京大会の成功を期して貰《もら》い度《た》い」旨を力説すれば各出席者も文相［平沼文相］の提議に賛同し梅津陸軍次官もこの夜初めて軍としてのオリムピックに対する態度を開明した、大要は

一、東京大会を単なるお祭騒ぎにせぬよう　軽佻浮薄《けいちょうふはく》(1)を絶対に戒め万事質実剛健、日本流にやって貰い度い

一、競技は個人的勝敗ばかりを目的とせず全国民の体育向上を目標として今からやって貰い度い、殊に身体的訓練は一層努めてほしい

一、東京大会ともなれば諸外国人が多数来朝するが之等の人々の取扱いに注意しこの機会を利用し日本精神の真価を諒解せしむるよう努力せられ度い

〈後略〉

プレーオフ（巨人軍対タイガース）

洲崎球場での熱戦の第二ラウンドがはじまる。職業野球《プロ》元年の王者をきめなければならない。舞台はふたたび洲崎の地だ。秋季リーグ戦での勝ち点が同点（2・5点）の東京巨人軍と大阪タイガースは、雌雄を決すべくプレーオフで激突した。巨人軍は、エース沢村栄治を中心とした守備力に秀でており、かたやタイガースは、松木謙治郎(2)や景浦将や藤村富美男など打撃の破壊力が自慢で

（1）軽佻浮薄＝気分が浮ついていて、行動が軽々しいこと。
（2）松木は十一月三十日の大東京軍戦での死球負傷で入院。巨人軍との優勝決定戦は残念ながら欠場することになった。

秋の王座争ひ
けふ第一戦！
タ軍か巨人軍か
勝敗の決は微妙
強打陣と澤村の拮抗

［資料4-31］昭和11年12月9日 読売新聞

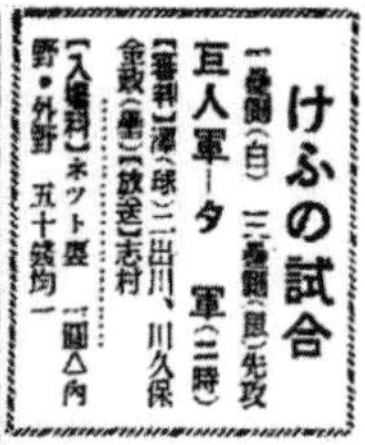
けふの試合

一塁側（白）三塁側（鼠）先攻
巨人軍―タ　軍（二時）
【審判】澤（球）二出川、川久保
金政（塁）【放送】志村
【入場料】ネット裏　一圓△内
野・外野　五十錢均一

從來戰績

十一年春	
	タ８――７巨
	タ６Ａ―５巨
☆	タ５――７巨
	巨７Ａ―５タ
	タ６――４巨
	タ４Ａ―２巨
	巨４――２タ
	タ８――０巨
	タ４Ａ―３巨
十一年秋	
☆	巨１――０タ
	タ３――２巨
	巨５Ａ―４タ
	巨10――８タ
☆	タ４――１巨
☆	巨７――２タ
☆	タ２――１巨

タ　軍10勝
巨人軍６勝
☆印聯盟主催戦

あった（ちなみに、景浦や藤村は投打の二刀流）。十二月九日付読売新聞には、両軍の決戦を伝える記事が出た（資料4―31）――「秋の王座争い　きょう第一戦！」「タ軍か巨人軍か　勝敗の決は微妙　強打陣と澤村の拮抗」。

巨人軍対タイガースとの大一番をまえにして、巨人軍藤本定義監督の体調はすぐれなかった。

十二月九日から三日間、洲崎球場は一万余のファンで埋まった。小さい木造のスタンドだから、一万はいれば超満員であった。

私は一回戦当日から風邪気味で、三回戦にはかなり熱もあった。天候も小雨のパラつく寒い

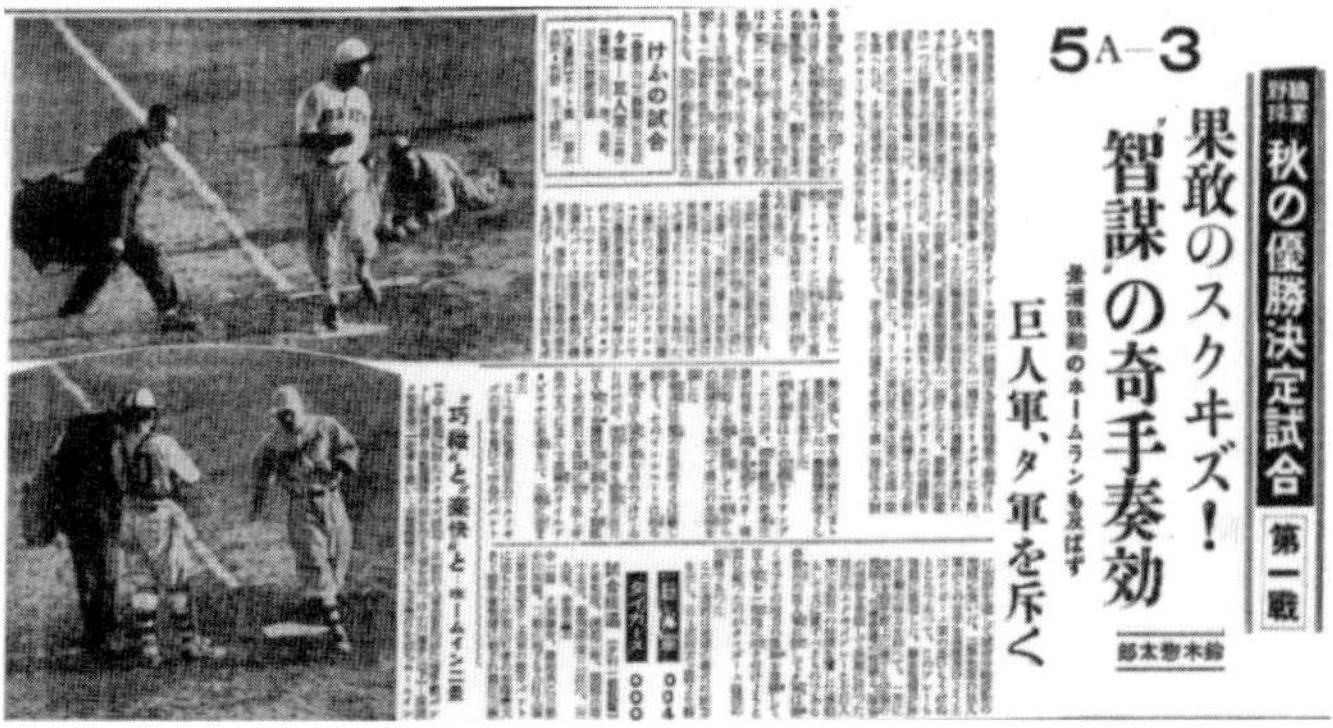
職業野球 秋の優勝決定試合 第一戦
5A―3
果敢のスクヰズ！
"智謀"の奇手奏効
景浦殊勲のホームランも及ばず
巨人軍、タ軍を斥く
鈴木惣太郎
けふの試合

［資料4-32］昭和11年12月10日 読売新聞

日であった。しかし連日満員のスタンドを眺めて〝これでプロ野球〔職業野球〕も成功した〟と、私の血は思わず、躍った。

九日の一回戦には、四回景浦に三点ホームランを打たれたが、沢村が完投してタイガースの追撃を避けた。（1）

巨人軍とタイガースとのプレーオフ第一戦は、巨人軍は沢村栄治、タイガースは景浦将がそれぞれ先発マウンドを踏んだ。景浦は打っても三安打（含本塁打）と気を吐いたが、惜しくも巨人軍の集中攻撃による失点が致命傷となった。十二月十日付読売新聞（資料4―32）はその試合結果を伝えている――「職業野球　秋の優勝決定試合　第一戦」「5A―3　果敢のスクイズ！　〝智謀〟の奇手奏功　景浦殊勲のホームランも及ばず　巨人軍、タ軍を斥く」。

タイガースは沢村から10安打を放ったが、11三振を喫し、4個の手痛いエラーがあった。巨人軍は6安打4三振で無失策の

（1）『プロ野球風雪三十年の夢』（二三六頁）。

成績だった。この試合に関連して松木謙治郎の談を引く。「この試合は一時間十五分と記録されているが、現在のように三時間近くかかるとすれば、選手やファンに風邪引きがでたことだろう。私は夕方になってこの報告［第一戦の内容］をうけたが、病院でギブスをはめられ、横にもなれない状態だったので一層口惜しさが身にしみた。私の室のすぐ隣にターキーこと水の江滝子さん（当時松竹歌劇の大スター）が、足のネンザで入院していたが、すでに快方に向っており、夕刻になると姉につきそわれて、毎日病院内の風呂にいくのだった。この時刻になるとファンがあふれるばかり廊下にならび、ならびきれないものは私の室まで入ってきてさわぐ始末。試合は負けるし、この日はまったく暗い一日だった…」[1]。

職業野球　秋の優勝決定試合　第二戦

5A―3

巨人軍『背水の陣』致命の失に崩る

タ軍雪辱・けふ決勝！

タイガース	030	002	00A	5
巨人軍	001	110	000	3

［資料4-33］昭和11年12月11日 読売新聞

プレーオフ第二戦は、タイガースは巨人軍を下し雪辱を果たし、第三戦で決着をみることになった。十二月十一日付読売新聞は第二戦の模様を記している（資料4―33）――「職業野球　秋の優勝決定試合　第二戦」「5A―3　巨人軍「背水の陣」致命の失に崩る　タ軍雪辱・きょう決勝」。

ふたたび、松木謙治郎談を引く。「この試合巨人の安打10、三振7、失策4にたいし、タイガースは8安打、失策は岡田の3個をふくめて5である。内容は全く第一戦とは逆で、巨人の失策に助けられたのである。両チームとも投手の交代はあった。それでも試合時間は一時間三十分と記録されている。いかに当時はスピードのある試合をしていたのかがよくわかる」（前掲書一四六頁）。それにしても両軍とも失策が多い。洲崎球場のグラウンドの状態の悪さがエラーを多発させていたのであろうか。

巨人軍とタイガースは二戦を終え、一勝一敗、優勝決定戦が行われた。十二月十二日付読売新聞は第三戦の結果を報じている（資料4―34）。記事の見出しは、【職業野球最初の覇者】「巨人軍に栄光燦！〝秋の王座〟を獲得す　百二試合(2)　シーズン幕閉ず」【職業野球　秋の優勝決定試合　決勝戦】「火を吐く〝闘志〟〝地力〟のタ軍を厭す(3)　偉なるかな！！澤村」）。はたして、東京巨人軍は、プロ野球リーグ元年の覇者となった。

ひきつづき松木談を引用。「この試合は第一戦と同じく、一時間十五分で終わっている。巨人は安打7、失策2、タイガースは6安打、3失策だった。球場の地質が悪く、三連戦でタイガースは

（1）『タイガースの生いたち』（一四四頁）。
（2）秋季ペナントレースの各球団の戦績をまとめる（四回のリーグ戦と二回のトーナメント大会を合算した勝敗数）。東京巨人軍（18勝9敗）、大阪タイガース（24勝6敗1分）、名古屋軍（12勝14敗）、東京セネタース（12勝16敗）、阪急軍（17勝12敗1分）、大東京軍（5勝21敗2分）、名古屋軍鯱軍（9勝19敗）。計99試合。くわえて、プレーオフ3試合、総計102試合となる。
（3）厭《いと》う＝「いやに思う。いやに思って避ける」の意から、タイガースが沢村をいや（厭）に思うほど封じたことを指す。

合計12失策を記録したが、内野守備にまさる巨人は半数の6、これが勝敗の明暗をわけたといえる。しかし、試合平均一時間二十分ということは、いかに両チームの気力が旺盛であったのかの証明であり、観戦したファンもおそらく息をぬく暇がなかったと推察される」（前掲書一四七—四八頁）。

巨人軍の失策の相対的少なさ——6失策は多いが——は、茂林寺でのあの猛特訓（イレギュラーの多いグラウンドでの千本ノック）の成果が出たのであろうか。

職業野球最初の覇者

巨人軍に栄光燦！ "秋の王座"を獲得す

百二試合 シーズン幕閉づ

秋の優勝決定試合

決勝戦

4A−2

火を吐く"闘志" "地力"の夕軍を壓す

偉なるかな!! 澤村

"覇者"巨人軍

プロ野球最初の 凄い興奮情景

"日本一"に送る歓声

[資料 4-34] 昭和 11 年 12月 12日 読売新聞

記事（資料4—34）内容を以下示す。

「プロ野球最初の凄い興奮情景　〝日本一〟に送る歓声」

とうとう巨人軍が「日本一」ということになった、この日洲崎球場の空は低くたれてとき〳〵冷雨が横なぐりに興奮した選手の顔を打ち試合は一段の凄味をもった、両翼に盛りあがったファンも雨が来ても「鰐《わに》の顔に水」といった調子

終了のサイレンがピューと響き渡ると同時に尻に敷いていた小座布団を夢中でグラウンドへ投げた五銭也で買える座布団だが、それが群鳥のように飛ぶ、中山捕手が投げ返したウイニングボールを握って引きあげて来る立役者、澤村が布団のデッド・ボールを喰う騒ぎ、羽織を脱いで投げた興奮性ファンまで現われた、国技館式だ、プロ野球にこれほどのファンの興奮をかり立てたのははじめてだ

×　　×

ホーム・プレートの上に机が持ち出され本社寄贈の優勝旗、連盟のトロフィーと副賞、チェコ公使ハブクチェク氏の大カップなどが並べられた、そのときまた雨がパラ〳〵と来たが、スタンドのファンは釘づけだ、巨人軍二十名の全選手はピッチャープレートを中心に左右に立ち並んだ、クビにガーゼを巻いた藤本病監督が最右翼に直立不動でいるのがファンに殊更激動を与えるのか

「藤本！　感謝するぞ」

という声が聞こえる、そのとき津田主将以下に順次優勝杯が授けられ優勝旗の番になった、これを受けに出たのが澤村だ、白い額に髪が風になびいて金茶の優勝旗をひっかついで行く彼の姿、しかもこのとき夕陽は雲間をついて彼の姿を一際《ひときわ》浮き立たせた

これは名優にスポットライトの効果を与えたようなものでスタンドのファンは雄渾《ゆうこん》なドラマでもみているようにたゞうっとりとしてみて声もかけ得なかった

米國早くも戰時の用意
全產業を國防に一元化
大統領に統制權を賦與
非常法案・來議會提出

［資料 4-35］昭和 11 年 12 月 12 日 読売新聞

戦時体制への道（10）米国、全産業を国防に一元化

戦時体制をととのえつつある国は日本だけではない。米国もまた迫りくる戦争にそなえて着々と準備をすすめていた。十二月十二日、東京巨人軍が秋季シーズン王座決定を喜び伝えている読売新聞は、同日、米国の戦争準備について報じている（資料4―35）――「米国早くも戦時の用意」「全産業を国防に一元化　大統領に統制権を賦与　非常法案来議会提出」。

昭和十一年スポーツ界の回顧（職業野球の勃興）

年の終わりが近づいたころ、新聞ではスポーツ界全体を回顧する連載が組まれていた。十二月十九日付国民新聞（資料4―36）には、見出し、【華かなりし一九三六年　スポーツ界の回顧】「職業野球の勃興　学生野球とは別個の天地　劃然たるファンの領域」をつらねている。昭和十一年という年が、職業野球が、いかに新たな地位を占めつつある年であったのかについて語られている。

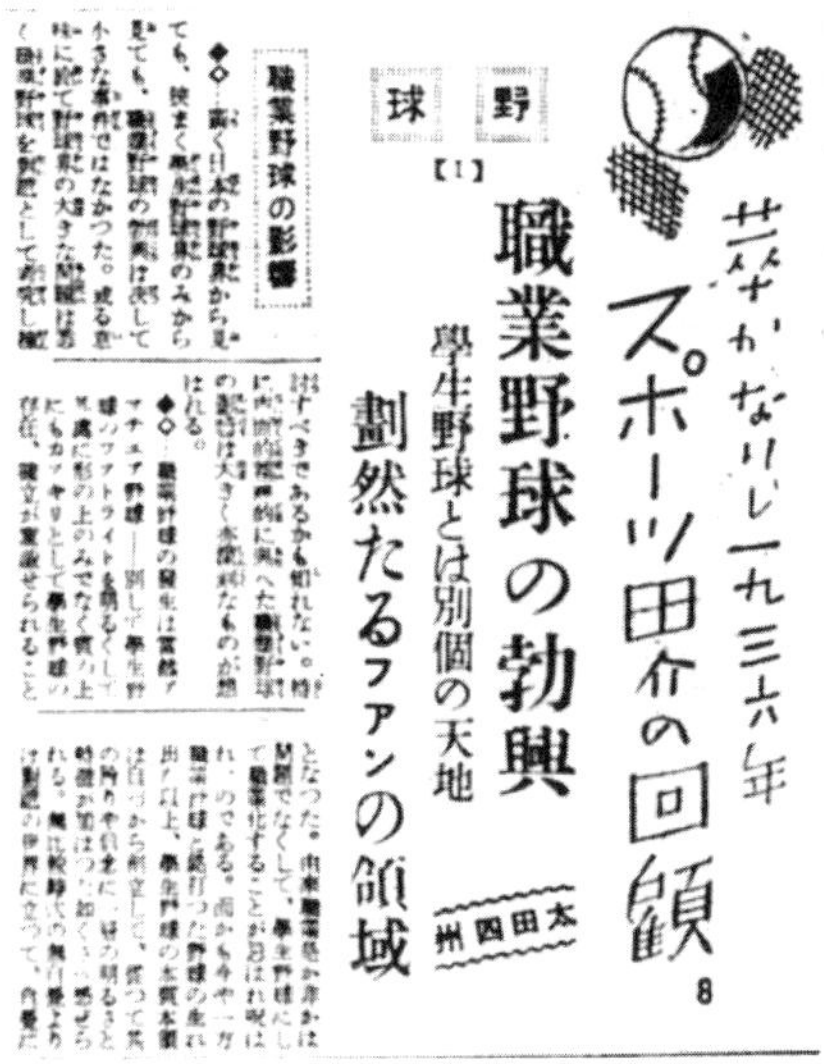
華かなりし一九三六年
スポーツ界の回顧 8
野球【1】
職業野球の勃興
學生野球とは別個の天地
劃然たるファンの領域
太田四州
職業野球の影響

[資料4-36] 昭和11年12月19日　国民新聞（国立国会図書館所蔵）

記事（資料4―36）内容を以下示す。誕生したばかりの職業野球の独自の歩む道が開けつつあるようだ。

広く日本の野球界から見ても、狭く学生野球のみから見ても、職業野球の勃興は決して小さな事件ではなかった。或る意味に於て野球界の大きな問題は悉く職業野球を対蹠《たいしょ》として考究し検討すべきであるかも知れない。特に内面的精神的に与えた職業野球の影響は大きく亦《また》深刻なものが想われる。

職業野球の誕生は当然アマチュア野球――別して学生野球のフットライトを明るくして其處《そこ》に形の上のみでなく実の上にもカッキリとして学生野球の存在、確立が意識せられることとなった。由来職業是か非かは問題でなくして、学生野球にして職業化することが忌われ呪われているのである。而《しか》も今や一方職業野球と銘打った野球の生れ出た以上、学生野球の本質本領は自ずから創立して、従ってその矜《ほこ》りや信念に一層の明るさと特徴が加わった如くさえ感ぜられる。……〈後略〉

来年(昭和十二年)度のシーズン計画

職業野球の一年目のシーズンは、連盟が計画した全日程を一通り終えることができた。春季の初のリーグ戦は、あいにく、東京巨人軍が米国遠征のため参加できなかった。また、いくつかのトーナメント大会をはさみ、日程や会場が錯綜して複雑なスケジュールになっていたなど課題をのこした。しかし、最後に洲崎決戦が大いに盛り上がったのはめでたい終わり方であった。職業野球初年

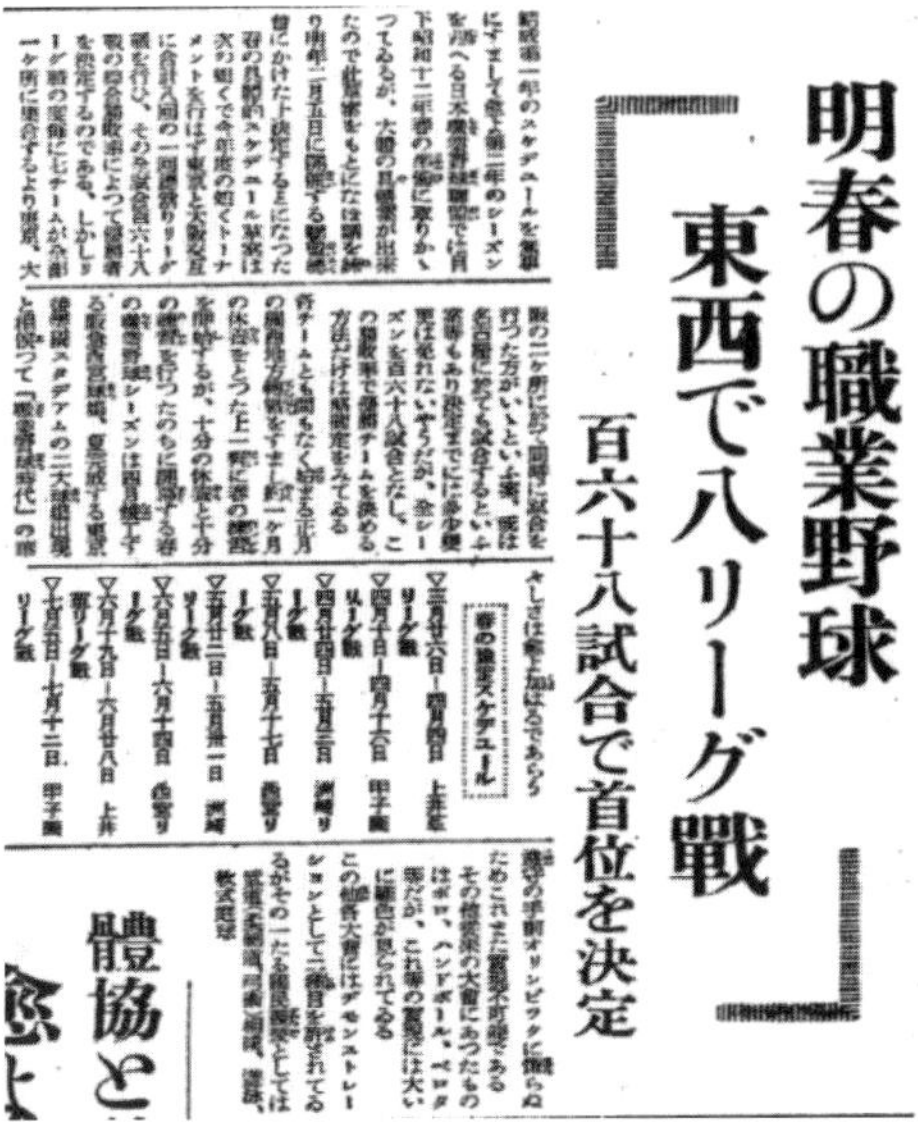

明春の職業野球

「東西で八リーグ戦」

百六十八試合で首位を決定

［資料 4-37］昭和 11 年 12 月 24 日 読売新聞

度の経験をもとに、二年目のシーズンは新たなスケジュールが企画されている（資料4―37）。基本的には、名古屋や宝塚で行ったトーナメント大会は取りやめ、安定して集客が望める交通至便の会場でのリーグ戦――各チーム一回総当りで六試合の対戦――のみを行うようになっている。また、翌年には二つの新球場の竣工が予定されている（阪急西宮球場、後楽園スタヂアム）。一刻も早く、職業《プロ》野球専用球場の建設が待たれていたなかでの初年度シーズンであった。その期待に応えて、昭和十一年には、上井草球場と洲崎球場が落成した。来年はさらに立派なスタヂアムが完成する。名実ともに、職業《プロ》野球時代の到来だ。

記事（資料4―37）内容を以下記す。

結成第一年のスケジュールを無事にすまして愈よ第二年のシーズンを迎える日本職業野球連

盟では目下昭和十二年春の準備に取りかゝっているが、大体の具体案が出来たので此《こ》の草案をもとになお議を練り明年二月五日に開催する連盟総会にかけた上決定することになった

春の具体的スケジュール草案は次の如くで今年度のトーナメントを行わず東京と大阪交互に合計八回の一回総当りリーグ戦を行い、その全試合百六十八戦の総合勝敗率によって優勝者を決定するのである、しかしリーグ戦の度毎に七チームが全部一ケ所に集合するより東京、大阪の二ヶ所に於て同時に試合を行った方がいゝという案、或は名古屋に於ても試合をするという案等もあり決定までには多少変更は免れないようだが、全シーズンを百六十八試合となし、この勝敗率で優勝チームを決める方法だけは略《ほぼ》確定をみている

各チームとも間もなく始まる正月の関西地方転戦をすまし、約一ヶ月の休養をとったのちに開幕する春の職業野球シーズンは四月竣工する阪急西宮球場、夏完成する東京後楽園スタヂアムの二大球場出現と相俟って「職業野球時代」の華々しさは愈よ加わるであろう

春の予定スケジュール

▽三月二十六日―四月四日　上井草リーグ戦
▽四月十日―四月十六日　甲子園リーグ戦
▽四月二十四日―五月三日　洲崎リーグ戦
▽五月八日―五月十七日　西宮リーグ戦

▽五月二十二日―五月三十一日　洲崎リーグ戦
▽六月五日―六月十四日　西宮リーグ戦
▽六月十九日―六月二十八日　上井草リーグ戦
▽七月五日―七月十二日　甲子園リーグ戦

プロ専用球場へのうごき（6）「株式会社後楽園スタヂアム」誕生

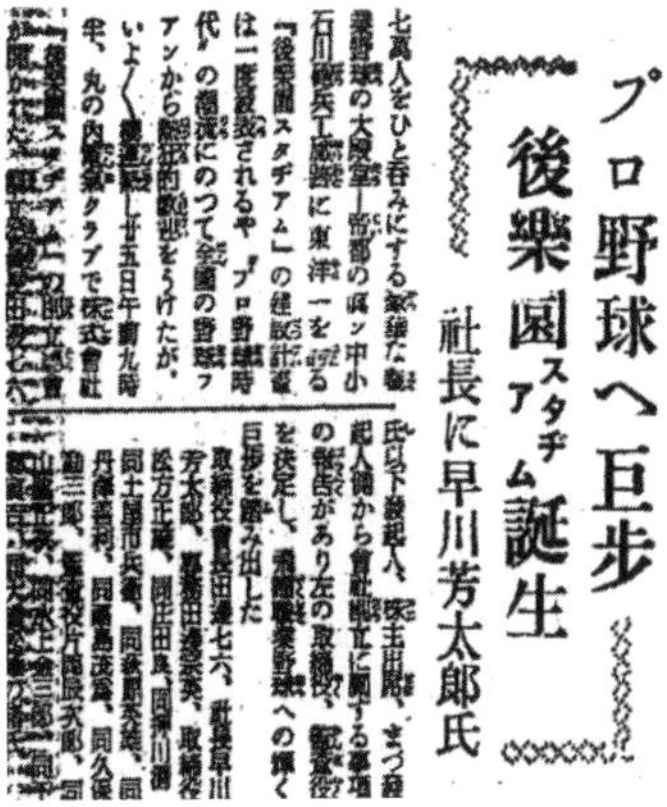
プロ野球へ巨歩
後楽園スタヂアム誕生
社長に早川芳太郎氏

［資料4-38］昭和11年12月26日
読売新聞

後楽園球場の建設に当たり、去る十一月二日、発起人総会が開かれたことは、第三章を閉じるところですでに見てきたとおりである（資料3―48）。東京の中心地に新球場が建設されることに現実味がいっそう増してきた。先ずは会社の立ち上げである。十二月二十五日、「株式会社後楽園スタヂアム」が設立された（資料4―38）。「後楽園スタヂアム」の会社設立は、二年まえの昭和九年十二月二十六日、大日本東京野球倶楽部（のちに東京巨人軍）が創立されたこととかさなってみえる――ただし、新たに誕生することになる後楽園

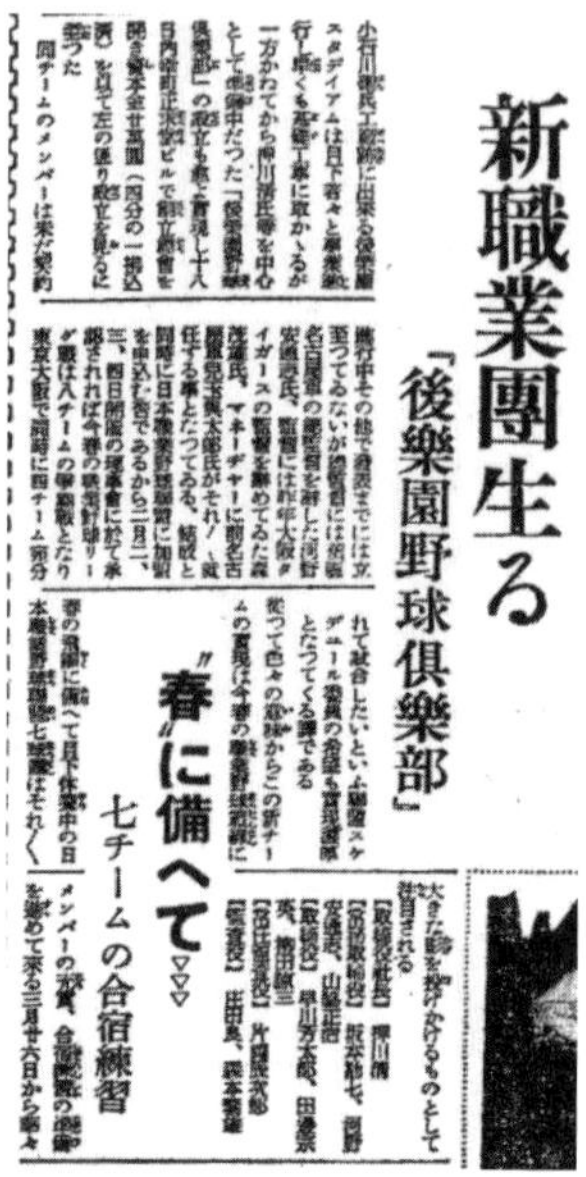
新職業團生る
「後樂園野球倶樂部」
"春"に備へて
七チームの合宿練習

［資料 4-39］昭和 12 年 1 月 19 日 読売新聞

球場は、巨人軍専用球場としてのスタヂアムというわけではない。

年が明けて、昭和十二年になった。新年早々の新たなうごき。新球団結成が報じられた（資料4―39）。後楽園スタヂアムと関係がありそうだ。ここに来て、河野安通志や押川清らの永年の夢が実現しようとしていた。プロ野球専用球場を持つことと、その球場を本拠とするチームを作ることが日本で最初の職業野球団（日本運動協会）を興した彼らの理想であった。昭和十一年に、すでに、〈上井草球場・東京セネタース〉や〈洲崎球場・大東京軍〉の組み合わせが出現している。後者のケースは新愛知新聞・国民新聞の田中斉が主導したものであった。名古屋軍の田中とコンビを組んでいたはずの河野はみずからの理想の実現に執念を燃やしつづけていた。新球団の名前は、「後楽園野球倶楽部」。取締役社長には、河野の早大時代、日本運動協会時代からの盟友である押川清が就任した（河野安通志は常務取締役として参画）。

大正九年（一九二〇）設立の「日本運動協会」と、震災で手放さざるを得なかった「芝浦球場」（大正十年開場）で描いていた彼らの夢は不死鳥のごとくよみがえった。河野らのかねてからの理想――ひとつの球団にひとつの専用球場をもつこと――が実現しつつある。[1]

昭和十二年のシーズンは一球団ふえて、八チームでペナントが争われることになる。二年目の職《プ》業《ロ》野球の運命や如何に。

（1）河野は名古屋軍総監督の職にあるが、新たな年には波瀾が起こりそうだ。

あとがき

ひと通り書き終えてみたのち、小著のもくろみを振り返ってみたい。筆者のねらいは、極めてエネルギーに満ちた「昭和十一年」のなかの過去の断片を追体験することによって生じる興奮を読者と共有することであった。

本書は、昭和十一年に興った職業《プロ》野球リーグ戦を話の切り口として位置づけている。同時代の社会のもろもろの側面を取り出して、それらを野球の出来事と混ぜ合わせて提示してみたらどのような景色が浮かんでくるのか、という実験でもあった。具体的には、当時の新聞記事紙面を配置して物語を書くという作業であった。その際の記事選択は恣意的ではあったが、ある種の方向性を意識していた。筆者の企図の根底にあるものは、わが国初の職業《プロ》野球リーグ戦の進行と同時に、日本国内がしだいに戦時体制に組み込まれていくさまを描くことであった（「戦時体制への道（1）～（10）」を提示したことに現れる）。一方、当時の庶民の日常を知ることのできるトピックを選ぶということにも心がけた（「時代の情景（1）～（13）」）。さらには、当時、職業《プロ》野球戦が春からはじまり初冬におわる日程であることから、春夏秋冬のうつり変わりを順々に示すことを考えた。それゆえ、季節感をおびた記事紙面を積極的に取りあげてみた（「季節の風景（1）～（13）」）。

野球をふくめたこれらの素材をいかにして調合したらよいのか。その組み合わせやさじ加減は無数にあるだろう。筆者は、それらのコンテンツを多少の気まぐれや好みにしたがって混ぜ合わせてみた。果たして、どのような「万華鏡」なるものが出来たのだろうか。それとも、そのこころみは徒労におわってしまったのだろうか。賢明なる読み手のご批評を仰ぎたい。

付言すべきことがある。「プロ専用球場へのうごき」といった一貫した関心のもとに通し番号（1）～（6）を振って、球場問題を追ってみた。小著の根底には、今からちょうど一〇〇年まえ（大正九年＝一九二〇年）に設立された「日本運動協会」の営為にたいする敬意が横たわっている。わが国初の職業《プロ》野球団を立ち上げた、河野安通志《あつし》や押川清らの大望を追いながら筆をすすめていった。河野らは自チームの専用球場（芝浦球場）をもうけた。残念なことに、関東大震災（大正十二年）に見舞われるという不運もあって彼らの営みは長続きしなかった。しかし、河野らの志は不死鳥のごとくよみがえり、「常打ち」球場の開設（後楽園スタヂアムの建設）へとむかっていったことをもって本書を閉じた。

職業《プロ》野球リーグ元年（昭和十一年）のさまざまな試行錯誤を終え、シーズン二年目には、さらに新たな舞台が用意される（西宮と後楽園）。リーグ戦がさらに充実したものになることだろう。いま、小著の原稿を書き終えたばかりではあるが次作への執筆意欲が沸き起こってきている。

本書をまとめるにあたり、多くの人びとや関係機関の力をお借りした。コラムの寄稿者の方々への唐突な執筆依頼にたいして皆さまは快く応じてくださった。山崎夏生さん（元パ・リーグ審判員）、佐塚元章さん（元NHKアナウンサー）、佐藤啓さん（中京テレビアナウンサー）、鈴村裕輔先生（名城大学外国語学部准教授・野球文化學會長）といった方々にはこの場をもって御礼申し上げたい。新聞関係では、読売新聞社（読売新聞）、朝日新聞社（東京朝日新聞）、毎日新聞社（大阪毎日新聞）、中日新聞社（新愛知新聞・名古屋新聞、および国民新聞［後継紙は東京新聞］）の各紙の記事紙面は、小著の根幹をなす資料として大いに役立った。さらに、東京都江東区深川図書館（戦前期の城東地区の地図）および杉並区立郷土博物館（上井草球場関連）からは有用な資料提供をうけた。また、関西では、宝塚市立中央図書館・市史資料室（宝塚球場関連）から貴重な資料を提供していただいた。くわえて、公益財団法人野球殿堂博物館からは多くの助けをうけた（所蔵資料の提供、図書資料についての助言等）。心より御礼申し上げたい。最後に、筆者の度重なる入稿のおくれにたいして忍耐づよく待ってくださった株式会社彩流社取締役社長・河野和憲さんにこの場を借りて謝意を表したい。

令和二年一月

中西　満貴典

参考文献

尾島義之『志村正順のラジオ・デイズ〈スポーツの語り部〉が伝えた昭和』（洋泉社　一九九八年）

佐野眞一『巨怪伝　―正力松太郎と影武者たちの一世紀』（文藝春秋　一九九四年）

佐藤光房『もうひとつのプロ野球　山本栄一郎の数奇な生涯』（朝日新聞社　一九八六年）

鈴木惣太郎『日本プロ野球外史　―巨人軍誕生の軌跡』（ベースボール・マガジン社　一九七六年）

鈴木龍二『鈴木龍二回想録』（ベースボール・マガジン社　一九八〇年）

高橋安幸『伝説のプロ野球選手に会いに行く　球界黎明期編』増補改訂版（廣済堂出版　二〇一二年）

永田陽一『東京ジャイアンツ北米大陸遠征記』（東方出版　二〇〇七年）

中西満貴典『追憶の日米野球Ⅱ』（彩流社　二〇一八年）

中房敏朗「一九二〇年代から一九三〇年代における『日本体操《やまとばたらき》』の展開過程について　―国民高等学校の創始から満州開拓移民の展開に至る過程に着目して」『体育学研究』六一（三一九―三三八頁、二〇一六年）

夏目漱石『文鳥・夢十夜』（新潮社　一九七六年）

橋本一夫『日本スポーツ放送史』（大修館書店　一九九二年）

林順信『東京・市電と街並み』（小学館　一九八三年）

藤本定義『プロ野球風雪三十年の夢』（ベースボール・マガジン社　一九六三年）

松木謙治郎『タイガースの生いたち』（恒文社　一九七三年）

杢代哲雄『評伝　田畑政治　オリンピックに生涯をささげた男』（国書刊行会　二〇一八年）

森岡浩編著『プロ野球人名辞典』（日外アソシエーツ　二〇〇一年）

森田創『洲崎球場のポール際　プロ野球の「聖地」に輝いた一瞬の光』（講談社　二〇一四年）

山川静夫『或るアナウンサーの一生　評伝和田信賢』（文芸春秋　一九八六年）

『週刊ベースボール』第二十三巻第十一号（ベースボール・マガジン社　一九六八年三月十一日）

『東京読売巨人軍５０年史』（東京読売巨人軍５０年史編集委員会編・東京読売巨人軍　一九八五年）

『阪神タイガース　昭和のあゆみ〔プロ野球前史〕』（株式会社阪神タイガース編集発行　一九九一年）

『阪神タイガース　ヒストリー・トレジャーズ』（ベースボール・マガジン社編集発行　二〇一五年）

『後楽園の25年』（株式会社後楽園スタヂアム社史編纂委員会編・株式会社後楽園スタヂアム　一九六三年）
『20世紀日本人名事典』（日外アソシエーツ編　二〇〇四年）
『昭和人物事典　戦前期』（日外アソシエーツ編　二〇一七年）
『野球殿堂　2018』（公益財団法人野球殿堂博物館編集・発行／ベースボール・マガジン社制作　二〇一八年）
『新版　日本長期統計総覧　第1巻』（総務省統計局監修・日本統計協会編集　二〇〇六年）
『読売新聞』（一九三六年四月～一九三七年一月）
『国民新聞』（一九三六年五月～十二月）
『東京朝日新聞』（一九三六年五月～十一月）
『大阪毎日新聞』（一九三六年九月～十月）
『新愛知新聞』（一九三六年五月、七月～八月、十月）
『名古屋新聞』（一九三六年五月）